연구보고서 2023-56

이행기 청년 삶의 궤적에 관한 연구
: 이행 특성의 변화와 요인 분석

김문길
김기태·최선영·우선희·김상배·노법래

연구진

연구책임자	김문길	한국보건사회연구원 연구위원
공동연구진	김기태	한국보건사회연구원 연구위원
	최선영	한국보건사회연구원 부연구위원
	우선희	한국보건사회연구원 전문연구원
	김상배	금융경제연구소 연구위원
	노법래	부경대학교 행정복지학부 교수

연구보고서 2023-56

이행기 청년 삶의 궤적에 관한 연구
: 이행 특성의 변화와 요인 분석

발 행 일 2023년 12월
발 행 인 이 태 수
발 행 처 한국보건사회연구원
주   소 [30147]세종특별자치시 시청대로 370
          세종국책연구단지 사회정책동(1~5층)
전   화 대표전화: 044)287-8000
홈페이지 http://www.kihasa.re.kr
등   록 1999년 4월 27일(제2015-000007호)
인 쇄 처 에코디자인   14,000원

ⓒ 한국보건사회연구원 2023
ISBN 979-11-7252-013-7 [93330]
https://doi.org/10.23060/kihasa.a.2023.56

발|간|사

　청년들의 생애과정에서 가장 핵심적인 특징은 학교를 졸업하고, 자신의 집을 마련하고, 결혼과 출산을 통해 가족을 형성하는 '이행의 과정'이라 할 수 있다. 이 같은 이행과정의 성격은 한 개인의 생애에서 매우 중요한 과정인 동시에, 사회 전체적으로도 많은 의미를 가진다. 청년 개개인의 이행과정은 이후의 삶의 궤적에 영향을 미침으로써 개인 생애사의 성격을 규정하는 한편, 사회 내 개개인의 이행경로의 총합은 그 사회의 성격을 드러내 줄 수 있기 때문이다.

　오늘날 우리 청년들이 경험하고 있는 성인으로의 이행과정은 과거의 표준적이고 안정적인 경로에서 벗어나 개별화하고 탈표준화하고 있다. 이는 사회경제적 환경변화에 개인이 대응하는 방식의 결과로 볼 수 있다. 그러나 이 같은 개개인의 대응 과정과 그 귀결을 자세히 들여다보면, 과거에 비해 불안정해지고, 지연되고 있다는 사실을 확인할 수 있다. 과거 20대 초반에 학교를 졸업하면서 정규직 일자리를 마련하고, 경제적 기반의 안정을 통해 주거독립과 가족형성의 경로로 자연스럽게 이어지던 것이, 전반적인 고학력화의 경향 속에서 불안정한 노동시장 환경은 학교에서 일자리로의 안정적이고 신속한 이행을 불안정하고 늦은 이행으로 변화하고 있다. 이 같은 이행경로의 불안정성과 지연 현상은 인구사회정책적으로 많은 함의를 가지게 된다.

　이 연구는 급변하는 사회 구조와 경제 환경 속에서 이행기 청년들의 삶의 궤적을 분석하는 동시에 그 원인을 규명함으로써 인구사회정책적 함의를 도출하기 위하여 기획되었다. 이에 이 연구는 경제적 불확실성과 고용 불안정성 등 현대 청년들이 직면하고 있는 현실을 더욱 깊이 이해하고, 그들의 안정적이고 원활한 성인으로의 이행을 지원하는 데 필요한 정책을 마련하는 데 중요한 자료로 활용되기를 기대한다.

이 연구는 김문길 연구위원의 책임 하에 원내 김기태 연구위원, 최선영 부연구위원, 우선희 전문연구원, 그리고 원외 김상배 금융경제연구소 연구위원과 부경대 노법래 교수가 필진으로 참여하였다. 이들의 노고에 감사드린다. 또한 연구의 전 과정에서 유익한 조언을 아끼지 않은 여유진 선임연구위원과 한국청소년정책연구원의 김기헌 선임연구위원, 그리고 익명의 평가자들에게도 감사의 마음을 전한다. 끝으로, 이 연구에서 제시된 일체의 의견은 본원의 공식적 의견이 아니라는 점을 밝힌다.

2023년 12월
한국보건사회연구원 원장
이 태 수

목 차

KOREA INSTITUTE FOR HEALTH AND SOCIAL AFFAIRS

Abstract ··· 1

요약 ·· 3

제1장 서 론 ··· 9
  제1절 연구 배경 및 목적 ·· 11
  제2절 연구 내용과 방법 ·· 14

제2장 이론적 검토 ·· 19
  제1절 이론적 자원 ··· 21
  제2절 선행연구 검토 ·· 25

제3장 해외사례 검토 ·· 37
  제1절 들어가며 ··· 39
  제2절 유형화와 관련된 기존 연구문헌 ·· 43
  제3절 이행기 특성과 관련되는 사회정책 배경 ································ 47
  제4절 해외 청년세대 관련 주요 사회경제지표 ································ 70
  제5절 소결 ·· 84

제4장 청년 생애사 이행 과정 분석 ··· 89
  제1절 분석 개요 ·· 91
  제2절 시퀀스 분석 결과 ·· 96
  제3절 결합궤적 분석 결과: 노동과 행복의 성별 궤적 비교 ··········· 116
  제4절 소결 ·· 122

제5장 성인이행에 관한 실태와 인식 ······ 125
제1절 이행기 청년 실태와 인식 조사 ······ 127
제2절 청년의 일반 사회인식 ······ 128
제3절 가족 이행에 대한 젠더의식 ······ 144
제4절 성인됨에 대한 인식 ······ 154
제5절 소결 ······ 181

제6장 결론 ······ 185
제1절 주요 결과 ······ 187
제2절 정책적 함의 ······ 192

참고문헌 ······ 197

부 록 ······ 211

표 목차

KOREA INSTITUTE FOR HEALTH AND SOCIAL AFFAIRS

〈표 3-1〉 청년층의 기초소득 지급과 관련된 네 가지 유형(유럽 국가에 한정) ·············· 46
〈표 3-2〉 유럽국가 사회정책의 청년층 적용 연령(독신 & 자녀가 없는 경우) ·············· 62
〈표 4-1〉 코호트, 시퀀스 유형 간 교차분석 결과 ·· 112
〈표 4-2〉 매칭 전후의 샘플 속성 변화 ·· 114
〈표 4-3〉 다항로지스틱 회귀분석 결과(PS-matched) ··· 115
〈표 4-4〉 남성의 삶의 질 결합 궤적 유형별 특징 ·· 119
〈표 4-5〉 여성의 삶의 질 결합 궤적 유형별 특징 ·· 122
〈표 5-1〉 이행기 청년 실태와 인식 조사 개요 ·· 127
〈표 5-2〉 삶의 만족도 ··· 130
〈표 5-3〉 소득불평등 인식 ·· 132
〈표 5-4〉 자녀세대의 사회경제적 지위에 미치는 부모세대의 영향 인식 ·················· 134
〈표 5-5〉 세대 내 사회 이동성 인식 ··· 135
〈표 5-6〉 독립적인 성인이 되기 위한 요인: '나의 능력과 노력'에 대한 인식 ········· 138
〈표 5-7〉 독립적인 성인이 되기 위한 요인: '좋은 사람들을 아는 것'에 대한 인식 ······· 139
〈표 5-8〉 독립적인 성인이 되기 위한 요인: '부모의 사회경제적 지위'에 대한 인식 ······ 141
〈표 5-9〉 이행기 청년의 특성별 일반사회 인식의 차이 여부 ···································· 142
〈표 5-10〉 이행기 청년의 특성별 분포 ··· 143
〈표 5-11〉 젠더의식 항목별 동의율과 인구통계적 범주와의 관계 ···························· 146
〈표 5-12〉 젠더의식 항목에 관한 잠재집단 개요 ··· 149
〈표 5-13〉 '성평등지향형'(vs. '성분리지향형')의 설명요인 로짓분석 ······················· 153
〈표 5-14〉 성인이라고 생각하는 나이 ··· 157
〈표 5-15〉 부모로부터 경제적 독립에 대한 태도 ··· 160
〈표 5-16〉 부모로부터 주거 분리에 대한 태도 ·· 161
〈표 5-17〉 경제적 독립과 주거분리의 당위성에 대한 사회와 개인의 견해 비교 ········· 162
〈표 5-18〉 응답자의 결혼에 대한 태도 ··· 164
〈표 5-19〉 결혼에 대한 부정적 태도에 영향을 미치는 요인: 다항로짓 분석 ············ 166
〈표 5-20〉 결혼에 대한 본인의 태도와 사회적 요구에 대한 인식: 전체 ·················· 168

〈표 5-21〉 결혼에 대한 본인의 태도와 사회적 당위성에 대한 인식: 남성 ················ 168
〈표 5-22〉 결혼에 대한 본인의 태도와 사회적 당위성에 대한 인식: 여성 ················ 168
〈표 5-23〉 결혼하는 데 가장 큰 걸림돌 ··· 171
〈표 5-24〉 결혼의 가장 큰 걸림돌 인식의 결정요인 ·· 173
〈표 5-25〉 결혼하지 않을 경우 동거할 의향 ··· 175
〈표 5-26〉 응답자의 자녀출산에 대한 태도 ·· 176
〈표 5-27〉 자녀출산에 대한 사회의 태도에 대한 응답자의 인식 ························ 178

그림 목차

KOREA INSTITUTE FOR HEALTH AND SOCIAL AFFAIRS

[그림 2-1] 성인기 이행의 표준화, 탈표준화 개념 ·················· 27
[그림 3-1] OECD 국가 청년세대(20~29세)의 부모와의 동거 비율 ············ 40
[그림 3-2] 유럽연합 27개국 청년들의 평균 분가 연령(2022년) ·············· 40
[그림 3-3] 유럽 국가의 평균 분가 연령 성별 격차(2021년) ················ 42
[그림 3-4] 주요국 최저보장소득의 수준 ································· 56
[그림 3-5] 유럽 주요국의 청년실업률 변화(15-29세, 2010-2022년) ········· 57
[그림 3-6] OECD 주요국의 NEET 비중(15~29세, 2022년) ················· 71
[그림 3-7] OECD 주요국의 니트층 비중과 청년실업률(15-29세, 2021년) ····· 72
[그림 3-8] 유럽 주요국 청년층(15~29세) 빈곤율 장기 변동 ················ 73
[그림 3-9] 유럽 주요국 청년층의 빈곤율 격차와 장기 변동 ················ 74
[그림 3-10] 세계 주요국의 평균 학교생활 기간(School life expectancy) ····· 75
[그림 3-11] OECD 주요국의 청년고용률의 변화(1985년 vs 2020년; 15-24세, 15-29세) ·· 77
[그림 3-12] 세계 주요국 여성의 첫 출산 평균 연령(1970년, 2000년, 2021년) ······· 80
[그림 3-13] 전 세계 고등교육 진학률과 주요국의 평균 교육기간 ············ 81
[그림 3-14] 유럽 국가의 부모와의 동거 제한 연령에 대한 인식 ············· 82
[그림 3-15] OECD 주요국 청년층의 분야별 근심도 조사(2022년) ··········· 88
[그림 4-1] 전체 집단의 생애사 경험의 연쇄 ···························· 97
[그림 4-2] 두 출생 코호트 집단의 생애사 엔트로피 비교 ·················· 98
[그림 4-3] 두 출생 코호트 집단의 생애사 연쇄 비교 ····················· 99
[그림 4-4] 코호트별 연령 최빈(mode) 상태 비교 ······················· 100
[그림 4-5] 두 코호트 집단의 생애사 연쇄 비교(성별) ···················· 101
[그림 4-6] 코호트별 연령 최빈(mode) 상태 비교(성별) ··················· 102
[그림 4-7] 두 코호트 집단의 생애사 연쇄 비교(소득수준별) ··············· 103
[그림 4-8] 코호트별 연령 최빈(mode) 상태 비교(소득수준별) ············· 104
[그림 4-9] 전체 집단에 대한 시퀀스 유형화 결과(유형수: 4) ·············· 107
[그림 4-10] 시퀀스 유형별 상태 도달 기간 ···························· 108
[그림 4-11] 시퀀스 유형 간 연령별 최빈 상태 비교 ····················· 109

[그림 4-12] 코호트별 시퀀스 분포 ·· 111
[그림 4-13] 성향점수 매칭 결과 ·· 114
[그림 4-14] 노동시간, 소득 및 삶의 만족도 결합궤적(남성) ················· 116
[그림 4-15] 노동시간, 소득 및 삶의 만족도 결합궤적(여성) ················· 120
[그림 5-1] 독립적인 성인이 되기 위한 요인 중요도 ·························· 137
[그림 5-2] 젠더의식 항목별 동의율과 성별 차이 ······························ 145
[그림 5-3] 젠더의식 집단별 응답 특성 ·· 151
[그림 5-4] 항목별 적정 이행 연령과 개인적 태도 및 사회적 요구의 비교 ········· 158
[그림 5-5] 가치영역별 결혼이 미치는 긍정적/부정적 영향에 대한 인식 ········· 174
[그림 5-6] 성인이행 항목별 중요도와 실현가능성 ···························· 180

Abstract

Research on the life trajectories of young adults in transition: Changes in transition characteristics and factor analysis

Project Head: Kim, Moon-GII

The life histories of young people in South Korea have changed dramatically in a short period of time, with recent cohorts showing a pattern of decreasing diversity in trajectories, with delayed marriage and childbearing experiences, less stable labor market transitions, and fewer types of full-time caregiving. The survey of transition to adulthood practices and perceptions found shifts in traditional gender role norms and gender awareness gaps, a tendency to find earning activities more rewarding than family caregiving, and gender, regional, and educational differences in perceptions of sexism.

The analysis of perceptions of adulthood found that age does not play a significant role in determining adulthood; prioritization of economic independence and residential separation; the need for more time between economic independence and residential separation and marriage and childbirth; women perceive the age of transition to be somewhat higher than men; and the emergence of "new adults" who do not fully fulfill the transition to adulthood, including economic independence, residential separation, marriage, and childbirth.

Co-Researchers: Kim, Ki-tae·Choi, Sunyoung·Woo, Sunhee·Kim, Sangbae·Roh, Beop Rae

A review of international case studies confirms that there are differences in the duration and pathways to adulthood depending on the level of social safety nets. At the policy level, this suggests that policy responses are needed to raise awareness of gender roles in the completion of adult transitions and that social security systems need to be reorganized in a way that is responsive to changes in the life course.

Keyword : young adult, transition to adulthood, life course, transition regime, markers to adulthood, pattern of transition

요약

1. 해외사례 분석

□ 해외사례 분석

○ 5개 청년체제와 대표 국가를 설정하여, 주거정책, 공공부조제도, 실업급여 및 실업부조, 청년정책의 특징을 비교, 분석하였음. 그 결과는 다음과 같이 요약됨.

○ 첫째, 사민주의 경제체제와 강한 복지체제의 북유럽 국가는 학생에 대한 경제적 지원을 통한 사회경제적 안전망을 구축하는 특징

- 학업(학생)수당, 장학금, 공공대출 등 지원 정책이 존재하고, '18세=성인'이라는 인식이 제도에 반영. 북유럽형 청년정책 유형화 가능

○ 둘째, 남부유럽 국가들은 청년세대의 사회경제적 불안정 지표 이면의 정책들은 청년세대에게 비우호적인 특징

- 공공부조에 연령 제한, 주택 관련 지원은 낮은 수준은 사회보장제도 내 가족주의 전통이 비교적 강하게 유지되고 있다는 점을 반영. 남부유럽형 체제 유형화 가능

○ 셋째, 프랑스와 독일이 대표하는 서유럽형 모델은 유형화가 가능할 정도의 유사성은 보이지 않음.

- 독일은 과거부터 직업훈련에 특화한 제도 구축. 청년보장 시행 이후 기존 제도 유지

- 프랑스는 국가가 적극적으로 노동시장에 개입하는 방식. 청년보장 시행에 따라 기존 공공고용서비스(미씨옹 로깔)를 통한 청년층 취업 능력과 의욕 고취를 위한 프로그램 적극 가동

○ 넷째, 미국, 영국, 아일랜드의 경우 복지서비스의 사유화 측면에서의 공통점을 제외하면 청년정책에서의 유사성은 찾기 힘듦.
  - 아일랜드는 EU의 정책 자기장에 속해 있고, 영국과 미국 청년들이 직면하는 사회적 위험이 상이하기 때문임.
  - 다만, 자유주의 유형의 청년체제는 청년 문제에 대한 정부의 낮은 개입정도, 노동연계형 방식 선호, 시장중심적 접근이라는 특징으로 유형화 가능
○ 다섯째, 동유럽형은 개도국이라는 경제적 수준, 미비한 복지제도 수준이라는 공통점을 가지고 있음.
  - 청년에 대한 다양한 제도는 구축되어 있지만 낮은 경제수준과 강한 가족주의 전통에 따라 높은 지원 수준을 기대하기 어려움.

□ 해외사례 분석 결과의 함의

○ 주요 국가유형별 사회경제적 성격과 사회정책환경이 청년들의 성인으로의 이행경로와 시기에 영향을 미치면서, 청년들의 인식과 태도에도 상이한 영향을 미치는 것을 확인
○ 이행기 청년정책의 수준과 방향성은 각국의 경제수준, 경제체제 및 복지체제 유형, 사회문화적 배경 등에 크게 영향을 받게 되는 바, 이행기 지원에 있어서 국가와 가족, 그리고 개인의 역할에 대한 종합적 차원에서의 검토가 필요함을 시사함.

2. 이행과정 특성 변화 분석 결과

□ 우리나라 청년들의 생애사의 양상은 짧은 기간에 큰 변화

○ 최근 코호트에서는 결혼과 출산 경험이 지연되고, 안정적 노동시장 이행이나 전업돌봄 유형이 줄어들면서 궤적의 다양성이 감소하는 패턴이 발견

○ 생애사 경험에 있어서 성별의 차이가 명확하게 나타남. 시퀀스 분석 결과 전업돌봄의 궤적은 주로 여성에게 나타나는데, 노동시장 참여와 삶의 질에 있어서 여성에게서 더 복잡한 생애사적 메커니즘이 작동한다는 점을 시사

○ 궤적 유형화 분석 결과 남성은 삶의 만족도가 노동시장 참여수준과 대체로 일치하는 반면, 여성의 경우는 일률적인 패턴이 발견되지 않음. 노동시장 참여수준이 높은 여성의 삶의 만족도가 상대적으로 낮은 것은 여성이 노동과 돌봄의 부담을 동시에 느끼고 있음을 시사

3. 이행 실태 및 인식 조사 결과: 성역할 규범

□ 전통적인 성역할 규범에 변화가 발생

○ 첫째, 전통적 성역할 규범이 상당히 약화하고 평등주의적 규범이 확산

○ 둘째, 성역할에 대한 성별 인식에 비교적 큰 차이가 발견. 남성생계부양자 규범, 유자녀 여성의 경제활동 등에 대한 성별 격차가 크게 나타남.

○ 셋째, 가정에서 가족 돌봄 활동이 소득활동보다 더 보람 있다는 데 대해서 절반 미만의 청년이 동의

○ 넷째, 성차별 의식에는 성별, 지역별, 교육수준별 차이가 존재

○ 다섯째, 젠더의식에 대한 잠재집단 분석 결과 두 집단 간 큰 인식의 차이가 발견

- 집단1은 대부분의 젠더 규범에 동의하지 않으며, 성역할 분리 규범에 대한 동의율이 낮았고, 가족 돌봄 가치에 대한 동의율이 높았음.

- 집단2는 대부분의 젠더 규범에 동의하며, 남성과 여성의 능력 차이에 대한 젠더 본질주의에 대한 동의율이 높았음.

○ 여섯째, 로짓분석 결과, 젠더의식의 차이를 유발하는 가장 중요한 변수는 성, 주관적 소득계층, 결혼 여부로 나타남.

□ 정책적 함의

○ 첫째, 전통적 성역할 규범이 약화되고 평등주의적 규범이 확산되고 있다는 점에서 가족형성 지원정책은 성평등을 촉진하는 방향성을 견지할 필요가 있음.

○ 둘째, 청년세대 내에서 가족돌봄 활동의 중요성이 강조되고 있다는 점에서 이를 사회적으로 인정하고 지원하는 방향의 정책설계가 필요함.

○ 셋째, 미혼 청년들이 기혼 청년에 비해 높은 젠더 평등 의식을 가지고 있다는 점에서 이들의 경제적 자립을 지원하는 방향의 정책이 중요함.

○ 마지막으로, 성인이행의 완수를 위한 성역할에 대한 인식을 제고할 수 있는 정책 대응이 필요하다는 점, 생애과정의 변화에 조응하는 방식으로 사회보장제도가 개편될 필요가 있다는 점을 시사

4. 이행 실태 및 인식 조사 결과: 성인됨의 인식

□ 성인됨의 인식 조사 결과

○ 첫째, 청년들이 생각하는 성인이 되는 나이는 평균 23.4세. 그러나 특정 연령에 집중되지 않고 20세 미만, 20대 초반, 20대 후반, 30대 이상까지 비교적 고르게 분포. 성인 여부 규정에 연령이 큰 역할을 하지 않음을 시사

○ 둘째, 경제적 자립과 주거 독립에 대한 인식 조사 결과, 경제적 자립을 필수 요건으로 인식하는 비율은 약 76%, 주거 독립은 약 68% 정도로 나타남. 이를 완수할 적정 연령은 경제적 자립 25.3세, 주거 독립 26.3세로 나타남.

○ 셋째, 결혼에 적절한 연령은 평균 30.7세, 출산은 31.2세로 각각 나타남. 경제적 자립과 주거 독립에 약 1세의 간격이 있는 것과 달리 주거 독립으로부터 결혼까지는 4세 이상의 간격이 필요한 것으로 인식

○ 넷째, 결혼과 출산의 필요성에 대한 개인과 사회적 요구 사이에 간극이 존재. 사회적 요구보다 늦게 결혼하고 출산하는 것이 바람직하다고 인식

○ 다섯째, 젠더와 계층에 따른 인식의 차이가 존재. 여성이 남성보다 이행 연령을 다소 높게 인식(특히 결혼과 출산에 대한 필요성

을 덜 느끼는 강한 경향), 교육수준이 높을수록 이행 연령을 높게 인식

○ 여섯째, 전통적인 성인 이행의 과업을 모두 수행한 비율은 감소하고 있음. 이는 경제적 자립, 주거 독립, 결혼, 출산 등의 성인 이행 과업을 완전히 수행하지 않은 '새로운 성인'의 출현하고 있음을 시사

주요 용어: 청년, 성인이행, 생애과정, 이행레짐, 성인 표식, 이행 패턴

제1장

서론

제1절 연구 배경 및 목적
제2절 연구 내용과 방법

제1장 서론

제1절 연구 배경 및 목적

생애과정의 관점에서 청년기의 가장 핵심적인 생애 과업은 '성인으로의 이행'이라 할 수 있으며, 이는 다른 생애주기 단계와 구분되는 청년기의 특징이라 할 수 있다. 과거 집을 떠나, 학교를 마치고, 일자리를 구하고, 결혼하고 자녀를 낳아 양육하는, 성인으로의 이행이 단선적이고 연속적인 사건(event)이었다면, 최근으로 올수록 이행의 과정이 불연속적이고 불안정하게 변화하면서 성인으로의 이행에 소요되는 시간도 크게 늘고 있다. 이와 같이 성인으로의 이행이 지연되는 것은 사회적 역할과 책임의 측면에서 부정적인 결과를 초래한다. 미시적으로는 상흔효과를 통해 개인의 이후 생애과정에 있어서의 곤란(생애소득 손실 등)을 야기할 수 있고, 거시적으로는 사회경제적 손실(저출산, 총생산 감소 등)을 유발할 수 있다.

2008년 글로벌 금융위기는 당시 노동시장 진입(혹은 사회진출)기의 청년들에게 광범위한 영향을 미쳤으며, 이는 오늘날 각 국가별 청년정책 마련의 계기로 작동하였다. 우리나라를 비롯한 OECD 주요국들은 글로벌 금융위기 이전의 청년고용률을 지금껏 회복하지 못하고 있으며, 이는 소득에 미치는 악영향을 통해 오늘날 청년세대를 부모보다 가난한 첫 세대(Dobbs et al., 2016)로 위치 짓고 있기도 하다. 최근 출생세대는 과거 세대에 비해 절대적 (소득)이동성이 저하하고 있다는 사실이 실증되고 있으며(Chetty, Hendren, Kline, Saez et al., 2014), 경기수축기 노동시장 진입자의 경우 소득뿐만 아니라 가족형성, 건강, 사회인식 등에도 부정적인 영향을 미치는 것으로 알려지고 있다(von Wachter, 2020).

2008년 글로벌 금융위기에 이어 코로나19 확산은 경제적 충격뿐만 아니라 다양한 사회적 위험을 유발하고 있어 현 시기 이행기 청년들의 생애사에 걸친 부정적 영향을 예견하게 한다. 따라서 이에 대한 정확한 실태파악과 더불어 부정적 영향 요인을 제어할 수 있는 정책고안이 필요하다. 이를 통해 단선적이고 연속적인 이행경로에 맞춰져 있던 기존의 사회정책과 사회제도를 새로운 이행경로의 특징에 조응할 수 있도록 정책패러다임을 변화시킬 필요가 있다.

이 같은 맥락에서 우리나라에서 성인으로의 이행경로를 탐색하는 연구들이 존재한다. 2010년과 2011년에 경제인문사회연구회의 협동연구로 이행의 종합적인 측면을 탐색하는 연구들이 수행되었다(이병희, 장지연, 윤자영, 성재민, 안선영, 2010; 안선영, Cuervo, Wyn, 2010: 은기수, 박건, 권영인, 정수남, 2011; 안선영, 김희진, 박현준, 김태령, 2011). 비슷한 시기에 이행의 시점과 특성을 탐색하는 문혜진(2010), 남춘호와 남궁명희(2012)의 연구도 있다. 그러나 이들 연구는 이미 10년 정도가 경과하여 최근 10년간의 이행과정의 특성 변화를 포착할 수 없다. 이들 연구는 글로벌 금융위기 직후에 이루어진 연구로서, 금융위기의 충격(고용률, 생애소득 등)의 여파가 예상보다 장기간 지속됨에 따라 청년정책에 대한 관심도가 더욱 높아진 측면이 있어 경기충격의 장기적 영향을 포착해 낼 수 있는 연구로는 한계가 있다 하겠다. 이후의 연구들은 종합적 탐색보다는 개별 이행 국면이나 특정 계층에 초점을 맞추는 방식으로 수행되었다. 노동시장 이행(이승렬, 2015), 취업과 결혼에 초점을 맞추거나(노법래, 2019), 취약계층 청년으로서 니트 청년들에 초점을 맞춘 연구(노혜진, 2021)들이 대표적이다.

또한 국내 선행연구들은 성인기 이행에 관한 해외사례 연구가 다소 제한적이다. 예컨대 이병희 외(2010)의 경우는 주거분리에 관한 해외사례를 국제사회조사프로그램(ISSP)을 이용한 거시적 접근을 시도하고 있지만 주거분리 이외의 생애과정 변화에 대해서는 다루지 않고 있으며, 안선영 외(2010)의 경우는 호주 사례에 국한되어 있어 다양한 유형(예컨대 복지레짐별)의 국가 사례 연구로까지 확장하지 못한 한계가 있다. 성인기 이행경로의 변화가 국제적인 추세에 있음을 연구를 통해 실증하지 못하고 있고, 그 변화가 국가별로 어떤 요인에 의해 어떤 과정으로 진행되고 있는지에 대한 검토가 부재하다 할 수 있다.

이행과정의 변화를 탐색하는 데 있어서 중요한 관점은 과거 세대와의 비교(수직적 격차)와 현 세대 내에서의 계층간 비교(수평적 격차)라 할 수 있다. 선행연구들은 전자에 주로 주목해서 최근 세대의 이행과정의 특성을 발견해 내고 있지만, 이행과정의 계층간 격차에 대해서는 주목하지 않았다. 은기수 외(2011)는 가족배경의 맥락에 주목하면서 가족환경이 교육과정, 노동경험, 자아정체성과 사회인식에 미치는 영향을 탐색한 바 있고, 노혜진(2021)은 전술했듯이 니트청년에 초점을 맞추고 있다. 이에 종합적인 관점에서나 개별 이행국면에서 발생하는 계층간 격차에 대해서는 다루지 못하고 있다. 해외의 경우 생애과정 변화의 빈곤 영향을 탐색하는 연구들(Aassve, Mazzucco, Mencarini, 2005; Aaasve, Iacovou, Mencarini, 2006; Aassve, Davia, Iacovou, Mazzuco, 2007)이 존재하지만 이행과정에서 나타나는 격차(불평등)를 본격적으로 조망하는 연구는 부재한 것으로 파악된다.

이에 본 연구는 최근 코호트로 분석 범위를 확장하여 이행과정의 패턴에 어떤 변화가 관찰되는지, 그리고 그 패턴은 어떤 유형적 특징을 나타내는지를 살펴보고, 이행경로에 있어서 청년세대 내 집단별 차이를 탐색하고자 한다. 그리고 성인이행에 관한 청년들의 실태와 인식을 파악하기 위하여 설문조사(온라인 조사)를 실시하고, 수집된 자료를 분석하여 성인으로의 이행에 관한 인식의 청년세대 내 집단 간에 차이를 밝혀보고자 한다. 이 연구는 이행과정의 변화와 요인, 그 파급효과와 정책적 함의를 다루는 2개 연도 연구의 첫 번째 연구다. 이 연구에 이어서 2차 연도에는 이행 특성 변화의 미시적, 거시적 파급효과를 분석하고, 2개 연도 연구 결과를 종합하여 이행특성 변화에 조응하는 사회보장제도 및 인구정책의 방향성과 추진 전략을 모색하고자 한다. 이와 같은 맥락에서 금년도 연구는 다음과 같은 목적을 가진다.

첫 번째는 성인으로의 이행이라고 하는 생애사의 근본적 변화 과정에 있는 오늘날 청년들의 이행경로 특성을 파악하고, 과거세대의 이행경로와 달라진 점을 밝히는 것이다.

두 번째는 청년들의 인구사회학적 배경이 이행궤적에 어떤 차이를 유발하는지를 규명하는 것이다.

세 번째는 청년 인식 조사를 통해 현재 청년세대의 성인됨에 대한 인식을 파악하고, 청년인구 하위집단별 차이를 밝혀내는 것이다.

네 번째는 이 같은 분석 결과를 바탕으로 청년을 대상으로 하는 사회정책과 인구정책의 방향성을 제시하는 것이다.

제2절 연구 내용과 방법

1. 연구 내용

상기와 같은 배경과 목적에 따라 이 연구에서는 다음과 같은 연구 질문을 제시하고, 그 질문에 답을 찾아내는 과정으로 연구의 내용을 구성한다.

첫 번째 질문은 선행연구들이 우리나라 청년의 이행경로 특성을 표준화(문혜진, 2010) 또는 (최근 세대의) 탈표준화(남춘호, 남궁명희, 2012)로 규정하는 것과 관련, 더 최근 세대의 경우는 어떤 특성을 가지는가 하는 것이다. 이에 따라 우리나라 청년들의 성인기 이행경로가 과거와 어떻게 달라졌는지를 살펴보고자 한다. 전술한 두 연구는 다른 결론을 내린 것처럼 보이지만 실제 탈표준화의 변곡점이 된 세대가 1970년대 중반생이라는 점에서 비슷한 입장을 보인다. 본 연구에서는 1970년대 중반 이후 세대까지 확장하여 이행경로의 특성을 탐색하고자 한다.

두 번째 질문은 청년세대 내 하위집단별로 이행경로의 특성에 차이가 있는가 하는 것이다. 이행의 시기, 이행에 소요되는 기간, 이행의 방향 등에 있어서 계층별로 어떤 차이가 있는지를 살펴보고자 한다.

세 번째 질문은 이행의 시기와 소요 기간의 연장 또는 지연의 원인이 무엇인가, 이행경로 특성의 변화를 유발한 요인은 무엇인가, 그리고 계층별로 요인에 차이가 있는가 하는 것이다. 선행연구들은 일자리, 주거, 가족형성 등의 국면별 이행의 지연과 개별화의 원인들을 탐색하고 있는데, 실증적인 방법으로 접근하기보다 이론적 차원에서 논의를 전개하는 수준에 그치고 있다. 이에 본 연구에서는 실증적인 방법으로 원인을 모색해 보고자 한다.

네 번째 질문은 성인됨의 표식(marker) 중 사회적 표식과 심리적 표식에 있어서 계층별 차이가 존재하는가, 그리고 계층별로 표식들과 실제 행위간에 얼마나 큰 괴리가 있는가이다. 30대 이후까지 부모로부터 경제적 지원을 받음으로써 경제적 독립이라는 표식과 괴리되는 상황, 아동청소년기부터 일찍이 부모를 부양한 경험을 가진 청년들의 성인됨의 인식과 실제 성취 수준 간의 괴리를 살펴보고자 한다.

이와 같은 연구 질문에 대한 해답을 모색하기 위하여 본 연구는 다음과 같이 구성하고자 한다. 먼저, 제2장에서는 청년, 이행기, 이행경로, 성인에 대한 정의와 관련한 이론적 검토와 이행기 특성 변화와 관련되는 선행연구들을 살펴본다.

제3장에서는 우리나라와의 비교검토를 통한 정책 함의를 제시하기 위하여 해외사례를 검토한다. 주요 국가들의 청년기 이행경로 변화를 조망하고, 국가 유형별 청년층에게 영향을 미치는 사회정책을 검토함으로써

국가 유형별 이행경로 변화의 맥락적 요인을 살펴본다. 다수의 선행 연구들이 청년들의 이행경로 변화에 거시적 측면, 즉 교육 시스템, 노동시장 불안정성, 복지정책 등 사회정책의 영향력을 제시하고 있는 것과 같은 맥락에서 주요 국가 유형별로 청년에 영향을 미치는 사회정책을 조망하고자 한다.

다음으로 제4장에서는 기존 조사자료를 활용하여 청년의 생애사적 이행 과정의 동태적 변화를 살펴보고자 한다. 이를 위해 시퀀스 분석(한국복지패널 1~17차)과 결합궤적 분석(한국노동패널 1~19차)을 수행한다. 시퀀스 분석에서 주요한 비교 지점이 출생 코호트라면 결합궤적 분석에서는 성별 차이에 초점을 둔다.

제5장에서는 청년기 이행에 관한 실태 및 인식 조사를 바탕으로 이행기 청년의 일반 사회인식, 성인 이행에 관한 젠더의식, 성인됨에 대한 인식 등을 살펴본다. 그리고 성인됨에 대한 인식의 집단별 차이를 탐색하고자 한다. 선행연구들이 성인기 이행에 있어서 교육과 고용의 중요성과 더불어 가족의 지원을 중요한 요소로 꼽고 있어(Settersten, Ottusch, Schneider, 2015) 성인됨의 인식에 있어서 가족 배경에 따른 차이를 탐색해 보고자 한다.

제6장에서는 연구 결과를 요약하고 정책적 함의를 모색한다.

2. 연구 방법

위와 같은 연구 문제에 답하기 위하여 본 연구는 다음과 같은 방법을 활용하고자 한다.

먼저, 성인으로의 이행과정, 이행경로의 변화를 살펴보기 위하여 기존의 조사통계 또는 행정통계를 이용한 기술 분석을 실시한다. 교육, 경제활동, 인구, 가족과 출산 등의 주요 통계를 이용하여 각 이행사건들의 시기와 기간 등을 시계열적으로 분석한다.

이행경로의 변화를 모형을 통해 규명하기 위한 방법으로 한국복지패널 자료를 이용한 시퀀스 분석, 성인으로의 이행경로가 주관적 인식에 미치는 영향을 분석하기 위하여 한국노동패널자료를 이용한 복합궤적 분석을 실시한다.

성인으로의 이행 과정, 성인됨의 표식에 대한 인식, 성인으로의 이행 필요성 또는 가능성 등에 대한 세대간, 계층간 비교분석을 위해서 설문조사를 실시한다. 계층간 비교를 위하여 성장배경과 관련한 문항들을 구성한다. 19~34세 청년 2천여명을 대상으로 온라인 조사를 실시하고 분석한다.

제2장

이론적 검토

제1절 이론적 자원
제2절 선행연구 검토

제2장 이론적 검토

제1절 이론적 자원

1. 청년과 성인 이행

가. 성인 이행경로를 바라보는 두 개의 관점: 생애주기와 생애과정

청년(靑年)이라는 한자어는 청소년, 노년 등과 같이 특정 연령대의 사람을 지칭하는 것이지만, 사회과학적으로는 아동에서 성인으로 이행하는 과정, 즉 이행기에 있는 사람을 지칭하는 용어로 사용된다. 이 같은 사회과학적 정의를 정책적 관점으로 연결시키면 성인으로의 이행은 청년의 핵심적인 생애 과업이라 할 수 있다. 전통적인 사회정책(혹은 사회보장제도)은 통상 아동-성인-노인으로 구분되는 생애주기(life cycle)에 기초하고 있으며, 청년이라는 생애주기가 포함되어 있지 않아 이행기 청년을 전통적인 사회정책의 대상으로 보지 않았다. 대신 성인 연령을 전기(청소년기~30대 후반), 중기(40~50대), 후기(60~65세)로 구분하면서 청년은 전기 성인에 해당하는 연령대로 보는 정도였다.

생애주기가설(life cycle hypothesis)은 케인즈의 가처분소득의 크기가 소비수준을 결정한다는 절대소득가설에 대하여 모딜리아니가 생애주기별 소득과 저축 배분을 통해 생애 소비를 일정하게 유지한다는 것을 보여주기 위해 제시한 가설이다. 프리드먼의 항상소득가설과 함께 절대소득가설을 반박하는 가설이다. 생애주기는 사회복지학의 영역에서는 두 가지의 의미를 가진다. 하나는 생애 중 연령별 또는 시기별로 다양한 욕구가 존재하는데 욕구가 충족되지 않을 경우 문제에 봉착할 위험이 있어 정책대응이 필요하다는 측면이고, 다른 하나는 생애주기별 인간발달단계에 입각한 접근의 유용성에 착안하여 발달단계별 욕구와 이용가능한 자원을 파악하기 위한 목적으로 활용해야 한다는 관점이다. 생애주기의 특징은 연속적 단계를 가지며, 연속적 단계는 발달하는 속성으로 구성되며, 연속적 단계의 기간은 세대별로 반복된다는 것이라 할 수 있다(O`Rand & Krecker, 1990).

근대적 생애주기 모델은 시간이 지나면서 세분화되고 있다. 유년기는 초기 아동기(early childhood), 청소년기(adolescence), 후기 청소년기(post-adolescence) 등으로 분화되고, 성인기는 초기 성인기(early adulthood), 중년기(middle life), 노년기(old age)로 분화되며, 노년기는 다시 초기 노인(young-old)과 후기 노인(old-old)으로 분화된다. 후기 노인도 수명이 길어지면서 초고령 노인(oldest old)으로 분화될 수 있다. 이처럼 생애주기가 분화하고 있는 것은 기본적으로 수명 연장으로 인해 생애기간이 상당히 길어진 것과 관련된다. 여기에 생애주기의 사회적 맥락이 변화하고 있다는 점이 반영된 결과라 할 수 있다.

이 같은 맥락에서 전통적인 생애주기 관점보다 생애과정(life course) 관점이 사회정책적 측면에서 더 유용하다 할 수 있다. 생애과정은 일대기적 사건과 사회적 사건의 상호작용의 결과로 나타난다. 1970년대부터 발달심리학에서 사회적 역할과 생애 사건을 조망하기 시작한데서 논의가 시작되어 오늘날 사회정책적으로 중요한 개념으로 자리 잡고 있다. 생애과정 접근은 전통적 생애주기 접근법의 주요 요소들을 결합시키고 이를 사회적 배제와 빈곤 연구의 일반적 분석틀 속으로 재개념화를 가능케 한다. 생애과정 접근법은 크게 Elder(1974)의 전통적 북미 생애과정 관점과 대륙국가들의 제도주의적 관점, 그리고 두 관점을 결합한 생애과정의 정치경제학으로 구분된다. 생애주기와의 가장 큰 차이점은 생애과정이

세대 반복적으로 발생한다는 사실을 부정한 것에 있다. 즉, 연속적 단계를 거치며 발달하는 속성은 받아들이지만 이것이 세대 반복적으로 일어난다는 것을 부정한다. 실제 주요한 생애 사건들이 모든 세대에 걸쳐 공통적으로 발생하지 않는다는 것을 전제한 접근이다. 이는 수명이 늘어나면서 생애주기의 기간이 크게 확장되었고, 사회 속에서 개인의 역할과 사회와의 관계가 변화함에 따라 모든 생애사건들이 세대에 걸쳐 반복되지 않기 때문이다. 한편, 생애 사건들이 연속적으로 일어난다는 것에 대해서는 이론이 있을 수 있다. 학교 졸업-일자리 마련-가족형성의 단선적 이행과정이 최근 들어 복잡하고 불연속적으로 바뀌고 있기 때문이다.

생애주기 관점에서 청년은 유년 단계를 거친 성년으로 분류된다. 경제적 측면에서는 부(負)의 저축 시기를 거쳐 소득활동을 통한 소비와 은퇴 후 소득단절에 대비한 저축을 하는 시기에 해당 된다. 그러나 최근 최종 학교 졸업(중퇴) 후에도 곧바로 소득을 통한 소비와 저축이 가능하지 않은 경우가 많아지면서 생애주기상 성인으로서의 경제활동을 하지 않는 기간이 길어지고 있다. 사회정책적 측면에서는 고등학교를 졸업함으로써 더 이상 교육에 대한 공적인 지원을 받지 않게 되고, 복지급여 수급권도 확보되지 않음으로써 사회정책의 대상이 되지 않는다. 취업을 통한 경제적 자립까지 사회정책의 진공상태에 놓이게 된다. 따라서 오늘날 청년들은 새로운 생애주기의 타이틀을 부여해야 한다는 논의가 진전된다. 발달 관점에서 Arnett(2000)는 성인으로 이행과정에 있는 20대의 특징을 불안과 좌절, 자기중심성, 중간에 낀 느낌, 가능성에 대한 탐색으로 보고 이 시기를 성인모색기(emerging adulthood)로 정의했다(Arnett, 2000). 한편, 사회적 지분급여를 주장하는 애커먼과 알스톳은 청년을 아동-성인-노인과 구별되는 제4국면으로서 청년기라는 독자적 범주로 분류해야 한다고 주장하고 있다(Akerman & Alstott, 2003). 이 같은 제안은 전통적 생애주기가 상정하는 각 주기별 과업의 이행(아동은 신체 및 인지 능력의 발달, 성인은 부모로부터 독립, 직업 선택, 배우자 선택, 결혼, 자녀 출산과 양육 등)이 단선적이고 연속적이었던 것과 달리 최근으로 올수록 복잡하고 불연속적인 과정을 거치고, 그 시기도 늦춰지고 있다는 양상에 주목하여 정책적 측면에서의 새로운 관심이 필요하다는 인식에 근거한다. 김문길 외(2021)는 단선적이고 연속적인 이행과정에 대응하도록 설계된 기존의 사회정책을 오늘날 불연속적이고 불안정적인 이행과정에 대응하도록 수정될 필요가 있다고 본다. 이처럼 과거 청년들과 경제적으로, 사회정책적으로 구별되는 특성과 욕구를 가지고 있는 오늘날 청년들은 생애주기가 아닌 생애과정의 관점에서 조망할 필요가 있다.

나. 사회적 구조(이행레짐)와 청년의 행위성

유럽에서 이루어진 일련의 연구들은 성인이행이 제도적 맥락 내에서 이루어지며, 제도적 맥락에 따른 성인이행의 양상과 의식 등에 차이가 있음을 강조한다(Iacovou, 2002; Breen & Buchmann, 2002; Walther, 2006; 2016). 이행레짐(youth transition regime)은 영역적으로 교육, 노동시장, 가족 등의 제도 영역을 포함하고, 경제, 법, 제도, 문화 등 여러 기제를 포함하도록 개념화된다(Walther, 2006).

Walther(2006)는 유럽 국가들을 대상으로 성인이행레짐을 북유럽 국가의 '보편주의 레짐'. 중부유럽 국가의 '고용중심 레짐', 영국과 아일랜드의 '자유주의적 레짐', 남유럽 국가의 '과소보호형 레짐'으로 구분한다. 이 연구에서 저자는 학교, 교육훈련방식, 주요 사회보장자원, 고용레짐, 여성고용수준, 청년기 인식, 청년 실업 인식, 불리함의 원인에 대한 인식, 이행 정책의 초점 등을 통해 레짐을 개념화하였다. 이 같은 레짐별 사회적 구조가 청년들의 행위에 영향을 미침으로써 이행의 성격을 상이하게 만드는 것으로 보고 있다. 청년 자신의 자기 일대기에 대한 주관적 인식과 태도는 그 자체로 중요한 사회적 현실이며, 사회통합이나 노동시장 통합에 객관적인 영향을 미치는 것으로 알려져 있다(Walther & Mc Neish, 2003; 김영, 황정미, 2013, p.217에서 재인용; Walther, 2006). 사회적 구조는 청년들의 선택에 제약을 가하는 동시에 제약 속에서 청년들은 자신의 경로를 탐색하기 위해 노력하게 된다. 예를 들어, 북유럽 국가의 경우 강력한 사회안전망과 유연한 교육 및 노동시장 정책을 통해 청년들의 행위를 지원하는 반면, 남유럽 국가의 경우는 상대적으로 강한 가족 의존 구조를 가지고 있어 청년들의 행위를 제약하는 경향이 있다. 이 같은 경향은 청년들의 성인으로의 이행을 지원하는 정책을 설계하는 데 있어서 사회적 구조와 개인의 행위가 조화롭게 작동할 수 있도록 하는 것이 중요하다는 점을 시사한다.

제2절 선행연구 검토

1. 성인으로의 이행경로 변화

생애과정에 입각한 해외의 초기 실증 연구들은 성인이행 경로의 성격을 표준화된 보편 이행으로 규정짓는다. 미국에서는 지난 100년간 학교를 졸업하고 취직하고 분가하고 결혼하는 과정이 압축적으로 이루어지면서 계급, 인종 간의 경계가 희미해진 동질화한 사회로 이행한 것으로 해석되었다(Modell, Furstenberg & Hershberg, 1976; 이상직, 2020, p.19에서 재인용). 대략 1940년대에서 1950년대 출생 코호트에서는 이행경로의 표준화가 이루어진 것으로 보고된다(Modell, 1989; Hogan 1981; 이상직, 2020, p.19). 교육기간이 확장되면서 졸업 시점의 평균 값과 분산이 커지고, 이에 따라 취업 시점의 평균값과 분산도 같이 커졌다. 그러나 결혼과 출산의 경우는 시점과 분산이 작아지면서, 대략 이들 코호트에서의 이행과정의 표준화가 존재한 것을 알 수 있다. 그러다 최근 코호트로 오면서 이행의 탈표준화가 관찰되기 시작한다. 이행 시점이 지연되고 이행경로가 다양화하는 방식으로 탈표준화가 진행되고 있음이 확인되고 있다. Billari(2001)는 시퀀스 분석을 통해 생애과정의 복잡성을 측정하고 비교하였는데, 성인이행은 단일한 경로가 아니라 여러 복잡한 경로가 존재한다는 점, 생애과정의 주요 사건들이 복잡하게 상호작용하며 영향을 미치고, 이를 통해 개인화된 생애경로가 발견되면서 과거의 표준적 생애경로에서 변화가 발생한 것으로 보고한다.

그러나 이행경로의 탈표준화 혹은 개인화 경향이 모든 국가에서 같은 패턴을 보이는 것은 아니다. Billari와 Liefbroer(2010)는 유럽 국가 유형에 따라 상이한 패턴이 존재한다는 것을 확인하고 있다. 북유럽 국가의 경우는 이행의 속도가 빠르고, 사회안전망과 교육 및 노동시장 성격에 따라 청년들의 독립적인 이행이 가능한 것으로 보았다. 한편, 남유럽 국가에서는 이행 속도가 느리고, 사회제도보다 가족에 대한 의존성이 강하게 나타난다. 서유럽의 경우는 다양한 이행경로가 존재하며, 개인의 선택이 강조되는 특징을 보인다. 동유럽의 경우는 경제적 불확실성으로 인해 성인으로의 이행이 지연되고 있음이 관찰된다. 요컨대, 각 국가의 사회경제적 조건이 성인이행의 경로에 큰 영향을 미침에 따라 국가별로 다양한 이행 패턴이 존재한다고 본다.

한편, 교육제도 변화, 라이프스타일의 다원화, 여성 고용의 증가, 노동시장 유연화, 개인화 경향 등의 복합적인 작용을 통해 선형적 이행경로에서 가역적 이행경로로 변하고 있다. 자발적인 선택이나 비자발적 강제에 따라 실업, 이혼 등의 사건이 발생하면서 이행의 단계를 철회하(되)는 경우도 빈번해지고 있다. 이는 성인으로의 이행기간 동안 아동·청소년기의 의존성과 성인의 자율성이 동시에 공존함에 따라 아동·청소년기와 성인기 사이에 파편적이고 장기적인 이행과정을 '요요 이행'으로 정의하기도 한다(du Bois-Reymond, 1998; Plug, et al., 2003; Walther et al., 2002; Westberg, 2004; Walther, 2006, p.121).

[그림 2-1] 성인기 이행의 표준화, 탈표준화 개념

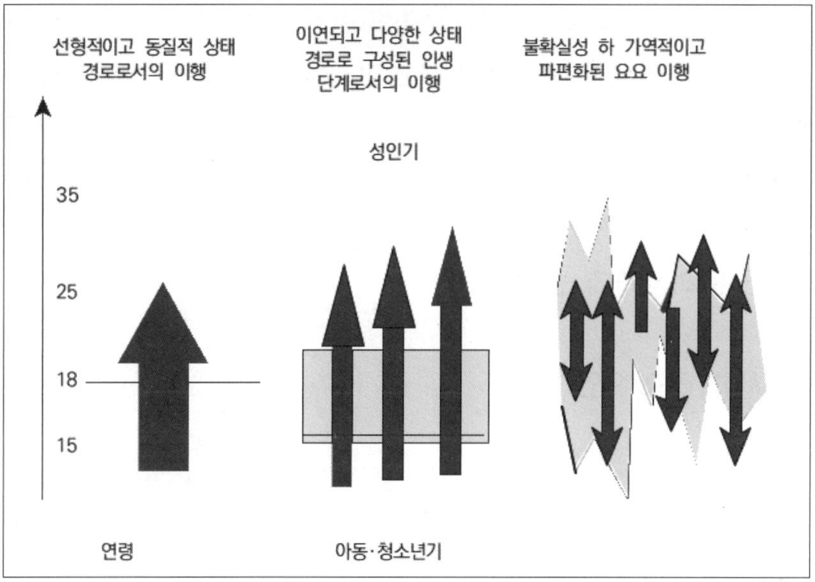

자료: Walther et al.(2002), Walther(2006) p.121에서 재인용

우리나라의 경험적 연구들을 종합해보면 대략적으로 1950-60년대 생의 표준화 경향과 1960년대 후반에서 1970년대 생의 탈표준화 경향으로 이행 경로 변화를 요약할 수 있다(이상직, 2020, p.21). 이전 연구들(문혜진 2010, 이병희 외, 2010)에서 뚜렷한 탈표준화 현상을 발견하지 못한 것과 달리 남춘호와 남궁명희(2012)는 1970년부터 2005년까지 센서스 자료를 합성코호트방법을 이용하여 분석한 결과, 1970-1990년까지는 뚜렷한 집중화와 약한 압축현상으로 표현되는 표준화의 시기로 보이고, 2000년 이후에는 탈집중화와 탈압축현상이 나타나는 탈표준화의 시

기로 해석한다(2012, p.122). 이행경로의 특성을 탐색하는 가장 최근의 경험적 연구인 이상직(2020)은 이행경로의 특성을 하나로 규정하려고 하지 않고 성인이행을 구성하는 교육-노동-가족 이력의 주된 변화가 일어나는 시점을 찾고, 성별이나 계층의 영향력이 어떻게 변했는지, 그리고 변화 양상을 관통하는 변화의 성격을 탐색하였다. 교육-노동-가족이행 국면에서 1970년대 중반생부터 변화가 발견된다는 점, 젠더 간 수렴과 계층 간 지속·강화 현상이 발견된다는 점, 그리고 각 이행국면의 변화 시점과 양상은 교육-노동-가족제도의 약한 고리를 경기충격이 단절시킨 결과로 해석한다.

2. 이행과정 성격 변화의 요인

가. 사회구조적 요인

전술했듯이 성인이행의 경로에는 사회구조가 영향을 미친다. 사회구조가 제공하는 기회 또는 제약이라는 환경에 직면하여 개인의 대응방식에 따라 성인기 이행경로에 차이가 유발될 수 있다는 것이다. 이와 같은 문제의식에 입각한 연구들은 주로 국가유형(레짐)별 이행경로의 특성을 관찰하고 있다. Wlather(2006)는 성인이행 레짐을 보편적 이행, 고용중심 이행, 자유주의적 이행, 과소보호적 이행, 체제전환국 이행의 다섯 가지 레짐으로 구분한다. 북유럽 국가(덴마크, 스웨덴, 핀란드, 노르웨이)의 '보편적 이행 레짐'은 유연한 교육과 직업훈련 제도와 강력한 사회안전망을 바탕으로 청년들은 교육, 고용, 주거에서 높은 수준의 지원을 받으며 성평등 수준이 높고 여성 노동시장 참여율이 높은 환경에서 독립적인 이행을 수행한다. 중부유럽 국가(독일, 오스트리아, 네덜란드, 스위스, 벨기에, 프랑스)의 '고용중심 레짐'은 교육 및 직업훈련 제도의 발달로 청년들의 노동시장 진입에 충분한 지원이 제공되며, 직업안정성이 높은 수준이다. 가족의 경제적 지원도 중요한 요소가 되어서 경제적 자립이 비교적 늦게 이루어질 수 있다. '자유주의 레짐'(영국, 아일랜드)은 유연한 교육제도와 노동시장 특성에 따라 불안정 일자리가 많으며, 청년들의 경제적 자립과 주거독립이 빨리 이루어진다. 사회안전망이 약해 청년 스스로 경제적 문제를 해결해야 하는 경우가 많다. 사회보장 수준이 낮은 남유럽 국가(이탈리아, 스페인, 포르투갈, 그리스)의 경우는 교육제도가 상대적으로 경직적이고, 직업훈련 기회도 제한적이다. 높은 청년실업률과 불안정한 노동시장을 특징으로 한다. 부모와 동거하는 기간이 길고 경제적 자립에 오랜 시간이 소요된다. 국가와 사회의 지원이 부족하여 가족의 지원이 중요하다. 체제전환국인 동유럽 국가(폴란드, 체코, 헝가리, 슬로바키아)는 체제전환 과정에서 많은 구조적 변화가 발생하였고, 이 과정에서 교육고 직업훈련 제도가 재편되고 경제적 자립이 어려운 경우가 많다. 높은 청년실업률과 비정규직 비율이 특징적이며, 남유럽국가와 유사하게 국가와 사회의 지원수준이 낮아 가족의 지원이 중요한 역할을 수행한다.

Spéder, Murinko, Settestern(2014)은 25개 유럽 국가를 북유럽 모델, 중부유럽 모델, 남유럽 모델, 서유럽 모델, 동유럽 모델로 구분해서 각 모델별 이행경로의 환경과 특징을 서술한다. 각 모델별 이행경로의 특성은 Walther(2006)와 비슷하게 설명된다.

Billari(2004)는 인구통계학적 관점에서 남유럽("latest-late")과 북유럽("earliest-early")으로 구분해서 이행경로의 특성을 관찰한다. 늦은 독립으로 특징 지워지는 남유럽 국가들의 경우 부모와의 동거기간이 길고, 가족에 대한 경제적·정서적 의존도가 높으며, 경제적 불안정과 높은 청년실업률에 따라 경제적 자립과 결혼과 출산이 늦게 이루어진다. 가족 중심의 문화와 강한 가족 유대의 문화적 요인이 강하게 작용한다. 한편, 사회적 지원은 제한적이다. 빠른 독립으로 특징 지워지는 북유럽 국가들의 경우 국가가 제공하는 강한 사회안전망에 따라 비교적 이른 나이에 독립한다. 성평등 수준이 높고, 개인의 선택이 존중받으면서 다양한 생활방식이 공존하는 특징을 가진다.

국내 연구의 경우 심재휘, 이명희, 김경근(2018)은 청년층의 경제적 자립에 영향을 미치는 요인을 분석하였다. 최근 청년들은 경제적 자립을 이루기 어려워지고 있으며 나이가 들수록 자립 시점이 점점 늦춰지고 있다는 사실과 함께 가구소득, 결혼여부, 취업상태가 경제적 자립 시점에 중요한 영향을 미치고 있다는 점을 실증하였다. 지역이 경제적 자립에 미치는 영향과 관련해서, 서울 거주 청년의 경우 과거 코호트(1968~1975년생)는 경제적 자립에 유리한 요인으로 작동한 반면, 최근 코호트(1976~1983년생)의 경우는 오히려 걸림돌이 되고 있다는 점을 밝혔다. 서울의 높은 주거비가 최근 코호트의 경제적 자립에 걸림돌이 되는 것으로 파악했다.

이들 연구들이 공통적으로 주목하는 것은 국가별 정책 지원의 수준과 성격이 청년들의 이행경로에 중요한 영향을 미친다는 사실이다. 각 국가별 사회구조와 지원시스템이 청년들의 이행 과정에서의 선택, 유연성, 경제적 자립에 중요한 역할을 한다는 점을 공통적으로 강조하고 있다.

나. 개별적 요인: 개인의 선택, 가족과의 상호작용

Billari(2004)는 유럽 국가들의 성인 이행 과정을 거시적, 미시적 관점에서 분석했다. 미시적 관점은 개인수준에서의 이행 과정을 분석하는 것인데, 여기에는 개인의 선택, 가족 배경, 사회적 관계 등이 포함된다. 거시적 관점은 사회적, 경제적, 정책적 변화가 성인으로의 이행과정에 미치는 영향을 분석하는 것이다. Billari는 개인의 선택이 강조되면서 삶의 경로가 개인화하고 있다는 점, 교육기간의 연장과 불안정한 노동시장으로 인해 결혼과 출산이 지연되고 있다는 점, 그리고 전통적인 경로 외에도 다양한 이행경로가 관찰되고 있다는 점을 보여준다.

가족과의 상호작용 방식이나 수준도 성인으로의 이행경로를 결정짓는 요인으로 꼽힌다. 김은정(2015)은 성인기로의 이행이 부모 지원과의 상관관계를 통해 복합적으로 이루어지고 있다는 점을 사례연구를 통해 제시한다. 성인기 독립을 준비하는 청년자녀들에게 부모의 지원이 필수적인 동시에 독립을 지연시키는 요소로 작용할 수 있다는 점을 밝히고 있다. 앞서 Billari와 Aassve(2007)도 역시 청년 자녀와 부모의 상호작용에서 부모의 경제적 지원은 청년 자녀의 성인기 이행에 중요한 역할을 하는데, 고용불안정과 경제적 여건 악화가 자녀의 부모에 대한 의존성을 강화시키며, 김은정(2015)과 마찬가지로 부모의 지원이 필수적이면서도 자녀의 성인 이행을 지연시키는 복합적인 역할을 한다는 점을 보여준다. 이에 앞서 Tanner(2006)는 청년 자녀가 부모로부터 점진적으로 권력을 이양받고 자신을 중심으로 한 삶을 형성해 가는 과정을 리센터링(recentering) 개념을 통해 설명하면서, 부모와 자녀 간 상호작용을 통해 권력과 책임의 분배가 발생하는 방식을 분석한다. 경제적 지원이나 정서적 지원은 자녀의 성인기 이행을 촉진하는 동시에, 자녀가 이 같은 지원에 의존하게 되면서 독립을 늦추는 결과를 초래할 수 있다고 본다. Settersten과 Ray(2010)도 미국 청년들의 성인으로의 이행이 지연되는 원인을 보여주는데, 미국의 20대 청년들은 경제적, 정서적으로 가족에게 더 오랫동안 의존하는 경향이 있으며, 가족의 이 같은 지원은 성인으로의 이행과정에서 교육, 경력, 관계를 선택하는 데 도움을 준다는 점을 실증하고 있다. 이와 동시에 이 같은 안정감은 성인으로의 이행을 지연시키고, 자율성을 확보하는데 어려움을 초래한다는 점을 지적하고 있다.

3. 성인됨의 표식(marker)

성인으로의 이행과정에 있는 사람을 청년으로 정의할 때 이행의 종착지인 성인의 특성을 규정할 필요가 있다. 이는 성인됨의 표식(marker)은 무엇인가란 질문으로 대체할 수 있다. 성인에 대한 완벽한 정의는 존재하지 않는다. 성인의 의미와 표식에 대해서는 과거 널리 통용되는 공공의 인식이 있었지만, 최근 들어 매우 개별화하고 있고, 과거와 현재의 인식에도 큰 간극이 존재하기 때문이다. 대략적으로는 생물학적, 사회적, 심리적, 법적 측면에서의 표식을 다음과 같이 살펴볼 수 있다(Settersten et al., 2015).

1) 생물학적 표식

역사적으로는 사춘기와 생식능력의 시작으로 성인을 구분하였다. 통과제의(rite of passage)로 인식. 18세기와 19세기 아이들은 노동상품으로 간주되다가, 아동사망률 감소, 아동 노동규제, 의무교육 등장과 더불어 출산의 지연과 감소에 따라 경제적 가치보다 심리적 가치가 중시되기 시작했다.

2) 사회적 표식

Neugarten, Moore, Lowe(1965)는 1990년대 중반 삶의 단계와 생애전환 시간표 정의에 연대기적 연령을 사용하는 경향이 있음을, 그리고 동시에 그 오류 가능성을 지적하였다. 20세기 중반에 등장한 성인되는 과정은 사회적 역할과 책임을 갖는 것과 관련되었다. 학교졸업(과거 고등학교에서 최근 들어서는 고등교육기관(대학 등)으로 변화), 직업 찾기, 부모의 집을 떠나는 것, 결혼하는 것, 자녀를 갖는 것 등이다. 남녀 모두 이와 같은 순서로 이행하지만, 여성은 주로 아내와 어머니의 역할에 머무는 경향이 있었고 남성은 가족부양자(bread winner)의 역할을 부여받았다. 과거에는 오늘날 청년들보다 일찍 집을 떠나 결혼하고 자녀를 낳았다. 그리고 경제적 기회를 얻는 데 있어서 고등교육은 그렇게 중요하지는 않았기 때문에 이행의 속도가 빨랐다.

그러나 지난 수십년에 걸쳐 이 같은 이행에 상당한 변화가 나타나고 있다. 먼저, 결혼하기 전에 독립하는 기간이 이행과정에 포함되기 시작했고, 적절한 생활수준을 유지하기 위해서는 고등교육의 필요성이 크게 증가했으며, 대학을 졸업하고도 가족부양의 조건이 되는 정규직 지위 확보에 많은 시간을 소요하게 되었고 재정적으로 안정되기까지 더 많은 고용 경험(직업 이력)이 필요하게 되었다. 이에 따라 결혼과 출산의 시기가 상당히 지연되었다. 이른 시기의 결혼과 출산, 양육은 청년들의 운명을 극적으로 갈라놓는 사건이 되기 때문이다. 한편, 청년은 가족배경과 보유한 자원의 크기에 따라 이행과정에서 완전히 다른 기회와 경험을 하게 된다. 이는 기회와 경험의 심각한 불평등으로 연결된다.

이행과정이 길어지고 유동적이며 또 개별화하면서 문화규범이 더 느슨해졌다. 한편, 자신의 삶에 대한 선택의 자유는 커진 반면에 과거 세대의 이행과정에 맞추어 짜여진 사회제도와 사회정책의 적용을 받으며 새로운 위험에 직면할 수 있다. 따라서 교육, 취업, 가족형성과 관련된 지표들은 개인 차원뿐만 아니라 사회경제적 차원에서도 중요성이 크기 때문에 청년들의 이행경로에 정책적 관심이 요구된다. 이제 더 이상 결혼과 출산이 대부분의 사람들에게 선택되지 않는다는 점을 고려할 때 전통적인 성인의 사회적 역할은 성인과 그 시작점을 정의하는데 더 이상 적합하지 않게 되었다.

3) 심리적 표식

심리적 표식은 주관적이고 내적 현상, 특히 성인이 되거나 진화하는 느낌에 초점이 맞춰져 있다. 전술했듯이 Arnett(2000)은 성인모색기(성인발현기)의 심리적 표식을 '스스로 책임지는 것', '독립적으로 결정하는 것', '재정적(경제적)으로 독립하는 것'으로 보았다. 여기에 '결혼하고 자녀를 양육하는 것'은 포함되지 않는다.

심리적 요인은 성인으로의 진입에 필요한 조건이라기보다 전통적 표식에 의해 촉진되는 것으로 이해해야 한다. 예컨대, 결혼과 양육을 잘 수행할 준비를 하기 위해 이를 적극적으로 미루고 있다는 증거들이 발견되고 있다. 따라서 결혼과 양육이 심리적 표식에 포함되지 않는 것은 자연스러운 결과라 할 수 있다.

미국의 경우 상류층과 중산층의 자녀 상당수가 30대까지 부모로부터 상당한 경제적 지원을 받는 것으로 알려져 있다. 반면에 하층 청년의 경우는 일찍이 가족관계를 중재하거나 돌봄 역할을 수행함으로써 '성인화된 청년'의 특성을 가지고 있다. 그러나 실제 결혼과 양육 수행 준비를 위해 실제 이행을 지연시키거나 포기함으로써 행위와 심리적 표식 간에 간극이 발생한다. 이처럼 심리적 표식은 실제 행위와 모순되기도 한다. 이 같은 점에서 '독립'보다는 '상호의존상태 달성'이 보다 중요한 표식이라 할 수 있다. 즉, 내가 타인에 의존하는 동시에 타인도 나에게 의존하는 상태를 달성하는 것이 성인 이행의 심리적 표식으로 적절하다고 할 수 있다. 이 같은 상호의존성은 에릭슨의 생애발달단계 중 성인에 들어서면서 맡게 되는 과업(결혼과 친구관계를 맺는 것, 가치관이 통하는 사회집단을 발견하고 유지하는 것)과도 연결된다.

4) 법적 표식

　의무교육, 합의에 의한 성관계, 투표, 운전, 음주, 노동, 군복무, 결혼, 의료결정권, 공직 진출 등에 대한 연령규정과 관련된다. 이들은 법이 규정하는 권리와 의무들이다. 통상 18세에서 21세 사이에 걸쳐진다.
　개인의 발달상태의 대리로 연령을 사용하는 것은 그 근거가 불명확한 탓에 생애발달연구에서도 대략적 자료일 뿐이라고 강조된다. 전두엽 피질 발달 관련 연구들이 문제해결, 장단기 결과 예측, 감정과 행동 조절을 담당하는 이 기관은 25세까지 완전히 발달되지 않는다고 주장하는 것에 비추어볼 때 낮은 연령으로 연결되는 법적 표식은 사회적 표식과 심리적 표식에 비해 성인됨의 표식으로서의 수용성이 낮다고 할 수 있다.

4. 성인 이행경로 분석 연구 사례

　대표적인 대규모 연구 사례로는 미국이 맥아더 재단(MacArthur Foundation)을 통해 연구 네트워크(Research Network on Transition to Adulthood)를 구성하여 2000년부터 2008년까지 수행했던 장기 프로젝트를 들 수 있다(Berlin, Furstenberg, Waters, 2010). 미국 내 성인기 이행 경향에 대한 기록, 이행경로 변화에 대한 설명, 정책적 해법 제시의 세 단계로 추진되었다. 연구 방법으로는 전국 단위 조사의 기존 데이터를 사용한 양적 연구, 500명의 청년 인터뷰를 통해 변화를 관찰하는 질적 연구, 그리고 이행경로를 규정하는 지역적 맥락을 파악할 수 있도록 다양한 지역 청년 인터뷰 활용하였다. 성인으로의 이행 경로의 변화 총괄, 이민, 가족, 교육, 노동시장, 시민참여, 군복무, 취약계층 등의 이행경로를 탐색한 바 있다.

이 연구프로젝트는 청년들의 성인 이행 과정에서 직면하는 다양한 문제들과 어려움을 심층적으로 분석하고, 이를 지원하기 위한 구체적인 정책방향을 제시한다. 주요 연구 결과는 다음과 같이 요약된다. 첫째, 이행경로가 연장되었다. 과거 세대보다 현재 청년들의 이행경로는 더 길고 복잡해졌다. 과거 25세에 종료되었던 성인기 전환이 현재는 30세, 경우에 따라 35세까지 연장되었다. 이처럼 성인이행이 지연됨에 따라 부모의 재정적, 정서적 지원이 20대 중후반, 경우에 따라서는 30세 이후로까지 지속되는 경우가 많아졌다. 둘째, 성인기 이행경로에는 생활비, 임금, 부채 등 경제적 요인보다 문화와 가족의 변화가 더 큰 영향을 미치는 것으로 확인된다. 경제적 능력보다 직업, 결혼, 자녀에 대한 기대, 그리고 학교-직장-가족의 역할을 결합하는 능력이 더 중요해졌다. 셋째, 현재 청년세대 내에서 사회경제적 배경에 따라 성인기 이행경로에 차이가 존재한다. 낮은 사회경제적 배경을 가진 청년과 1세대 이민 청년들은 과거 전통적 성인 이행경로를 따르는 경향이 있으며, 고등교육 이수와 직업 탐색에 큰 어려움을 경험하고 있다.

이 프로젝트는 광범위한 연구 내용을 종합하면서 교육과 고용기회 확대, 취약청년 발굴 및 지원, 청년들의 성인기 이행경로 변화에 대응하는 사회정책과 공공의 인식 변화 등을 정책과제로 제시한다.

제3장

해외사례 검토

제1절 들어가며
제2절 유형화와 관련된 기존 연구문헌
제3절 이행기 특성과 관련되는 사회정책 배경
제4절 해외 청년세대 관련 주요 사회경제지표
제5절 소결

제3장 해외사례 검토

제1절 들어가며

프랑스에는 탕기(Tanguy) 현상이라는 용어가 존재한다. 부모와 동거하고 있는 28세 주인공 탕기의 이야기를 다룬 동명의 영화(2001년)에서 비롯된 표현이다. 다시 말해 20대 중후반까지 경제적으로 자립하지 못하고 부모에게 의지하며 생활하는 청년층을 빗댄 용어인 셈이다. 이는 프랑스 사회에서 이러한 현상이 새로운 경향이라는 것을 의미한다. 국제적인 차원에서 이러한 현상을 주목할 때 두 가지 특징을 발견할 수 있다. 첫 번째는 청년층의 분가연령이 점차 높아지고 있다는 점이며([그림 3-1]), 두 번째는 국가별 격차가 매우 크게 나타난다는 점이다([그림 3-2]).

먼저 아래 [그림 3-2]는 유럽 국가만을 대상으로 청년층의 평균 분가연령을 보여준다. 2022년 유럽 27개국 평균 분가연령은 26.4세이다. 북유럽 국가들의 분가연령이 21세 전후로 가장 낮은 수준이며, 프랑스, 독일, 네덜란드와 같은 서유럽 국가 역시 24세 미만으로 낮은 범주에 속한다. 반면, 스페인, 이탈리아, 그리스 등 지중해 인근 (남부유럽) 국가들의 평균 연령은 30세 전후로 높은 편이다. 크로아티아, 슬로바키아 같은 동유럽 국가 역시 높은 연령까지 부모와 동거 중임을 알 수 있다. 다만 발칸 반도를 포함한 동유럽 국가들의 수가 많고, 이들 사이의 편차가 크기 때문에 동유럽 국가라는 범주로 묶기에는 한계가 있다.

[그림 3-1] OECD 국가 청년세대(20~29세)의 부모와의 동거 비율

(단위: %)

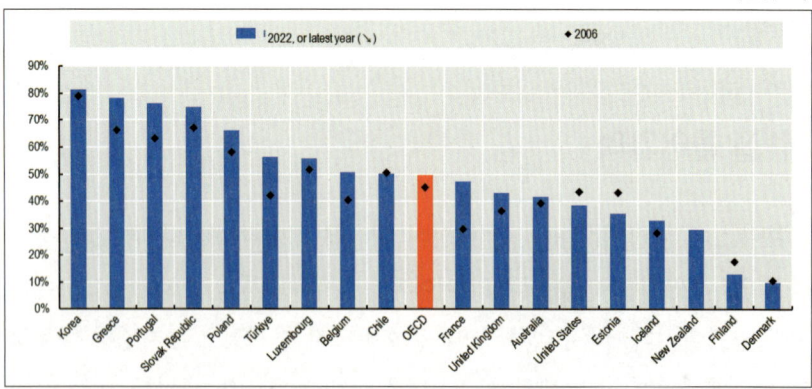

주: Data refer to 2019 except for: Korea(2016); Italy, Australia, Canada, Chile, Iceland(2017); Mexico(2018).
자료: OECD(2024). The share of young adults living with their parents has increased in many countries: Share of young adults aged 20-29 living with their parents, in Society at a Glance 2024: OECD Social Indicators, OECD Publishing, Paris, https://doi.org/10.1787/7d5fbce0-en.

[그림 3-2] 유럽연합 27개국 청년들의 평균 분가 연령(2022년)

(단위: 세)

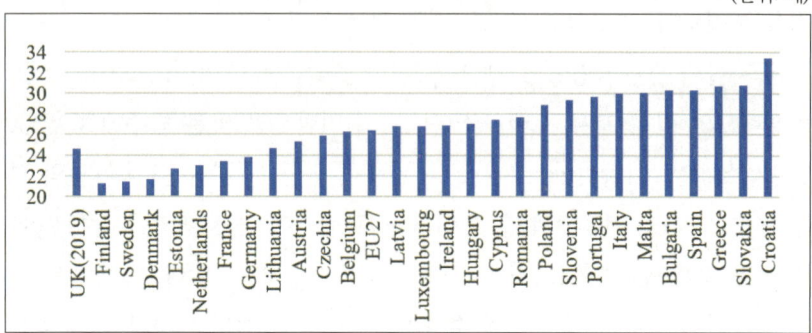

주: 영국의 가장 최신 자료는 2019년 자료임. 나머지 국가는 모두 2022년 기준. 유럽연합 회원국은 2020년 이후 27개국임
자료: Eurostat(2023a). Estimated average age of young people leaving their parental household. Retrieved from
https://ec.europa.eu/eurostat/databrowser/view/YTH_DEMO_030__custom_7245840/bookmark/table?lang=en&bookmarkId=8187eeda-6c5b-48fc-ba39-4e8cf6eee71b

[그림 3-3]은 OECD 짧은 보고서(Cournède & Plouin, 2022)에 수록된 것으로 20~29세의 성인 중 부모와 동거 중인 청년층의 비중을 나타내고 있다. 한국의 20대 중 약 80%는 부모와 동거 중이며, 이는 조사 대상 국가 중 가장 높은 수치이다. 한국을 포함한 몇몇 국가에서 이들의 비중은 과거 12년 전인 2007년에 비교했을 때 큰 차이를 드러내지 않았다. 유럽 평균 연령의 변화가 드러내듯(27세→26.4세) 몇몇 국가를 제외하고는 연령 변화는 크지 않다. 하지만 발칸반도 국가를 포함한 다수의 국가에서 연령의 상승 추이가 발견되며, 아일랜드, 영국 역시 미세하지만 비슷한 경향성이 포착된다.

또한 해당 지표의 성별 격차를 살펴보면, 모든 국가에서 남성이 여성보다 늦은 나이까지 부모와 동거하고 있다. 즉 여성의 분가 연령이 남성보다 낮다. 국가간 비교에 있어 분가 연령이 낮을수록 성별 연령 격차가 작은 것으로 나타난다(핀란드의 경우 예외), 또한 상대적으로 산업화의 수준이 낮은 나라에서 큰 격차를 보인다 (크로아티아, 불가리아, 루마니아, 세르비아 등).

두 가지 현상을 직관적으로 접근했을 때, 이는 경제수준, 사회보장제도의 특성 등의 요인에서 비롯되기보다는 개인주의 혹은 가족주의 요인으로 설명될 수 있는 것으로 보인다. 예를 들면, 아일랜드의 경우 경제체제나 사회보장제도는 영미식 자유주의 모델에 가깝지만, 영국과 미국과는 달리 동거 비중이 매우 높기 때문이다.

[그림 3-3] 유럽 국가의 평균 분가 연령 성별 격차(2021년)

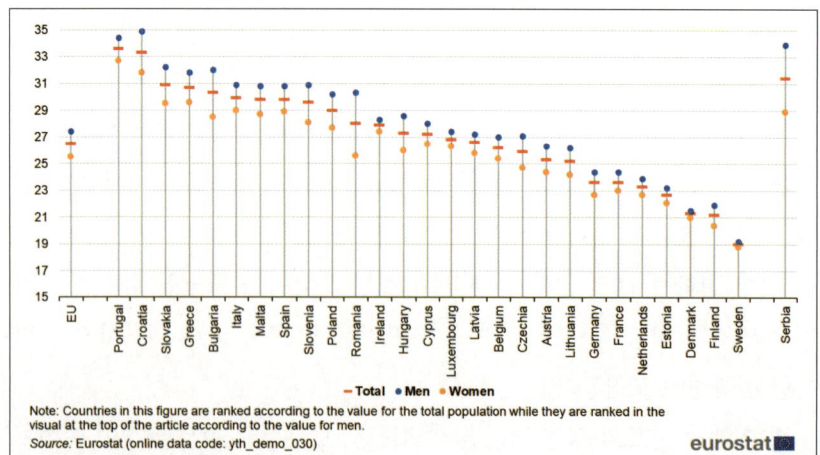

자료: Eurostat(2023a). Estimated average age of young people leaving their parental household. Retrieved from
https://ec.europa.eu/eurostat/databrowser/view/YTH_DEMO_030__custom_7245840/bookmark/table?lang=en&bookmarkId=8187eeda-6c5b-48fc-ba39-4e8cf6eee71b

하지만 청년층의 주거 자립과 관련한 국가별 차이 혹은 유럽 내 지역간 격차를 보다 깊이 이해하기 위해서는 보다 입체적인 접근이 필요하다. 먼저 이들의 사회경제적 불안정성을 파악해야 하며, 이를 다양한 사회정책의 특징 속에서 분석해야 한다. 예를 들면, 청년빈곤층(빈곤율)과 니트(NEET: 직업, 교육, 직업훈련 등에 참여하지 않는 30세 미만의 청년 비중; 이하 니트층)의 비중과 같은 불안정성은 공공부조(최저보장소득), 실업보험제도, 주거정책, 청년고용정책, 청년보장 프로그램 등과 깊은 관계를 맺는다. 이런 관점에서 볼 때, 결국 이행기 청년세대의 경제적 자립을 위한 사회정책은 크게 둘로 구분할 수 있다. 첫 번째는 가족을 대신하여 이들의 불안정한 지위를 보완해 줄 수 있는 사회안전망 제도이며, 두번째는 보다 근본적으로 이들이 일자리를 통해 독립된 성인으로 이행할 수 있도록 지원해 주는 정책 및 프로그램이다. 이에 본 연구는 청년세대의 경제적 자립을 지원하는 성격을 지닌 해외 국가의 최저보장소득제도, 실업보험제도, 주거지원제도, 청년고용 관련 정책을 살펴보고자 한다. 이를 위해 자본주의 경제체제와 복지체제에 대해 기존 연구물이 구축한 유형화를 차용하고자 한다. 이를 바탕으로 한국과 일본이 포함된 동아시아 모델을 제외한 5개 유형의 대표적인 국가를 선정했다. 이는 다음 장에서 보다 자세히 다루기로 한다.

제2절 유형화와 관련된 기존 연구문헌

Esping-Andersen(1990)의 저서 이후 복지체제 유형화 연구는 끊임없이 이어져 왔다. 또 한편에서는 자본주의 경제체제에 대한 정치경제학 연구도 존재한다. 대표적으로 조절학파(école de la régulation)의 자본주의 경제체제 유형화 연구(Amable, Barré & Boyer, 1997; Amable, 2003; Boyer, 2005)가 있으며, Hall과 Soskice(2001)를 필두로 한 자본주의 다양성(Varieties of Capitalism, VoC) 논의가 있다. 복지체제 혹은 사회보장제도를 중심에 둘 때, 복지체제와 자본주의 경제체제의 유형화 연구는 몇 가지 특징을 지닌다. 첫째, 조절이론 학파의 연구는 사회보장제도의 관대함과 국가의 개입 정도를 척도로 삼거나(Amable, 2003), 노동시장에서의 임노관계(노사관계)에 집중하여(Boyer, 2005) 경제체제의 특징을 구성하는 요소로 접근한다. 결과적으로 이들의 연구는 자본주의 경제체제를 4-5가지로 분류하는데, 한국이 포함된 동아시아 유형을 제외하면 자유주의 모델(영국, 미국), 사민주의 모델(북유럽), 지중해 모델(남부유럽), 유럽대륙형 모델(독일, 프랑스)로 그것이다. 둘째, 자본주의 다양성 논의는 자본주의 경제체제를 둘로 나누어, 조정시장경제에서는 노동시장에서 특수한 직업능력을 바탕으로 강한 복지국가가 구현되는 반면(독일), 자유시장경제에서는 높은 수준의 노동시장 유연성으로 인해 낮은 복지수준을 나타낸다(미국)(Soskice, 2007). 셋째, 동아시아 국가의 적용 및 포함 가능성 문제를 논외로 한다면 서구 선진 자본주의 경제 및 복지를 구분할 때 남부유럽 모델을 포함하여 4가지 유형에서 크게 벗어나지 않는다.

이러한 특징을 고려할 때, 복지체제와 관련된 최근 세 종류의 연구는 기존 유형화 작업과 비교하여 신선한 시도로 볼 수 있다. 먼저 Hassel & Palier(2021)는 유럽의 자본주의경제를 성장체제와 복지체제의 관점에서 분류하였다. 이들은 먼저 성장체제를 내수기반과 수출주도로 분류한 후 내수기반 경제의 동력을 금융화에 기반한 복지의 사유화(개인화: 신용을 바탕으로 한 구매력 확대)와 공적 복지지출을 통한 가계의 구매력으로 나눈다. 전자의 대표적인 국가가 미국이라면, 후자는 프랑스와 남부유럽 국가이다. 수출주도형의 경우 그것의 기반을 고품질 제조업[1], 서비스산업 그리고 해외직접투자로 분류한다. 대표적인 국가는 차례대로 독일, 북유럽 그리고 동유럽이다. 독일의 경우 사회의 이중화 현상이 나타나고, 북유럽의 경우 사회적 투자와 재분배의 경향이 두드러지며, 동유럽은 해외자본 유치를 위해 선택적이고 제한적인 사회보장제도가 유지된다. 이들 연구는 여러 측면에서 참신한 접근이지만 결과적으로 두 가지 특징을 지닌다. 첫째, 프랑스와 독일이 분리되었다. 둘째, 동유럽 국가들이 포함되었다.

두 번째 연구는 앞서 언급한 복지의 사유화를 보다 구체적으로 접근한 연구이다. Annarelli(2022)의 연구는 복지체제보다는 신용접근성과 가계부채에 초점을 맞추고 있다. 하지만 복지제도가 약한 국가에서 가계는 개인의 신용(대출)을 통해 복지서비스를 사적으로 획득하는 모습을 보인다는 기존 연구 결과를 발전시켰다. 예를 들면, 공공복지가 약한 나라에

---

[1] 이들은 이전 연구에서 한국을 독일형 모델에 포함시킨 바 있다(Hassel & Palier, 2018).

서는 두 가지 대안 모델을 찾는다. 첫째 가족의 지원이나 개인이 저축 또는 소비지출감소를 통해 사회적 위험으로 대비한다. 둘째, 금융기관으로부터 대출을 통해 대안을 찾는다(Wiedemann, 2023). 이를 바탕으로 논의를 발전시키면 복지수준과 신용허용도의 높낮이에 따라 4가지 유형의 구분이 가능해진다. 복지투자형은 신용 허용도와 복지의 관대함이 너무 큰 나라이며, 대표적으로 북유럽 국가들을 들 수 있다. 복지대체형은 미국과 영국으로 대표되는 유형으로 낮은 복지수준을 개인이 신용을 통해 대체하는 모델이다. 전통적 복지모형은 신용허용도가 낮지만 공공복지가 발달한 모델이며, 독일과 프랑스가 대표적이다. 마지막으로 복지수준이 낮으면서 신용허용도도 낮은 제한적 금융모형은 동유럽 국가들로 대표된다. 이 연구는 북유럽 국가의 낮은 국가부채비율과 높은 가계부채비율을 잘 설명해 주고 있으며, 한국 사례를 설명하는데도 유용하다. 한국은 1997년 경제위기를 겪으면서 금융제한모형에서 복지대체모형으로 전환하고 있다고 볼 수 있다. 다만, 이러한 유형화를 통해 북유럽 국가의 높은 비중의 주택담보대출과 부동산 거품현상 그리고 낮은 비중의 신용대출(비 모기지론)을 모두 설명하기에는 한계가 따른다.

마지막으로 본 연구의 주제인 청년세대를 다룬 Chevalier(2018, 2022)는 청년층에 대한 최저보장(기초)소득의 지원 여부와 관련된 다수의 사회경제적 변수를 기반으로 유럽 국가들의 청년정책을 네 가지 형태로 분류한다(〈표 3-1〉). 이 연구는 가족주의 전통을 최저보장소득 제도를 통해 가시적으로 드러냈으며, 소득의 지급 방식이 청년세대의 노동 및 학습과 어떻게 연계되어 있는지 잘 설명해 준다. 물론 이러한 유형화에 유럽의 모든 국가가 배치되기는 힘들다. 예를 들면, 후술하겠지만 아일랜드의 경우 가족주의 전통이 남아있는 영국형 모델이기 때문이다.

〈표 3-1〉 청년층의 기초소득 지급과 관련된 네 가지 유형(유럽 국가에 한정)

구분	최저보장 소득 없음	가족주의 소득	최저수준 소득	조건부 소득
연령 제한	25	15	18	18
연계 방식	Workfare (노동연계)	Learnfare (학업연계)	Workfare (노동연계)	Learnfare (학업연계)
사회적 시민권	가족주의	가족주의	개인화	개인화
경제적 시민권	선별적	포용적	선별적	포용적
국가	프랑스	독일	영국	스웨덴

자료: Chevalier(2022). Revenu minimum ou politique d'insertion ? La trajectoire de réformes du soutien au revenu des jeunes en France, Revue française des affaires sociales, 3, 47-63.

이러한 연구의 연장선에서 본 연구는 미국과 호주를 포함한 유럽국가를 다음과 같이 분류한다. 다만, 이는 연구결과를 바탕으로 유형화를 시도하는 것이 아닌, 기존 연구물들이 공통적으로 도출한 분류 방식(몇몇 연구 제외)을 기초로 성립된 것이다. 따라서 본 연구의 목적은 새로운 유형화를 제시하는 데 있는 것이 아니라 기존의 분류체제를 바탕으로 선정적 국가들의 사례를 비교 분석하면서 이러한 유형화가 청년체제에도 적용되는지를 검증하는 것에 있다고 할 수 있다.

○ 영국, 미국, 아일랜드, 호주 (자유주의 모델의 복지 및 경제체제)

○ 독일, 프랑스 (서유럽, 보수주의 혹은 가족주의 모델)

○ 이탈리아, 스페인 (남부유럽, 강한 가족주의 전통 모델, 내수기반 경제)

○ 스웨덴, 덴마크, 핀란드 (북유럽, 사민주의 모델)

○ 크로아티아, 루마니아 (동유럽, 상대적 저발전 경제 및 복지제도)

제3절 이행기 특성과 관련되는 사회정책 배경

유럽 국가들의 청년들의 이행기의 특성은 국가별 사회정책의 특성으로부터 설명할 수 있다는 것을 전제로 유럽 국가 유형별 사회정책을 조망해 보고자 한다.

1. 주거정책

유럽 청년세대들은 주택 상황의 어려움을 겪는다. 높은 부동산 가격으로 자가 소유가 어려워지고, 길어진 고등 교육기간, 높은 교육비용, 확대된 노동시장의 불안정성, 대출의 어려움 등 때문에 매매보다는 임대시장에 뛰어들게 되고, 이는 임대료의 상승으로 이어지고 있다(European Youth Forum, 2016). 그럼에도 청년층의 주거 독립은 경제적 독립 및 자립의 필요조건 중 하나이다. 위에서 살펴본 것처럼 부모와의 동거 비중이 높아지는 현상, 다시 말해 주거 분립의 평균 연령이 높아지는 현상은 주택시장에서의 임대료 수준과 공공주택 공급률, 국가 및 지자체의 주거비 지원(주택수당 등)의 수준과 깊이 관련돼 있다. 예를 들어, 그리스, 스페인, 이탈리아와 같은 남부유럽 국가의 경우 청년층이 비교적 높은 연령까지 부모와 동거하는 이유는 가족주의 전통 때문만은 아니다. 이들 국가에서 전체 주택 수 대비 공공 및 사회주택의 비중은 다른 나라에 비해 지나치게 낮은 수준에 머물러 있기 때문이다. 이러한 현상은 곧바로 청년층의 주거불안으로 나타난다. 따라서 본 장에서 유형별 주거정책의 살펴보기로 한다.

먼저 자유주의 유형의 유럽 국가인 영국과 아일랜드는 주로 지방자치단체가 낮은 수준의 주택수당을 지급하고 있으며, 미국은 연방차원에서 지급되는 주택수당의 요건 매우 엄격하여, 빈곤선 하위 가계에만 지급된다.

좀 더 구체적으로 살펴보면, 먼저 영국은 유럽 국가 중 1인당 주거급여 지출이 가장 높은 나라였다(조동희 외, 2018). 그러나 주택수당(Housing benefit)이 통합급여(Universal Credit)로 통합되었고, 주택수당은 정년 연령 이상의 노년층만 지속해서 수급할 수 있게 되었다. 통합급여 신청 가능 연령은 18세 이상이지만, 경우에 따라 부모의 재정지원을 받지 못하는 독립된 16-17세도 가능하다(영국정부 홈페이지: Universal Credit). 다만, 학생(전일 학업 매진)의 경우 불가하다. 즉, 노동을 하고 있거나, 실업상태에 있는 경우에만 가능하다. 또한 현금 자산이 16,000파운드 이하인 경우에 가능하다. 통합급여 수급이 가능한 경우, 임대료, 임대주택의 크기 등에 따라 급여액이 달라진다. 그럼에도 불구하고, 영국 전체 인구의 약 1/10인 650만여명, 특히 18-34세 청년층의 1/6에 해당하는 260만여명은 열악한 주거환경(곰팡이가 있고, 냉난방 및 수도가 제대로 작동하지 않는 주거)에서 거주 중이다(Try, 2023, p.8). 아일랜드의 주택수당에는 연령 제한이 없으며, 주거 형태 및 임대(공유 여부) 방식, 임대료 등에 따라 지자체별로 차등 지급된다. 주 30시간 이상 노동하는 자의 경우 주택수당 수급권이 박탈되었지만, 2020년에 폐지되었다.

    남부유럽 국가의 경우 2020년 이전 그리스를 제외한 이탈리아와 스페인에는 주택수당이 존재하지 않았다. 두 나라는 2020년 Covid-19에 대응하기 위해 해당 제도를 한시적으로 도입했고, 현재까지 유지 중이다[2]. 스페인의 경우 35세 이하의 젊은층에게만 지급하는데, 임대료뿐 아니라 매매 시에도 지원한다. 임대의 경우 최대 3년간 임대료의 50%까지(최대 10,800유로까지 지원), 매매의 경우 인구 5천 이하의 지방 소도시에 한정하여 매입 금액의 20%까지 지원한다(Writer, 2023.7.28.). 또한 그리

---

[2] 이를 위해 이탈리아는 임대주택 접근을 위한 국가지원기금(Fondo Nazionale di Sostegno per l'accesso alle abitazioni in locazione)을 마련했다.

스는 공공임대주택(social housing)을 제공하지 않으며, 이탈리아와 스페인의 공공임대주택 규모는 매우 낮은 수준이다. 전체 주택 수 대비 공공임대주택의 비중이 이탈리아에서는 2.4%(2019년), 스페인에서는 1.1%(2019년) 수준에 머물러 있다(OECD, Affordable housing data). 즉, 청년층뿐 아니라 전체 저소득 가구에게 공공임대주택을 공급할 여력이 매우 낮은 상태이다. 이는 남부유럽 국가의 사회보장제도가 매우 관대하게 운영된다는 일부의 인식과는 동떨어진 현실이다.

반면, 독일과 프랑스의 경우 저소득층뿐 아니라 학생을 위한 주거비 지원제도가 견고하다. 특히 이 수당은 가계뿐 아니라 주택 전체 혹은 일부(방)만 임대한 개인에게도 지급되기 때문에, 청년 및 학생 역시 수급 가능하다. 프랑스는 기금의 일부를 주거지원 국가기금(Fond national d'aide au logement)을 위해 사업주에게 지불임금의 0.5%에 해당하는 분담금을 징수하는 반면, 독일은 정부 예산을 통해 지원한다(프랑스 Urssaf 홈페이지).

북유럽 국가와 한국의 공통점 중 하나는 국가채무 수준은 OECD 국가 중 최하위 수준인 반면, 가계부채는 최상위에 위치해 있다는 점이다. 그러나 유럽 국가의 가계부채가 대부분 주택을 구입하기 위한 대출(주택담보대출)이라면(덴마크 83.3%, 네덜란드 89.7% 수준(김지혜 외, 2021, p.54)), 한국의 주택담보대출은 58% 수준이다(한국은행, 2023.8.22.). 이는 북유럽 국가에서 모기지(mortgage) 대출이 허용적인 성격을 지니고 있으며, 한국에서는 사회안전망의 취약함을 개인이 스스로의 신용을 통해 해결하고 있음을 의미한다(Annarelli, 2022; 최철웅, 2019). 그렇다면, 북유럽 국가의 주택접근성은 낮은 수준일까? 그렇지 않다. 덴마크, 스웨덴, 핀란드 그리고 노르웨이의 주거정책은 대동소이하다. 주택수당의 경우 노르웨이는 18세 이상이라는 연령기준을 적용하며(Nordic Co-operation, 2023), 스웨덴은 자녀가 있는 가계와 소득이 낮은 18-28세 청년층에게만 수당을 지급한다. 즉, 특별주택수당(Bostadsbidrag)을 통해 스웨덴은 자녀가 있는 가족의 경우 연령 제한 없이 소득, 자녀의 수, 임대료, 주거지의 형태와 면적에 따라 수당 지급하며, 29세 이하의 무자녀 청년들에게 지급한다(The Newbie Guide to Sweden, 2023). 덴마크와 핀란드에는 연령 제한이 존재하지 않는다. 공통점은 모두 개인이 아닌 가족에게 지급된다는 점이다. 덴마크의 경우 다수의 인원이 한 주택을 공유한다고 하더라도 수당은 그 주택을 임차한 1인에게만 지급된다. 단 부엌을 겸비한 임대물인 경우에만 지원을 받을 수 있다. 네 국가 모두 공공임대주택을 제공하고 있으며, 덴마크의 경우 법률에 의해 각 지자체는 공공(사회)주택의 비중을 지역 전체 주택의 25% 이상으로 유지해야 한다(코펜하겐은 20%)(Pinto & José, 2022.8.31.). 정리하면, 북유럽 국가의 경우 다수의 가계들이 주택 마련을 위한 높은 수준을 부채를 감당하고 있지만, 학생수당과 주택수당 등 각종 지원금 덕분에 학생과 청년층의 주거접근성은 뛰어난 수준이다.

동유럽의 루마니아와 크로아티아의 주택정책은 낮은 수준의 공공성을 지닌다. 크로아티아는 공공임대주택을 공급하지 않고, 루마니아는 주택수당을 지급하지 않는다. 역으로 크로아티아는 주택수당을 지급하며, 루마니아는 공공임대주택을 제공하고 있다. 크로아티아 주택수당의 특징은 최저소득(기초)과 연동되어, 수급 중인 최저소득의 절반에 해당하는 금액을 주택수당으로 수급할 수 있다. 따라서 후술하듯, 주택수당 역시 매우 낮은 수준에 머물러 있게 된다[3].

---

3) 1인 가구의 경우 성인 1인의 최저소득은 480HRK(약 64유로)이기 때문에 주택수당은 32유로가 된다. 낮은 물가수준을 감안하더라도 매우 낮은 금액임을 알 수 있다(European Commission, 2022).

2. 사회보장제도: 사회보험 및 공공부조

가. 자유주의(영국, 미국, 호주, 아일랜드)

영국은 2013년 통합수당(Universal Credit)을 도입했으며, 이 수당의 대상은 16세 이상 국가 정년 연령(2023년 66세) 이하 인구이다. 구직자 수당, 주택수당, 소득지원 등 6가지의 지원금이 포함된 것이며, 이 중 절반이 구직활동과 연계된다. 25세 미만 독신에게는 월 292파운드(48만2천원4)), 커플에게는 458파운드, 25세 이상의 독신과 커플에게는 각각 369파운드, 579파운드가 지급된다(2023년 기준)(영국 정부 홈페이지 (JSA), 2023). 아일랜드는 사회보장지출 비중이 GDP의 약 12%(Central Statistics Office, 2023b)로 한국보다 낮아졌다. 즉 전반적인 공공부조의 규모가 크지 않다. 각종 공공(사회)부조는 18세 이상 인구를 대상으로 삼지만, 최저소득 또는 최저생계비와 같은 소득지원 제도는 존재하지 않는다. 실업부조(Jobseeker's Allowance), 한부모가정수당, 농업인 수당, 추가 복지수당 등이 존재한다. 미국에는 Temporary Assistance for Needy Families라는 기초소득보장 제도가 존재하지만, 18세 이하 자녀가 있거나 및 임신 중인 가정에게만 적용된다. 일반부조(General Assistance)제도가 존재하지만 주 정부별로 운영되며, 지출액도 낮은 수준이다. 또한 청년세대에게 적용되는 특별한 공공부조는 존재하지 않는다(65세 이상 노년층과 장애인에게만 적용되는 Supplemental Security Income, 일시적 혹은 영구적 장애를 가진 자에게 지급되는 Social Security Disability Insurance, 저소득 세액공제 Earned Income Tax Credit 등이 운영되고 있다). 호주에는 최저보장소득제도나 통합적 소득지원제도가 존재하지

---

4) 1파운드=1,650원 적용

않는다. 대신 가족, 노령, 장애, 돌봄, 청년 및 학생, 구직자 등의 범주에 따라 다양한 공공부조제도가 존재한다. 여러 종류의 가족수당은 청년 및 학생 수당과 연계되어 있다. 청년 및 학생 지원제도와 연동되는 가족조세혜택(Family Tax Benefit)의 경우 자녀가 16세부터 자립이 가능하며, 19세가 되면 자동 소멸된다. 또한 16세 이상부터 예방접종이력서(Immunisation history statement) 접근, 은행계좌 개설, 의료보호카드(Medicare card) 획득이 가능하다(호주 정부 홈페이지). 즉, 16세 이상부터 성인으로의 전환이 시작되며, 가족주의 전통은 매우 약하다.

나. 서유럽(프랑스, 독일)

프랑스의 최저보장소득에 해당하는 RSA(적극적 연대소득: Revenu de solidarité active)는 25세 이상의 성인에게만 적용된다. 18세 이상 25세 미만의 청년층의 경우 독립된 가계(독거 혹은 동거)를 꾸렸거나 한부모 가정이면, 신청일 기준 과거 3년간 2년 이상 전일제로 노동을 수행한 경력이 있어야 신청할 수 있다(RSA jeune actif)(프랑스 사회연대와 보건부 홈페이지, 2023a). 이러한 최저소득 보장제도는 두 가지 특징을 가진다. 첫째, 가족주의 전통이다. 즉, 25세 미만의 청년을 개별 성인으로 취급하지 않고 여전히 부양가족 및 부모에게 사회경제적으로 종속되어 있다고 여기고 있다. 둘째, 노동연계형 모델에 가깝다. RSA의 전신인 RMI(최저편입소득 Revenu minimum d'insertion; 이하 RMI)가 1988년 도입될 당시 '25세 이상'이라는 조건은 '25세 미만의 경우 사회보장제도에 의한 보호의 대상이 아니라 적극적으로 취업 준비를 해야 하는 세대'라는 인식이 강하게 작용했다(Lima, 2004). 즉 "보호장치 없는 (취업) 독려"인 것이다(Lima, 2012). 반면 독일에서는 15세 이상부터 최저소득 (보다 정확하게는 실업부조 ALGii)의 수급이 가능하지만, 부모가 이들을 부양하고 있다면 이들이 25세가 될 때까지 이 수당은 부모에게 지급된다. 또한, 수급을 위해서는 경제활동을 유지하거나, 직업훈련을 이수하거나 취업과 관련된 경험에 참여해야 한다. 즉, 가족주의적 성격을 포함하고 있지만, 경제적 시민권에서는 '포용적'인 성격을 띠고 있으며 '노동 연계'뿐 아니라 '학업 및 학습 연계'의 방식을 취하고 있다.

다. 남부유럽(스페인, 이탈리아, 그리스) - 전통적 가족주의 모델

스페인의 최저소득 수급 최소 연령은 23세이다. 다만 개별적으로 수급하기 위해서는 독신이면서 부모로부터의 주거 독립이 이뤄져야 한다. 특히 29세 이하의 경우 신청 직전 최소 2년 동안 독립적 주거환경에서 지내고 있어 한다. 다시 말해 독신 청년이 부모와 동거하고 있거나 독립한 지 2년이 되지 않았을 경우 수급할 수 없다. 30세 이상의 경우 신청 직전 해에 독립된 주거에서 지내고 있음을 증명해야 한다. 물론 23세 이상 청년층이 가정을 이루었을 경우 최저소득은 가장에게 지급된다(OECD, 2023d). 전형적인 가족주의 방식을 취하고 있는 셈이다. 이탈리아는 2019년 기본소득 논쟁을 일으키며 시민소득(Reddito di cittadinanza)을 도입했다. 여기에 연령 제한은 없다. 다만 이 소득은 가계 단위에 지급된다. 마지막으로 그리스의 최저소득인 사회연대소득(($Κοινωνικό\ Εισόδημα\ Αλληλεγγύης$)에는 25세라는 연령 제한이 있다. 즉, 25세 미만의 학생(학교, 대학, 직업훈련학교 등) 1인 가구는 최저소득을 수급할 수 없다. 다만, 가족 구성원으로 인정받아 수급액을 인상시키는 역할을 할 수 있다(Opeka, 2023).

라. 북유럽(덴마크, 스웨덴, 핀란드)

　덴마크의 최저소득 수급 연령은 30세 이상이다. 그러나 18세 이상 청년은 성인으로 간주된다. 학생의 경우 18세 이상부터 가족수당이 아닌 학업수당을 수급하게 된다. 일반적인 경우 19세에 고등학교를 졸업하게 되고, 80%는 대학에, 20%는 직업학교에 진학한다. 이 시기 대부분 주거 독립을 시도하며, 국가의 지원을 받게 된다(Hivert, 2022.8.31.). 스웨덴 - 사회부조(ekonomiskt bistånd 재정지원)의 종류가 다양하며, 학생의 경우 학생재정지원을 신청할 수 있기 때문에, 연령 제한이 없다. 스웨덴학생재정위원회(Swedish Board of Student Finance's)에서 운영하며, 학업과 관련된 네 종류의 지원제도가 존재한다. 학업수당(studiehjälp)은 16세 이상 20세 미만의 학생 중 학업에만 전념하는 이들을 대상으로 지원되며, 장학금(studiemedel)은 단과대, 종합대학, 성인교육센터(Folk high school) 등에서 교육을 받을 경우 60세 이하의 모든 인구에게 지급된다. 장애인학업수당(Rg-bidrag)은 문자 그대로 장애를 보유한 이들의 학업지원금이며, 재교육지원금(studiestartsstöd)은 25세 이상 60세 미만의 실업인구 중 구직을 위해 기초교육이 필요한 이들에게 지급되는 교육지원금이다(European Commission 홈페이지: 스웨덴). 핀란드의 경우 인접국인 스웨덴에 비해 기초생활 수급자의 수가 두 배가 많다(40만여 명, 인구의 7%)(Finland, 2021.4.21.). 최저소득제도는 세 가지 형태로 구성되어 있으며(기본사회부조, 추가사회부조, 예방사회부조), 연령 제한은 존재하지 않는다. 일반적으로 학생은 수급자격을 갖지 못한다. 학생수당 및 학업대출제도가 존재하기 때문이다. 부모의 자녀 양육 의무는 자녀가 18세가 되면 사라지지만, 자녀가 21세에 이를 때까지 교육 지원을 한다. 학생이 아닌 경우 성인 자녀는 부모와 동거 중이더라도 개별적으로 사회부조를 신청해야 하며, 미성년자녀는 부모와 거주지가 다를 경우에만 부모의 부양능력을 고려하여 수급할 수 있다(Ministry of Social Affairs and Health, 2023).

종합하면 북유럽 국가들의 최저소득제도는 일반적으로 학생들에게 적용되지 않는다. 청년층의 소득지원이 학업수당, 장학금 그리고 대출을 통해 이뤄지기 때문이다. 이는 다음 장에서 자세히 다룬다.

마. 동유럽(크로아티아, 루마니아)

크로아티아에는 최저소득의 연령제한은 존재하지 않으나 물가수준을 감안하더라도 지급액의 수준이 매우 낮다(1인 가구 혹은 한부모가정에게 월 106유로). 성인과 미성년의 기준은 18세이다. 기초소득, 연료 수당, 주택수당, 난방비 지원, 에너지구입 취약계층 지원금, 교육 관련 수당 등 다양한 형태가 존재한다(European Commission, 2023a). 루마니아의 최저소득을 지원하는 사회지원(ajutor social)제도는 18세 이상의 개인 및 가정을 대상으로 한다. 1인의 경우 월 149 Ron(2022년 기준)을 수급한다(European Commission 홈페이지: 루마니아). 이는 약 30유로로(2023년 9월 환율 기준) 매우 낮은 수준이다. 이러한 수준은 각 국가별 중위 처분가능소득 대비 최저보장소득 금액의 비중을 나타내는 통계에서 드러난다. 아래 그림에서 보듯이 동유럽 국가의 최저보장소득 수준은 최근 20년간 급격하게 하락하여 각각 12%(크로아티아), 6%(루마니아)이며, 이와 유사한 미국과 비교해 볼 때 경제적 수준과 무관함을 알 수 있다.

[그림 3-4] 주요국 최저보장소득의 수준[3]

(무자녀, 1인 무직자의 경우[1], 중위 처분가능소득 대비[2], %)

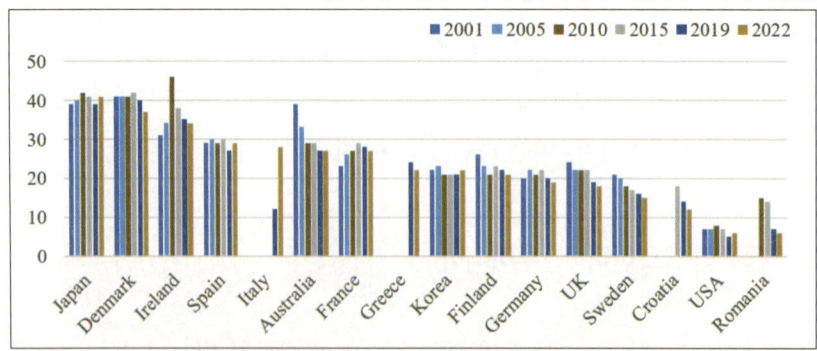

주: 1) 무자녀, 1인 무직자로 선정한 이유는(1인 vs 커플; 유자녀 vs 무자녀) 청년층의 상황에 가장 가깝다고 판단했기 때문이다. 물론 이 경우 미혼 동거 커플의 비중을 파악하지 못하는 한계가 있다.
2) 공식적으로 사용되는 상대적 빈곤율은 중위 소득의 60% 또는 50%를 기준선으로 삼는다. 50%가 기준일 때, OECD 국가의 빈곤율은 최저 7%(덴마크, 핀란드, 2019)에서 최고 18%(루마니아, 2020) 사이에 분포한다(아일랜드 8%, 2020; 프랑스 8%, 2019; 스웨덴 9%, 2021; 독일 11%, 2019; 영국 11%, 2020; 그리스 13%, 2020; 이탈리아 14%, 2020; 미국 15%, 2021; 스페인 15%, 2020). 따라서 처분가능소득 대비 최저보장소득의 수준은 빈곤율과 소득불평등을 설명하는 중요한 지표가 된다.
3) 이 그래프에서 주목할 만한 국가는 아일랜드와 스웨덴이다. 자유주의 모델에 속하는 아일랜드의 최저보장소득 수준은 최근 하락하고 있지만 여전히 30% 이상을 유지하며, 낮은 수준의 빈곤율을 유지하는데 기여한다. 반면, 북유럽 국가인 스웨덴의 경우 최저보장소득 수준이 계속해서 하락하고 있으며, 이웃 국가들에 비해 높은 빈곤율을 보이고 있다.
자료: OECD. OECD Data for Explorer. Adequacy of minimum income benefits. Retrieved from https://data-explorer.oecd.org/vis?df[ds]=DisseminateFinalDMZ&df[id]=DSD_TAXBEN%40DF_IA&df[ag]=OECD.ELS.JAI&df[vs]=1.0&dq=.....S_C0........A&lom=LASTNPERIODS&lo=5&to[TIME_PERIOD]=false&ly[cl]=TIME_PERIOD&ly[rw]=REF_AREA%2CCOMBINED_UNIT_MEASURE&vw=tb(2023.7.13.)

3. 실업보험제도

이행기 청년세대의 주된 문제의 중심에는 일자리가 있다. 경제적 자립의 주춧돌이기 때문이다. 고용과 실업 관련 정책 및 제도가 청년정책의 근간을 이루는 것도 이 때문이다. 이러한 특징은 청년정책의 체제간 차이를 반영하지 않고 동일하게 드러난다. 다만, 청년정책이 시행되는 사회경제적 배경은 체제별로 다르게 나타난다.

청년층의 고용문제와 주거독립연령 사이에 명백한 상관관계를 찾기는 어렵다. 매우 낮은 연령에 분가를 경험하는 북유럽 국가의 청년실업률이 그만큼 낮다고 보기 어렵기 때문이다. 오히려 이보다 늦은 나이에 주거독립을 하는 아일랜드의 실업률은 북유럽보다 낮다. 프랑스의 경우도 이른 나이에 부모와의 주거분리를 경험하지만 청년실업률은 EU 평균보다 높다. 반대로 독일의 경우 분가연령과 청년실업률 모두 가장 낮은 수준을 유지하고 있다. 따라서 이행기 청년세대의 경제적 자립 상황을 이해하기 위해서는 실업과 같은 청년층의 사회경제적 불안정성을 보완하는 정책 및 제도와 더불어 이들을 노동시장에 효율적으로 편입시키기 위한 제도를 살펴볼 필요가 있다.

[그림 3-5] 유럽 주요국의 청년실업률 변화(15-29세, 2010-2022년)

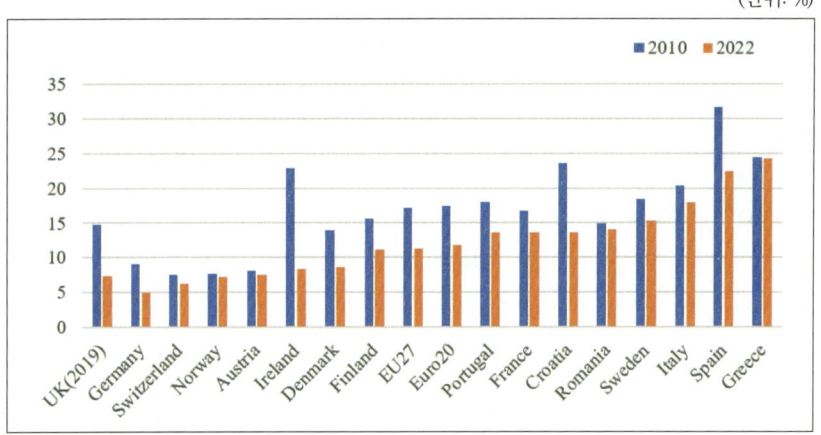

주: 2010년도 높은 청년실업률은 2009-2010년 유럽 재정위기와 관련이 있다.
자료: Eurostat(2023b). Unemployment by sex and age - annual data. Retrieved from https://ec.europa.eu/eurostat/databrowser/view/UNE_RT_A__custom_12592564/default/table?lang=en(2023. 10. 31.)

가. 자유주의(영국, 호주, 아일랜드)

영국에서 지원하는 각종 수당 및 급여, 공제 제도는 16세 혹은 18세 이상의 인구에게 적용된다. 새로운 구직수당(JSA: New Style Jobseeker's Allowance)[5]과 새로운 고용지원수당 및 기여기반 고용지원수당(New Style Employment and Support Allowance/Contribution-Based Employment and Support Allowance (ESA))[6]의 경우 연령별로 지급액의 차이가 있다. 2023년 기준 18-24세의 주 수급액은 67.2 파운드인 반면(16-17세도 Jobcenter Plus 문의를 통해 수급 가능), 25세 이상은 84.8 파운드(영국정부 홈페이지: Jobseeker's allowance)이다. 청년을 포함하여 18세 이상 노동가능인구에게 적용되는 사회보장제도는 근로연계형(workfare) 혹은 노동우선(work-first) 정책 노선에 기반하며, 이러한 경향 및 방향은 2013년 Universal Credit 도입 이후 더욱 견고해졌다(류만희, 노대명, 김송이, 2012). 아일랜드는 18세 이상 인구를 대상으로 실업부조(Jobseeker's Allowance)를 지급한다. 실업부조는 연령, 소득 및 자산, 부모와 동거여부, 부양가족 유무 등을 고려하여 차등 지급된다. 18세 이상 24세 미만의 청년이면서 부모와 동거하는 독신의 실업부조액(2023년 기준 주 129.7유로; 약 18만원[7])은 25세 이상(무자녀; 부모와의 동거 여부와 관계없이)의 실업부조액(220유로; 약 31만원)의 60% 수준이다(Citizens Information, 2023). 즉, 가족주의적 특징이 나타난다. 호주에서 실업급여를 받기 위해서는 22세가 지나야 한다. 또한 수급조건에 소득수준이 포함된다. 즉, 유럽국가처럼 일정 기간의 노동경력 혹은 노동소득으로 기준으로 판단하는 것이 아니라 구직자의 소득을

---

5) 실업 혹은 주당 16시간 미만 노동하는 자에게 지급되는 구직장려수당
6) 질병 또는 장애로 인해 노동 능력에 제한이 있는 자에게 지급되는 수당
7) 1유로=1400원 적용

기반으로 지급하기 때문에 공공부조의 성격을 지닌다. 청년층이 접근하기 어려운 제도이다. 대신 청년수당은 24세 이하 학생 및 호주인 견습생(Australian Apprenticeship)에게 지급된다. 대상은 18세 이상 24세 이하의 풀타임 학생, 16-17세의 경제적 독립 학생 또는 학업을 위해 본가에서 분리된 학생이다. 16세 이상 21세 이하의 구직자(전일제 노동 구직자, 파트타임 학업 중이며 구직 중인 학생, 일시적으로 노동 혹은 학업을 할 수 없게 된 자) 역시 지급 대상이다. 또한 16세 이상부터 개인조세번호(Tax File Number) 발급받을 수 있다(Service Australia, 2023).

나. 서유럽(프랑스, 독일)

프랑스 실업급여는 16세부터 수급가능하지만 학생일 경우 불가능하며, 성인과 동일하게 직전 2년 동안 6개월 이상 노동한 경력이 있어야 한다. 독일의 실업급여는 실업급여1(Arbeitslosengeld I)과 실업급여2(Arbeitslosengeld II 또는 Hartz IV)로 나뉘며, 후자는 실업부조의 성격을 지닌다. 15세 이상 65세 미만에게 지급된다. 수급 조건은 실업 직전 2년 동안 최소 1년 이상의 노동 수행(보험료 납입)이며(조성혜, 2023). 이는 프랑스의 조건보다 엄격하다. 프랑스 실업부조(allocation spécifique de solidarité)는 실업급여 수급권을 소진한 장기 노동경력자(5년 이상)에게 지급되는 소득기반형 수당이기에 사실상 청년세대가 수급하기 어렵다(France Travail, 2023). 반면, 독일의 실업부조는 노동경력과는 무관하게 적극적 구직활동을 하고 있는 저소득자에게 가족구성원(피부양자 유무)을 고려하여 지급되는 일종의 공공부조이다. 따라서 15세 이상의 청년층이 수급 가능한 수당이다. 프랑스의 최저소득(RSA)이 노동수행능력 여부와 관계없이 자산 및 소득을 기반으로 지급되는 반면, 독일의 사회부조(SGB XII)는 경제활동 연령이지만 일시적으로 노동 수행이 불가한 저소득층에게만 지급된다. 즉, 적극적인 노동연계형 모델에 가깝다.

다. 남부유럽(스페인, 이탈리아, 그리스) - 전통적 가족주의 모델

스페인의 실업급여는 16세 이상 법정 정년 연령(2023년 기준 65세) 미만의 구직자에게 지급되며, 수급조건은 '실업 직전 6년 동안 최소 1년 이상 노동'이다. 지급기간은 최소 4개월(120일)에서 최대 2년(720일)이다 (Euraxess, 2023). 수급조건은 관대한 편이지만, 지급기간은 짧다. 다만 부양 자녀의 수에 따라 급여액의 한도액(최저 및 최대)이 달라진다. 독일과 유사한 가족주의의 성격을 지닌다. 이탈리아의 실업급여 수급기준은 매우 관대하다. NASpl(Nuova prestazione di Assicurazione Sociale per l'Impiego; 피고용인을 위한 신 사회보험)은 일반적인 실업자에게 지급되는 수당으로, 실업 직전 4년간 13주(약 3개월)의 노동수행 경력이 있을 경우, 보험료를 납입한 기간의 절반에 해당하는 기간 동안 지급된다. DIS-COLL(disoccupazione collaboratori)은 계약직 등 비정형 노동자들을 위한 실업급여로, 실업 직전 1년 동안 1개월 이상 노동한 경우, 노동기간의 절반에 해당하는 기간 동안, 즉 최대 6개월 동안 지급된다 (INPS, 2023).

라. 북유럽(덴마크, 스웨덴, 핀란드)

덴마크에서의 실업급여 수급 연령은 18세 이상이다. 하지만 18세 미만 청소년의 경우 1년 6개월(18개월) 이상의 직업훈련 교육을 수행한 경력이 있다면 수급이 가능하다. 덴마크 실업보험제도의 특징 중 하나는 실업급여 수급 조건이 최소 노동수행경력(가입기간)이 아니라 실업 직전 3년 동안 수급한 임금 수준이다. 금액은 2022년 기준 33,186유로(약 4,700만원)이다. 사회 초년생임을 감안할 때 사실상 1년 이상의 노동이 필요하다[8](ASE, 2023). 핀란드의 실업보험제도에는 보험가입 연령 제한이 존재하지 않는다. 그러나 17세 이상만 실업급여를 수급할 수 있게 설계되어 있다. 게다가 실업급여를 수급하기 위해서는 17세 이후 수행한 노동경력만을 반영하기 때문에 최소 가입기간인 6개월을 채울 경우 실제 수급이 가능한 연령은 성인이 되는 18세 이상이 된다. 반면 스웨덴에는 연령 제한이 없다. 즉 15세 이상 29세 미만인 전체 청년층이 실업보험제도의 보장을 받는다. 또한 16~24세 청년층은 청년직업보장(Job Guarantee for Youth) 프로그램에 의해 등록되어 계발수당(Development Allowance)을 받게 되는데, 이를 위해서는 최소 3개월 이상 공공고용서비스에 구직자로 등록되어 있어야 한다. 일반 실업급여 수급조건을 채우지 못하더라도 일정 수준의 수당을 수급하게 되며, 20~24세 청년의 경우 보다 높은 수준의 수당을 수급할 수 있다(ESPN, 2021).

정리하면 북유럽 국가들의 실업보험제도는 15~29세 청년층에게 그다지 호의적이지 않다. 그럼에도 불구하고 북유럽 청년층이 이른 나이에 경제적으로 자립하는 이유는 두 가지 배경 때문이다. 첫 번째는 학생 수당(장학금 포함)과 무이자에 가까운 대출이며, 두 번째는 노동시장 편입 정책이다. 이 두 배경에 대해서는 다음 장에서 다루기로 한다.

마지막으로 동유럽 국가인 크로아티아와 루마니아의 사례를 살펴보자. 크로아티아의 실업보험제도는 15세 이상의 청소년부터 적용된다. 수급조건은 실업직전 2년 동안 9개월 노동으로 상대적으로 관대한 편이다. 그러나 수급기간은 최소 3개월(최소 90일 최대 450일)로 길지 않으며, 급여액

---

8) 2023년 기준 제조업 산별협약은 18세 이상 노동자의 시간당 최저임금은 17.7유로(131.65DKR)이며, 18세 미만 청소년의 경우 10.2유로(75.8DKR)로 정했다. 청소년이 최저임금 수준의 노동을 수행한다고 할 때 기준 금액에 도달하기 위해서는 총 3,253시간 이상의 노동이 필요하다 (성인의 경우 1,874시간). 따라서 1년 이상(주 37시간×45주=1,665시간)의 노동이 필요하다.

역시 첫 90일은 기준 임금의 60%, 나머지 기간은 30%로 낮은 편이다 (Eurofound, 2023). 크로아티아와 달리 루마니아의 실업보험제도는 16세 이상에게만 적용된다. 또한 수급 요건도 크로아티아보다 좀 더 엄격한 12개월 노동이며(실업 직전 2년 동안), 수급기간도 최대 12개월로 짧다 (1년 이상 노동=6개월 수급, 5년 이상=9개월, 10년 이상=12개월). 다만 이 조건은 학업을 마치고 60일 이내에 전공과 관련된 직업을 찾지 못한 사회초년생에게는 적용되지 않는다. 이들에게는 일반 실업급여의 2/3에 해당하는 급여가 6개월 동안 지급된다. 루마니아 실업보험의 특징 중 하나는 노동수행기간이 늘어날수록 급여액이 가산된다는 점이다. 3-5년 사이의 노동수행 경력자에게는 3%, 20년 이상 경력자에게는 10%가 증액된다. 이는 3년 미만의 단기 경력 보유자가 많을 수밖에 없는 청년세대에게는 불리한 규정이다(European Commission, 2023b).

지금까지 살펴본 최저보장소득, 실업보험 그리고 주택수당제도가 청년층에 적용되는 범주 및 정도는 다음의 표처럼 요약, 정리할 수 있다.

〈표 3-2〉 유럽국가 사회정책의 청년층 적용 연령(독신 & 자녀가 없는 경우)

구분	최저보장소득(기초생활)	실업급여	주택수당
제한 없음 (15세 이상)	1인 가구가 아닌, 고아, 미성년 부모, 부양해야 할 가족이 있는 미성년, 장애인, 독립적 생계유지 기혼자 (동거자) 등의 18세 미만 청년층에게 최저보장소득 지급하는 국가는 영국, 루마니아, 스페인, 포르투갈, 몰타, 룩셈부르크, 사이프러스, 벨기에, 불가리아, 오스트리아.	독일, 그리스*, 이탈리아, 스웨덴, 크로아티아, 오스트리아, 불가리아, 체코, 헝가리, 라트비아, 네덜란드, 슬로베니아 * 그리스의 장기실업급여는 20세 이상만 가능	18세 이상 성인에게 소득을 기준으로 지급(핀란드, 스웨덴, 독일*, 프랑스, 이탈리아**, 스페인***, 영국, 포르투갈, 폴란드, 네덜란드, 리투아니아, 몰타 등) * 독일 청소년은 직장 위치로 인해 주거독립을 한 경우 수급 가능. **, *** 이탈리아, 스페인은 2020년 Covid-19에 대응하는 차원에서 주택수당을 도입. 덴마크는 15~29세 청년층이 부엌을 갖춘 주택을
16~17세 이상		스페인, 프랑스, 루마니아(16+), 핀란드(17+)*, 사이프러스, 에스토니아, 리투아니아, 룩셈부르크, 몰타, 포르투갈, 슬로바키아(16+) * 핀란드의 실업보험 가입의 연령 제한은 없지만, 급여 수급은 17세 이상부터 가능	

구분	최저보장소득(기초생활)	실업급여	주택수당
18~19세 이상	18세는 법적 성년. 따라서 대부분의 유럽 국가 청년층은 단독 가구를 구성할 경우 접근 가능.	덴마크*, 아일랜드, 영국**, 벨기에, 폴란드* 18세 미만의 직업훈련 학생(18개월 이상)은 가능. ** 부모로부터 독립했거나 자녀가 있는 경우 수급 가능.	임대할 경우 수당 지급 루마니아는 16~18세 미성년이 가족의 지원 없이 독립된 생계를 유지할 경우 지원. 핀란드, 스페인, 스웨덴 등 7개국은 청년 가구에 특화된 수당 지급(스페인은 35세 미만, 스웨덴은 29세 미만 무자녀 가구)
20세 이상	프랑스(25세), 그리스(25세), 스페인(23세*), 덴마크(30세), 사이프러스(28세) * 1인 가구일 경우 30세까지 부모로부터 경제적으로 독립이라는 것을 증명해야 함		

자료: 저자 직접 작성

4. 유형별 청년정책(고용정책 및 청년보장)

EU의 청년일자리계획(Youth Employment Initiative, 이하 YEI)과 청년보장(Youth Guarantee)의 내용을 검토하였다.

유럽연합 차원에서 시행되는 주된 청년정책은 청년보장으로, 실업 또는 NEET층 청년들에게 일반 및 직업교육, 사회참여활동 등의 기회를 제공하며 일정 금액의 소득을 지원하는 정책이다. EU 회원국은 2013-2014년부터 이 프로그램을 국내에서 시행하기 시작했으며, 유럽연합은 2013년 청년일자리계획(YEI)이라는 기금을 조성하여 이 정책에 재정 지원을 하고 있다. 지원 대상은 청년실업률이 25% 이상인 지역에 거주하는 청년이다. 정책의 목표는 25세 미만의 청년들이 졸업 또는 실업 이후 4개월 이내에 양질의 일자리, 학업, 수습직, 직업훈련 등의 제안을 받게 하는 것이다. 이를 위해 EU는 2014-2020년 기간 동안 89억유로(약 12조 4600억원)를 지원했다. 이 기금은 현재 유럽사회기금플러스(European Social Fund Plus; ESF+)에 통합되어 있으며, 2021-2027년 기간의 ESF+ 총 예산인 990억 유로 중 최소 12.5%가 청년들의 일자리 정책에 투입될 예정이다(European Commission: Youth Employment Initiative). 하지만 EU로부터 이 기금을 지원받는 회원국과 그렇지 않은 회원국으로 나뉜다. 아일랜드, 프랑스, 남부유럽, 동유럽 국가가 주된 수혜국이다. 또한 청년보장 정책은 회원국이 국내 실정에 맞게 시행하기 때문에 국가별 편차가 존재한다.

가. 자유주의(미국, 영국, 아일랜드)

유럽 국가, 아니 동일한 유형의 영국과 비교할 때도 미국의 청년정책은 매우 독특하다. 미국은 15세부터 17세까지를 중기 청소년(middle adolescence), 18세부터 24세까지를 후기 청소년 및 초기 성인(late adolescence/early adulthood)으로 구분(IWGYP, 2013)한다. 그러나 이러한 구분이 실효를 갖지 않으며, 일반적인 청년정책의 적용 대상은 16세에서 24세까지이다. 미국의 청년정책 담당 중앙정부 조직체계는 청년정책 범부처 합동 그룹(the Interagency Working Group on Youth Programs: 이하 IWGYP)으로 주로 약물, 범죄, 노숙 등의 문제해결에 집중한다(채창균, 양정승, 김민경, 송선혜, 2018). '단절된 청년(16~24세 대상의 청년층으로 1년 이상 교육을 받지 않았거나 1년 이상 구직활동을 하지 않는 비경제활동인구; Disconnected Youth)'에게 교육과 훈련을 제공하여 노동시장으로 복귀하도록 하는 '단절된 청년을 위한 성과동반 시범사업(Performance Partnership Pilots for Disconnected Youth: P3)'을 추진하기도 했다. 이 시범사업은 2014년부터 2021년까지 지역 단위에서 (주 정부, 시, 카운티 등) 진행됐다. 이 사업의 법적 근거는 인력 개혁 및 기회법(Workforce Innovation and Opportunity Act)이며, 이를 기반으로 중앙정부는 고용정책 프로그램을 직접 집행하는 것이 아니라 각 주정부가 어떻게 운영할 것인지에 대한 계획을 받아서 자원을 배분한다(IWGYP, 2013). 유럽과 비교할 때, 미국의 청년정책은 몇 가지 특징을 보인다. 첫째, 지역 중심이다. 지역에서 계획을 수립하고, 중앙정부에서 이를 선정하여 자원을 배분하는 형식이다. 둘째, 고용문제에 국한되지 않고 흑인과 히스패닉을 중심으로 강하게 노출된 다양한 사회문제에도 집중한다. 반면, 영국과 아일랜드는 특별한 청년보장 및 청년고용정책을 운영하지 않는다. 아일랜드의 경우 2014년부 EU의 청년보장 프로그램을 도입했으며, 청년일자리계획 기금의 지원을 받기 시작했다. 영국의 경우 청년정책이 주로 민간에서 시행되기 때문에 정부 차원의 특별한 노력을 찾아보기 어렵다.

청년정책의 소득보장 측면에서 영국과 미국, 아일랜드 사이의 공통점은 뚜렷하지 않다. 사실상 같은 유형이라고 보기 힘들다. 영국의 경우 적극적 구직활동을 전제로 낮은 수준의 실업급여 형태를, 미국은 주 정부 차원에서 시행되는 한시적 사업 형태를, 아일랜드는 유럽연합 회원국으로서 낮은 수준이지만 청년보장 제도를 유지하고 있기 때문이다.

나. 서유럽형(프랑스, 독일)

독일과 프랑스의 청년세대들이 처한 사회경제적 환경은 매우 다르다. 프랑스의 청년실업률과 니트의 비중이 독일에 비해 매우 높은 수준이다(17.5% vs 5.7%(OECD, 2023a), 13.4% vs 8.9%(OECD, 2023b). 그럼에도 두 나라는 비스마르크식 사회보험 중심의 사회보장제도를 기반으로 매우 적극적인 노동시장 정책을 구사해 왔다는 공통점을 지닌다. 독일이 직업교육훈련에 집중했다면, 프랑스는 기업에게 다양한 세제 혜택을 제공하며 청년층의 채용을 유인했다(Contrat aidé: 꽁트라 에데). 결과적으로 프랑스의 청년 고용정책은 실패한 셈이다. 하지만 2013년 유럽연합에 발맞춰 청년보장에서 청년참여계약으로 이어지는 정책을 시행하며 최저소득(RSA)의 사각지대를 일정 부문 해소했으며, 2016년 이후 청년

실업률과 니트의 비중은 점차 감소하는 경향을 보이고 있다. 반면, 독일의 청년정책은 지난 10년간 큰 변화 없이 기존의 틀을 유지하고 있으며, 그것의 성과 역시 꾸준히 유지되고 있다. 좀 더 자세히 살펴보자.

청년보장 정책과 관련하여, 프랑스는 청년보장(Garantie Jeune) 사업을 2013년 10개 지역(département)에서 시범 운영하며 2016년 말 91개 지역으로 확대하였다. 이어 2022년 3월, 정부는 보다 많은 청년들을 대상으로 하는 청년보장의 확장판인 청년참여계약(Contrat d'Engagement Jeune)을 도입했다. 두 정책 모두 취업에 어려움을 겪고 있는 청년과 계약을 맺고 그 기간 최저소득에 가까운 수당을 지원해 주는 정책이다. 수당은 2023년 기준 월 최대 528유로(약 74만원)이다. 계약의 주체는 미씨옹 로깔(이하 ML)과 청년 당사자이며, ML은 계약 청년과의 개별 면담을 통해 그의 취업능력을 향상해 줄 다양한 프로그램을 제안해야 하고, 청년은 제안받은 프로그램에 주당 최소 15시간 이상 참여해야 한다. 기존의 ML과 고용센터의 역할이 일자리 알선이나 직업훈련 교육 프로그램 소개 등 적극적 노동시장 정책의 수행자였다면, 청년보장과 청년참여계약은 이를 계약이라는 형태를 통해 강제성을 도입하면서, 동시에 니트층 빈곤 청년들에게 생계비를 지원해 주는 방식이다. 청년보장의 경우 16세 이상 26세 미만의 취업능력과 의지가 모두 약한, 이른바 니트층을 정책 대상으로 삼았다면, 청년참여계약은 비록 경제활동을 하고 있지만, 단기 비정규직(CDD)이거나 시간제 노동을 하는 청년을 추가했다. 장애인의 경우 연령을 29세로 확대하기도 했다(프랑스 사회연대와 보건부 홈페이지, 2023b). 청년의 소득보장 측면에서 보면 이 같은 정책은 세 가지 특징을 가진다. 첫째, 25세 미만의 청년들에게 적용되는 최저소득(RSA)의 가족주의 모델에서 벗어난 것이다. 둘째, 불안정 노동에 종사 중인 청년들에게 안정적 일자리 확보를 위한 교육의 기회를 제공한다는 취지는 기존의 노동연계형 모델과는 사뭇 다른 방향이다. 즉, 기존의 공공부조 영역의 사각지대에 속했던 청년층을 고용정책의 일환인 청년참여계약 제도가 - 사회서비스 분야의 한 축인 적극적 노동시장 정책이 - 일정 부분 보완하고 있는 셈이다. 셋째, 이는 시행령에 기반한 한시적인 정책이기 때문에 제도적 불안정성이 매우 높다.

독일의 청년보장 정책은, 프랑스의 사례와는 달리, 새로운 제도를 도입하지 않고, 기존의 정책을 강화하는 수준으로 시행되었다. 그 이유는 먼저, 독일의 청년실업률과 니트의 비중은 유럽연합 국가 중 가장 낮은 수준이었다. 둘째, 직업교육훈련법(Berufsbildungsgesetz)에 의거한 이원적 직업훈련(Duale Berufsausbildung) 제도가 운영 중이기 때문이다. 유럽의 청년보장 정책의 주된 목표는 미취업 청년세대에게 일정 수준의 소득을 보장해주며 일반 및 직업교육기회를 제공하여 취업능력을 제고하는 데 있다. 따라서 독일은 기존의 제도를 보완하는 방식으로 유럽의 청년보장 정책을 이행했다. 먼저, 2020년 관련법을 개정하면서 훈련생에게도 법정 최저임금을 도입했다. 다만, 이들에게 적용되는 최저임금은 일반 임금노동자에게 적용되는 최저임금의 30% 수준이다9)(European Commission, 2023c). 또한 2023년 직업교육훈련법을 개정하여, 직업교육훈련보장(Ausbildungsgarantie)제도를 도입했다. 이를 통해 기존의 최소 학력 조건 등 자격요건에 관계없이 직업자격증을 소지하고 있지 않은 모든 청년들에게 이원적 직업교육훈련에 참여할 기회를 보장하게 된다. 결과적으로 두 국가는 청년세대의 현황에서 볼 때 이질적인 환경을 지니고 있지만 정책 방향의 측면에서 보면 유사한 모습을 보인다.

---

9) 2023년 독일의 법정 최저임금은 시간당 12유로이며, 주 40시간을 적용하면 약 2,080유로가 산출된다. 2023년 훈련생의 첫 해 임금은 620유로로 일반 최저임금의 30%이다.

다. 북유럽형(덴마크, 핀란드, 스웨덴)

앞서 언급했듯 북유럽 국가의 실업급여와 최저소득을 대체하는 것은 학업수당이다. 덴마크, 핀란드, 스웨덴은 무상교육을 실시하고 있음에도 불구하고 학업수당을 지급한다10). 덴마크는 국가교육지원금(SU: Statens Uddannelsesstøtte) 제도를 운영하며, 2023년 기준 학생에게 월 최대 884유로(세전 DKK 6589; 약 126만원)까지 지급한다. 이 금액은 18세 이상 성인 학생 기준이며, 여타 경제활동 소득과 중첩 가능하다(대학생의 경우 월 1838유로 이하까지, 고등학생의 경우 월 1216유로 이하까지; 2021년 기준). 다만 이 지원금 수급 시 실업급여, 최저보장소득 등과 같은 여타 사회보장수당을 수급할 수 없다. 이 지원금은 학생들의 기본소득 성격을 지니며, 이 금액으로 생활이 어려울 경우 국가 대출제도를 이용할 수 있으며, 상환 기간은 7년에서 최대 15년이다. 핀란드 역시 학업 장학금을 지급하며, 이는 부모의 소득 수준과 무관하게 지급되는 보편 소득에 가깝다. 다만 부모와 동거 중인 학생의 경우 부모의 소득 수준이 고려된 축소된 장학금을 수급하게 된다. 학업 관련 대출 서비스 역시 존재한다. 핀란드 학생은 사회보험기관인 Kela가 보증하는 대출 서비스를 이용할 수 있으며, 예정된 기간 내 학업을 마칠 경우 대출금의 일부분을 Kela가 상환한다. 스웨덴도 유사하다. 부모의 소득 수준과 무관하게 지급되는 장학금 제도와 저금리 대출 서비스가 존재한다(2021년 기준 0.05%라는 저금리로 25년 이내 상환). 교육부 산하 중앙학생지원위원회(Centrala studiestödsnämnden)에서 이를 관리하며, 장학금 액수는 학생의 지위(전일제 학생, 시간제 노동을 병행하는 학생)에 따라 달라진다. 스웨덴과 핀란드의 18-29세 청년 및 학생은 주택수당을 수급할 수 있다.

---

10) 이와 관련하여 서술하게 될 내용은 모두 Trottmann, Gaudron, Perard, Gervais(2021)에서 발췌한 것이다.

종합하면 북유럽 3개국은 최저보장소득이나 실업급여가 아닌 학생지원금(장학금)과 저리의 대출서비스를 통해 청년 및 학생들의 소득을 지원한다. 이 같은 제도가 정착된 배경에 주목할 필요가 있다. 가장 뚜렷한 특징은 교육과 노동의 경계가 약하다는 점이다. 다른 나라 청년의 경우 학업 이수 이후 본격적으로 노동시장에 진출하여 직업활동을 시작하는 반면 북유럽 국가에서는 학업과 노동활동의 병행이 빈번하게 이뤄진다. 둘째, 교육의 연속성이 약하다. 두 가지 특징은 서로 연계되어 있다. 한국을 포함하여 다수의 나라에서 학생들은 중고등학교를 졸업한 후 곧바로 대학에 진학하게 된다. 따라서 평균 대학 진학연령은 18세에서 20세이다. 그러나 북유럽 3개국 학생들의 평균 대학 진학연령은 24-25세이다(Eurostat). 고등학교를 졸업한 후 최소 1-2년의 휴학기를 갖기 때문이다. 이 기간 동안 청년층은 다양한 직업활동 경험을 쌓은 후 20대 중반에 고등교육 기관에 재진입하는 것이다. 따라서 노동시장 편입 정책은 10대 후반의 청년세대들에게 중요한 역할을 한다.

라. 남부유럽(그리스, 스페인, 이탈리아)

 남부유럽 국가(그리스, 이탈리아, 스페인)의 청년실업률(15-24세)은 2014년 이후 빠른 속도로 감소하고 있지만 여전히 2008-9년 경제위기 이전 수준을 회복하지 못하고 있다. 2010년대 초반 실업률이 5-60%까지 치솟았던 청년실업률은 Covid-19 이후 개선된 고용상황에도 불구하고 여전히 20%를 넘는 수준을 유지하고 있으며, 이는 OECD 평균의 두 배에 가깝다. 2023년 7월 기준 OECD 청년실업률은 10.5%인 반면, 이탈리아 22.4%, 그리스 26.7%, 스페인 28.0%다(OECD, 2023a). 따라서 남부유럽 국가들이 청년보장 정책을 적극적으로 시행한 이유는 비단 EU의 주요국이기 때문이 아니라, 각국이 안고 있는 심각한 청년실업 또는 높은 NEET 비중의 문제 때문이며, 마지막으로 이러한 노동문제에 대해 자유주의적 전통보다는 개입주의 전통을 강하게 가지고 있기 때문이다.

제4절 해외 청년세대 관련 주요 사회경제지표

청년세대의 사회적 불안정성은 일반교육, 직업훈련교육 등을 통해 양성되는 직업능력, 고용서비스, 노동시장의 유연성, 부동산 시장, 사회보장제도의 보편성에 영향을 받기 마련이다. 이러한 요인에 의해 나타나는 대표적인 불안정성 지표는 청년실업률, 니트층 비중, 빈곤율 등이다. 본 장에서는 이 지표를 살펴보면서 그것이 앞서 살펴본 분가연령과 어떤 연관성을 지니는지 확인해 본다. 이 지표들에 대한 해석 및 분석은 다음 장에서 보다 자세히 다룰 것이다.

1. 니트층 비중

니트층 비중은 전반적으로 분가 연령과 반비례 관계를 보이지만 특이점이 존재한다. 먼저, 노르웨이를 제외한 북유럽 국가보다 독일, 네덜란드 등에서 매우 낮게 나타난다. 아일랜드 역시 분가연령은 20대 중후반으로 전체 국가 중 중위 수준이지만 니트층 비중은 낮은 편에 속한다. 반대로 프랑스 청년들은 이른 나이에 분가를 진행하지만, 니트층 비중은 상대적으로 높은 수준을 보이고 있다. 이를 단순히 해석하면, 프랑스에는 취업포기 청년 비중이 비교적 높음에도 불구하고 분가를 서두르는 편이며, 아일랜드 청년은 상대적으로 취업 및 교육에 적극적이지만 부모와의 동거 비중이 높다는 것이다. 가족주의 요인을 배제한다면 아일랜드 청년층은 노동시장 진출이나 교육기관에 머무는 연령이 높지만, 경제적 자립은 늦은 편이라는 가설을 세울 수 있다. 이에 대해서는 평균 학업기간에서 자세히 다루기로 한다. 마지막으로 미국의 경우 프랑스와 비슷한 니트층 비중과 분가연령을 보여준다. 종합하면, 니트층의 비중은 남부유럽과 동유럽 국가에 한하여 분가연령과 일정 부분 상관관계 및 유사성을 나타내지만, 북유럽 국가, 프랑스, 독일, 아일랜드의 경우 별도의 설명 요소가 필요하다.

[그림 3-6] OECD 주요국의 NEET 비중(15~29세, 2022년)

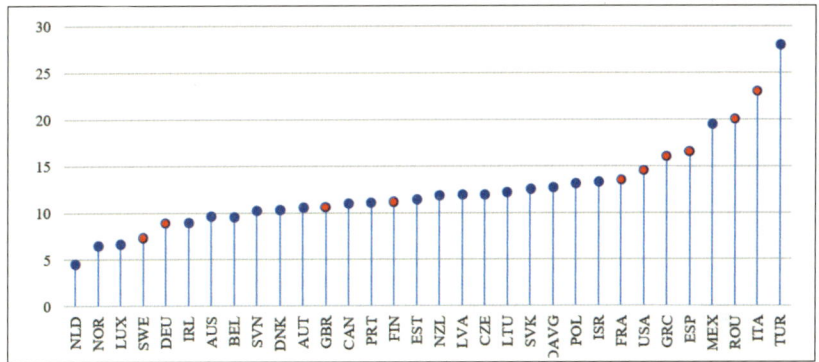

자료: OECD, OECD Data Archive. Youth not in employment, education or training(NEET). Retrieved from https://www.oecd.org/en/data/indicators/youth-not-in-employment-education-or-training-neet.html?oecdcontrol-dec63071aa-var6=15_29(2023.7.13.)

2. 청년실업률과 니트층

니트층의 비중은 실업률과 부분적으로 중복되는 개념이지만 실업상태에서 적극적 구직활동을 하지 않는 비활성화 상태에 접어들 경우 실업통계로 잡히지 않는 청년세대가 니트층에는 포착된다. 반대로 실업률에는 포착되지만 니트층에 포함되지 않는 청년층도 있다. 부분적인 직업훈련 교육을 받으면서 적극적인 구직활동을 하는 인구는 실업자이지만 니트층에는 속하지 않는다. 하지만 니트층과 실업률의 격차가 크다는 것은 그만큼 은둔고립형 청년층이 규모가 클 가능성을 내포한다. 니트층과 청년실업률의 관계 있어, 해외 국가들은 전반적으로 우상향 추세선을 보이지만 편차가 크다(OECD Data Archive). 영국과 미국은 청년실업률에서 비슷한 수치를 보이지만, 니트층에서 큰 차이를 보인다. 미국의 니트층 비중이 영국보다 5% 포인트 정도 높다. 멕시코 역시 실업률에 비해 니트층 비중이 지나치게 높다. 반면, 스웨덴의 경우 니트 비중은 상대적으로 양호하지만, 실업률은 높다. 독일의 경우 OECD 국가 중 청년실업률이 가장 낮은 나라 중 하나이지만(6%, 2022년은 5%), 니트층의 비중은 10%이다.

[그림 3-7] OECD 주요국의 니트층 비중과 청년실업률(15-29세, 2021년)

(단위: %)

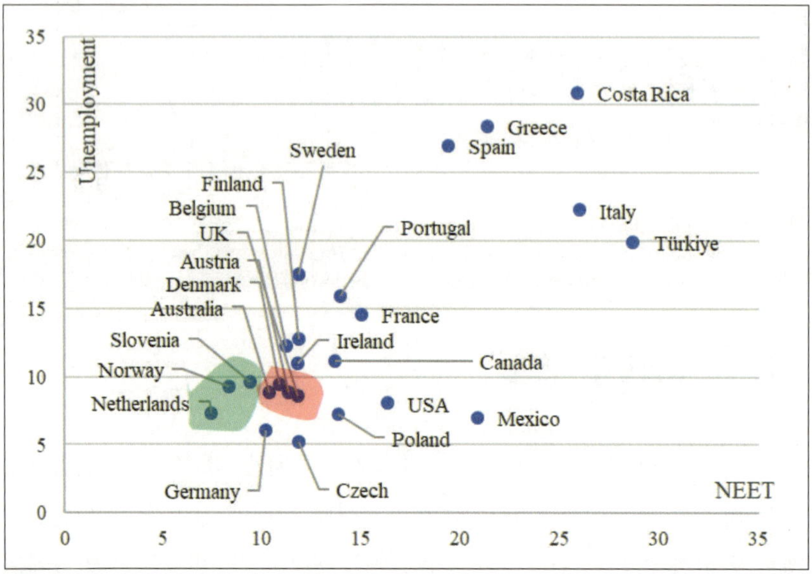

자료: OECD. OECD Data Archive. Youth not in employment, education or training (NEET)

3. 청년 빈곤율

빈곤율은 상대적인 개념이다. 즉, 실질적 빈곤상태로 해석하기 보다는 '빈곤에 빠질 위험'(Baniya, 2023.4.10.)으로 해석할 필요가 있다. 동시에 소득편중(불평등)의 문제로 볼 여지도 존재한다. 그럼에도 빈곤율 지표는 앞서 살펴보았던 여러 지표와는 결이 다른 모습을 보인다([그림 3-8]). 특히 북유럽 국가의 높은 수치가 가장 주목되는 부분이다. 북유럽 국가와 남부유럽 국가에 비하면 프랑스 독일이 상대적으로 매우 양호한 편에 속한다. 아일랜드의 낮은 수치도 눈여겨 볼 필요가 있다. 남부유럽의 경우 2010년 경제위기의 영향이 드러나고 있지만, 전체 유럽 국가 내에서 2010년대 중반을 기점으로 청년 빈곤율 지표가 개선되는 경향을 보인다. 종합하자면, 북유럽과 남부유럽 국가의 청년층 사이의 소득격차가 크게 나타나고 있으며, 하위 계층에 속하는 청년층이 실제 빈곤에 빠질 위험이 크다고 할 수 있다.

[그림 3-8] 유럽 주요국 청년층(15~29세) 빈곤율 장기 변동

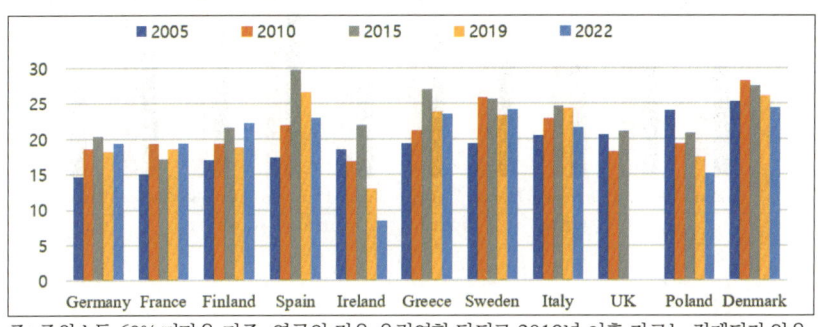

주: 중위소득 60% 미만을 기준. 영국의 경우 유럽연합 탈퇴로 2019년 이후 자료는 집계되지 않음.
자료: Eurostat(2023c). At-risk-of-poverty rate by poverty threshold, age and sex. 자료를 이용하여 저자 작성

빈곤율 격차는 전체 인구 빈곤율과 청년층 빈곤율의 차이를 나타낸다. 하지만 천체에는 청년층이 포함되어 있기 때문에 격차를 다소 희석시키

는 효과를 지닌다. 그럼에도 덴마크, 스웨덴, 핀란드의 빈곤율 격차는 매우 높은 수준을 보이고 있다([그림 3-9]). 앞선 그래프와 비교하자면, 북유럽 국가의 전체 인구 빈곤율은 청년층의 빈곤율에 비해 매우 낮다는 것을 의미한다. 다만 지난 20년간 격차가 줄어드는 모습을 보인다. 남부유럽 국가(그리스, 이탈리아, 스페인)의 빈곤율은 전체 인구와 청년층 모두에서 높게 나타나고 있다. 청년기를 지나 성인이 되어도 소득격차가 유지된다는 뜻이다. 아일랜드의 경우 오히려 청년층 빈곤율이 전체보다 낮은 모습을 보인다. 프랑스와 독일은 빈곤율 격차가 크지 않으면서, 전체 빈곤율의 수준도 상대적으로 양호한 상태를 유지하고 있다. 다만, 프랑스 청년 빈곤율과 전체 빈곤율의 격차는 5% 포인트 내외로 작지만, 은퇴자(65세~74세) 빈곤율과의 격차는 10% 포인트로 매우 높은 수준이다(2019년, 18세~29세 청년 기준).

[그림 3-9] 유럽 주요국 청년층의 빈곤율 격차와 장기 변동

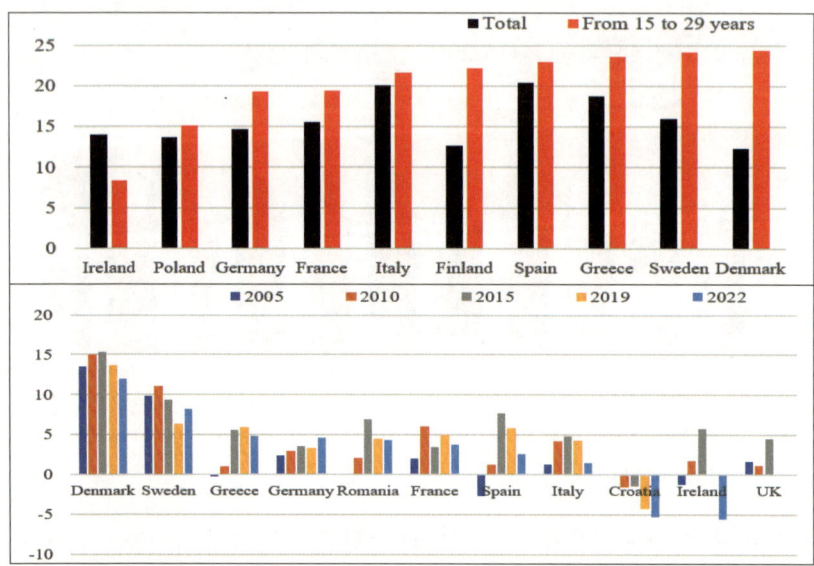

자료: Eurostat(2023c). At-risk-of-poverty rate by poverty threshold, age and sex. 자료를 이용하여 저자 작성

4. 평균 학교생활 기간

지난 30년간 평균 학업수행 기간은 크게 늘었다([그림 3-10]). 이 증가세는 호주, 아일랜드, 북유럽 국가에서 두드러진다. 앞서 언급한 아일랜드의 낮은 니트층 비중을 설명해 줄 단서이기도 하다. 또한 노동시장에서 안정적인 일자리를 구하는 연령이 크게 증가했을 가능성을 내포하기도 한다. 실제 프랑스에서 해당 연령은 1975년 20세에서 2019년 27세로 증가했다. 동시에 니트층 증가와 관련하여 이러한 경향성은 청년층 내 교육격차의 확대를 의미하기도 한다. 북유럽 국가의 높은 수치는 평생교육 제도의 정착에 따른 것으로 해석한다면, 동유럽(크로아티아, 루마니아) 국가의 짧은 기간은 전체적인 경제수준과 관련이 있을 가능성을 배제할 수 없다.

[그림 3-10] 세계 주요국의 평균 학교생활 기간(School life expectancy)

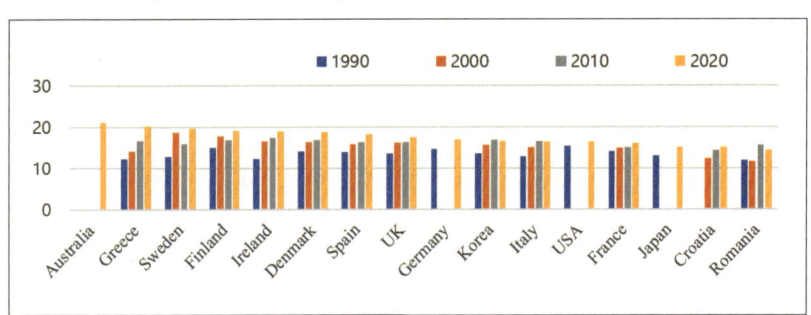

자료: UNESCO, Data extracted from UIS.Stat(http://data.uis.unesco.org/)(2023.8.20.)

학업수행 기간의 증가는 노동시장 진출 연령의 지연을 의미한다. 시간제 일자리 등을 통해 학업과 직업활동을 병행할 수 있지만 안정적 일자리 획득을 통한 경제적 자립은 그만큼 늦어질 수밖에 없다. 즉, 사회경제적 불안정성이 증가하는 구조적인 배경이다. 따라서 학생에 대한 사회안전망 강화는 불가피한 과제로 보인다. 이 때문에 다음 중에서는 청년층을 대상으로 하는 각국의 주거, 최저소득, 실업보험제도에 대해 알아본다.

본 연구는 분가 연령을 출발점으로 청년세대들이 성인으로 이행되는 과정이 과거 50년 동안 어떻게 변하고 있는지를 살펴보고 있다. 하지만 분가(주거독립)는 교육 수료, 노동시장 진입과 취업, 결혼, 출산 등과 병렬적인 관계를 맺고 있으며, 이러한 사회경제적 지표 및 현상은 실질적인 성인, 즉 독립적이고 자립적인 성인으로 전환을 파악하는 데 중요한 설명변수를 구성한다. 따라서 본 장에서는 노동시장 진출 연령과 첫 출산 연령 그리고 교육기간의 변화를 살펴보기로 한다.

가. 노동시장 진출 연령(첫 취업)

전 세계 국가의 노동시장 진출 평균 연령에 관한 통계자료는 찾기 어렵다. 시간제 일자리 등의 일자리뿐만 아니라 전일제, 정규직 일자리에 이르는 평균 연령에 대한 전 세계 비교 데이터를 확보하지 못했다. 다만 연령별 고용률을 통해 노동시장 진입 연령의 변화는 가늠할 수 있다. 고용률은 실업률보다 고려해야 할 변수가 적기 때문이다. 먼저 1985년, 15세-24세의 청년고용률은 미국, 영국 등 자유주의 모델 국가(호주 포함, 아일랜드 제외)군에서 60%에 근접하거나 넘어섰다. 덴마크, 스웨덴 등 북유럽 국가에서도 비슷한 수준으로 높게 나타났다. 반면, 2020년 동일 연령층에서 60% 이상의 고용률을 기록한 나라는 아이슬란드(62.2%), 네덜란드(69.9%)를 제외하고 존재하지 않는다. 남부유럽 국가의 경우 예나 지금이나 매우 낮은 고용률을 보이고 있으며, 그리스의 경우 고용률이 절반 이상 하락했다. 한국의 남부유럽 국가와 유사한 수치를 보이지만, 35년간 변화가 크게 나타나지 않았다는 점이 이목을 끈다. 미국의 경우 큰 폭의 하락을 기록한 반면, 영국와 북유럽 그리고 독일의 경우 높은 수준에서 크지 않은 하락 폭을 기록했다. 다만 스웨덴의 경우 두 연령층 모두에서 급격한 하락 폭을 경험했다. 스웨덴과 몇몇 나라를 제외하면, 15-29세 연령의 고용률의 변화는 크게 나타나지 않았다. 25세 이상 29세 이하의 연령층에서 취업이 확대된 결과로 풀이된다. 데이터가 존재하는 몇 개 국가를 중심으로 보다 자세히 살펴보자.

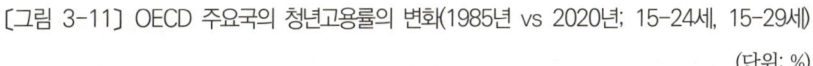

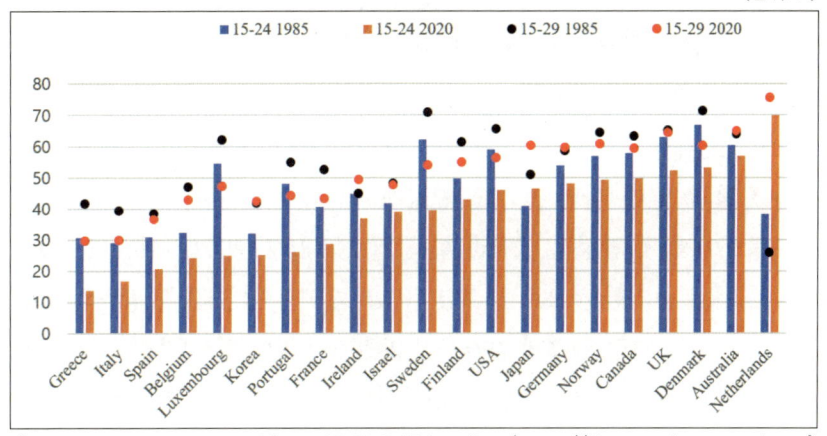

자료: OECD. Data extracted from OECD DATA archive(https://data-explorer.oecd.org/) (2023.8.20.)

자유주의 모델(영국, 미국, 아일랜드) 중 영국은 50년 전에 비해 첫 취업 연령이 2-3년 정도 늦춰졌다. 전후(1946-64년)세대는 12-13세, X세대(1965-80)가 13-14세, 밀레니얼(1981-96) 세대가 14.5-15.5세인 반면, Z세대(1997-2012)는 16세 이상으로 나타났다(Moneypenny, 2021.4.9.). 단 2018년 기준 전일제 근무를 시작하는 평균 연령은 19세이다. 영국 청년들의 노동시장 진출 연령은 매우 빠르게 늦어지고 있다. 1998년 16-17세의 고용률은 47.5%였으나, 2018년 25.8%로 하락했으며, 18-24세 역시 66.7%에서 62%로 5%p 가까이 하락했다. 노동시장 진출 연령이 늦어짐과

동시에 65세 이상 고용률이 증가하여(5%에서 10.4%로) 노동시장 탈출 연령도 늦어지고 있음이 발견된다(statista 홈페이지). 1998년과 2018년 사이 전일교육(시간제 노동을 하지 않고 교육만 전념하는 시기)에서 벗어나는 연령이 17.8세에서 19.3세로 1.5세 증가했다. 교육기관에 머무는 시기가 길어진 것이다(Office for National Statistics, 2019.2.18.).

아일랜드의 연령 변화가 크지 않다. 2006년 조사 시 18세부터 전일제 취업 비중이 빠르게 늘어 26세에 80%에 도달하고, 30세에는 82%까지 증가한 반면, 2016년 조사에서는 26세는 71%, 30세는 76%로 그 수준이 낮아졌다(Central Statistics Office, 2023a). 그 결과 연령별 집단(코호트) 중 절반 이상이 전일제 노동에 종사하는 시점이 2006년 21세였다면, 2016년 23세로 증가했다. 노동시장 진출 시기가 늦춰졌고, 개인차가 커졌다고 할 수 있다. 다만 첫 취업 연령에 대한 통계는 찾기 어렵다.

프랑스에서 첫 안정적 일자리 획득 연령이 1975년 20세에서 2019년 현재 27세로 증가한 것으로 알려졌다(Dor, 2019.10.31.). 프랑스의 경우 노동시장 진입 연령은 크게 증가하진 않았지만, 안정된 일자리 즉 정규직(CDI) 일자리를 확보하는 평균 연령은 최근 30세에 가까워졌다. 이에 따라 Viard는 프랑스 사회에서 이행기 청년세대가 실질적인 성인(어른)이 되는 연령을 30세로 보고 있다(Viard, 2019; Dor, 2019.10.31.에서 재인용).

나. 출산 연령

전 세계 상황을 살펴보자. 여성들의 첫 출산 평균 연령 측면에서 세계적인 흐름 중 가장 돋보이는 국가는 한국이다. 지난 20년 동안 가장 급격하게 증가했기 때문이다. 29세에서 33.4세로 4년 5개월가량 지연되었다. 동유럽 국가를 비롯하여 산업화 단계에 있는 개발도상국의 경우 상대적으로 낮은 연령(30세 미만)에 첫 출산을 경험한다. 남미국가의 경우 오히려 출산 연령이 하락하거나 정체하는 경향을 보인 반면(멕시코, 콜롬비아 등) 동유럽 국가의 경우 빠르게 증가하는 흐름을 보인다(루마니아, 헝가리). 이는 가족주의 영향이 아닌 산업화의 정도와 가부장 문화 그리고 여성의 사회진출과 연관된 것으로 추정할 수 있다. 미국을 포함한 소수의 국가를 제외하고 OECD 국가의 대부분은 30세 이상을 기록하고 있다.

국가군별 차이가 두드러지게 나타나진 않는다. 자유주의 모델(영국, 미국, 아일랜드, 호주)은 상대적으로 낮은 연령에 출산을 경험하지만, 아일랜드는 다른 분야에서도 나타난 것처럼 남부유럽 국가군에 가깝다. 1970년을 기준으로 보면 아일랜드의 첫 출산 연령이 가장 높았으며, 2021년 현재 한국과 더불어 가장 높은 연령을 기록하고 있다. 북유럽 국가군(핀란드, 덴마크, 스웨덴)은 사실상 동일한 흐름을 보인다. 다른 국가군과 비교했을 때, 1970년과 2000년, 2020년 사이의 큰 변화를 보인다. 즉 출산 연령이 급격하게 증가했다. 고등교육 진학률과 교육기간의 확대가 급하게 진행된 까닭으로 풀이된다. 스페인, 이탈리아, 그리스 등 남부유럽 국가군의 경우 북유럽 보다 높은 연령을 보이지만 유사한 경향을 보인다. 동유럽 국가의 평균 연령은 앞서 언급했듯이 다른 국가들에 비해 낮은 연령에 머물러 있지만 빠르게 증가하는 흐름을 보인다. 마지막으로 서유럽의 프랑스와 독일은 북유럽과 자유주의 모델 국가군 사이에 위치한다.

[그림 3-12] 세계 주요국 여성의 첫 출산 평균 연령(1970년, 2000년, 2021년)

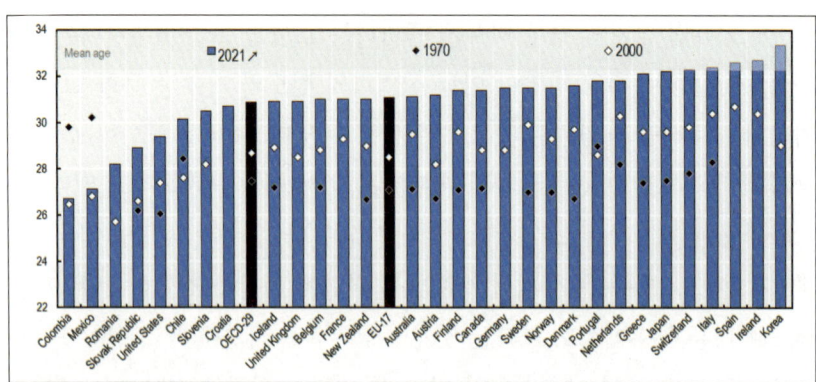

자료: OECD, OECD Family Database(https://www.oecd.org/els/family/database.htm). (2023.8.20.)

다. 진학률

전 세계 고등교육(3단계; 초등, 중고등 이후의 교육단계) 진학률은 1970년도 10%에서 2020년 40%까지 증가했다. 주요국의 평균 교육 기간을 살펴보면, 1970년 5-9년 사이에서 2020년 11년 이상으로 증가했다. 국가별 특징을 살펴보면, 미국이 가장 작은 변화폭을 보인다. 미국은 50년 전에도 이미 평균 교육기간이 11년을 넘어섰으며, 2020년은 13.3년으로 소폭 증가했다. 이 같은 현상은 스위스와 호주에서도 비슷하게 나타난다. 유럽 국가 사이의 차이는 크게 나타나지 않지만, 아일랜드의 기간이 세계 최고 수준이며, 핀란드와 오스트리아의 학업기간이 상대적으로 짧은 것은 주목할 만한 부분이다. 프랑스와 독일은 지난 50년간 6년 이상 증가했으며, 한국과 대만은 7년 이상 증가했다. 학업기간의 증가가 노동시장 진입 연령의 증가로 이어질 수 있지만, 노동과 교육이 동시에 이뤄지는 제도가 활성화되어 있는 독일과 북유럽의 경우는 학업기간의 증가를 상대화할 필요가 있다.

[그림 3-13] 전 세계 고등교육 진학률과 주요국의 평균 교육기간

(단위: %, 년도)

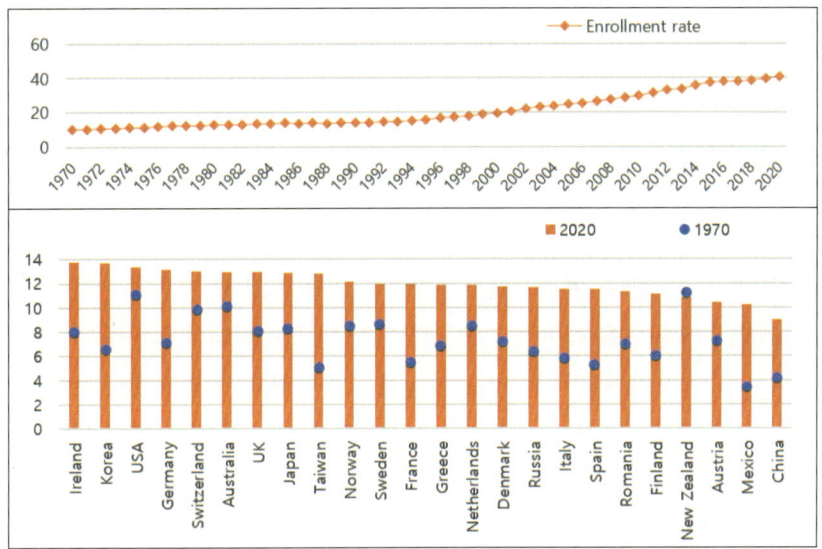

주: Average years of schooling: 15-64세 인구의 평균 교육 수행 기간(공식 교육기관). 전체 인구의 평균 기간이기 때문에 청년세대의 평균 교육 기간을 포착하기는 어렵지만, 1970년대와 비교를 통해 볼 때, 크게는 7년 이상 증가한 나라(대만)도 존재한다. 이 수치가 전체 인구의 평균 교육기간이며, 주로 교육은 29세 이하 청년 시기에 집중적으로 이뤄짐을 감안할 때, 이 기간 청년세대의 학업기간이 평균값의 변화만큼 증가했다고 유추할 수 있다.
자료: (좌) World Bank(2023). World Bank Education Statistics, (우) Barro, Jong-Wha(2015). Education Matters: Global Schooling Gains from the 19th to the 21st Century.

5. 성인 이행의 시기와 과정: 인식[11]

가. 부모와의 동거 연령

ESS(각주 참조) 결과에 따르면, 2018년 유럽 국가 시민들이 생각하는 부모와의 동거 제한 연령, 즉 부모와 동거가 허용되는 최대 연령은 2006년

---

[11] 본 장의 데이터는 모두 2018~2020년에 진행된 European Social Survey Round 9 중 Timing of Life 조사 결과와 이를 바탕으로 작성된 보고서(Billari. et al., 2021)의 내용을 바탕으로 한다.

조사 결과 연령보다 약간 높아졌다. 다시 말하자면, 평균적으로 유럽인들은 과거 12년 전보다 좀 더 높은 연령까지 부모와 동거할 수 있다고 여기는 것이다. 다만, 국가별 편차가 크고, 시기별 차이가 크게 나타나지 않아 유의미한 흐름이라고 보기는 어렵다. 동시에 조사대상은 청년층이 아니라 15세 이상 전 연령대라는 점을 감안해야 한다. 즉, 청년세대 스스로 생각하는 분가연령이 아니다.

국가별로 비교해 보면, 실제 분가가 이뤄지는 연령 추이와 유사하다. 남부유럽과 동유럽 국가들이 매우 높은 연령을 보이고, 북유럽이 가장 낮은 연령에 위치한다. 예를 들면, 덴마크 시민들은 25세 이후에는 자녀(스스로)가 주거 독립을 해야 한다고 생각하는 반면 이탈리아 국민들은 33세까지는 부모와 함께 지내는 것도 가능하다고 여긴다. 지리적으로 보면 지중해 연안 국가들의 연령이 높고, 위도가 높은 북유럽 및 발트해 연안 국가들의 경우 낮은 연령을 선호한다. 다만 실제 분가연령 통계와 비교할 때, 인식이 현실을 만들어내는 것인지, 반대로 현실이 인식을 구축하는 것인지에 대한 면밀한 조사가 필요하다.

[그림 3-14] 유럽 국가의 부모와의 동거 제한 연령에 대한 인식(2006~7년 조사, 2018~9년 조사)

(단위: 세)

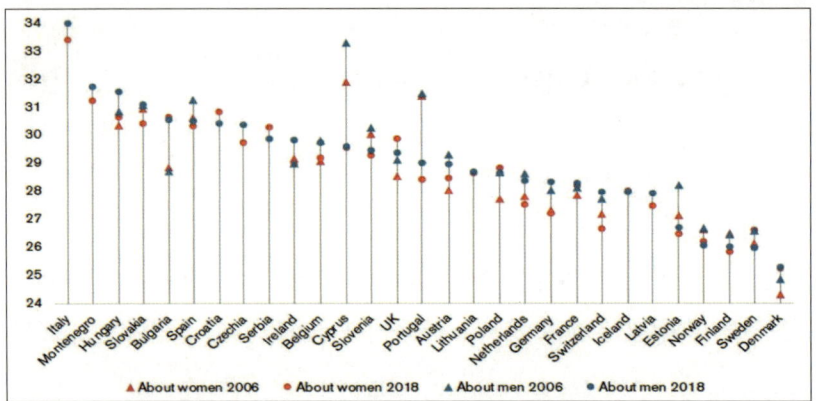

주: After what age would you say a woman/man is generally too old to still be living with her/his parents? 문항 활용
자료: European Social Survey Round 9, 2018, and Round 3, 2006.

나. 성인으로 이행을 결정짓는 네 가지 요소: 분가, 일자리, 동거(혹은 결혼), 부모되기

청년층이 첫 전일제 혹은 정규직 일자리를 확보하는 평균(혹은 바람직한) 연령에 대한 국제적 통계가 부재할 뿐 아니라 이와 관계된 인식조사도 없다. 다만, 2006-7년 ESS 결과를 바탕으로 한 연구물을 통해 성인으로의 이행에 있어 안정적 일자리 확보가 얼마나 중요한 요소인지에 관한 국가별 인식의 차이를 살펴볼 수 있다(Spéder et al., 2014). 하지만 15년 이상의 과거 자료이며, 비교할 다른 시점의 조사결과가 없기 때문에 분석에는 한계가 따른다.

이 조사 결과는 분가와는 다른 차이를 보여준다. 먼저 북유럽 국가들은 '분가', '안정적 일자리', '동거', '부모되기' 중 성인을 결정짓는 가장 중요한 요소를 분가라고 본다. 이는 현실과 이어지는 결과이다. 상대적으로 매우 이른 연령에 분가가 이뤄지는 프랑스의 경우 분가보다는 안정적 일자리를 중요한 요소로 꼽았다. 영국과 아일랜드 역시 분가보다 일자리를 택한 비중이 2배가량 높았다. 아일랜드가 영국과 비슷한 결과를 보인 점은 주목할 만하다. 가족과 관련된 문제에 있어, 영국과 북유럽은 강한 개인주의적 성향을 드러내는 반면, 아일랜드는 남부유럽과 유사한 강한 가족주의 특징을 드러냈다. 하지만 어른되기의 필수 조건으로 일자리를 택한 것은 영국과 아일랜드가 공유하고 있는 높은 수준의 고용 불안정성, 혹은 유연성 때문인 것으로 추측된다.

분가와 일자리의 중요성을 비슷한 수준으로 인식하는 네덜란드와 독일, 스페인을 제외하면 대다수의 국가에서 일자리의 중요성이 높게 나타났다. 스페인을 제외한 남부유럽과 동유럽 국가의 경우 일자리만큼 동거와 부모되기가 성인이 되는 주요 결정요인을 보고 있다. 따라서 국가군별 차이는 두드러지지 않는다.

제5절 소결

본 장은 이행기 청년세대의 사회경제적 자립의 중요한 척도가 되는 주거독립에서 출발하여, 청년들의 평균 분가 연령의 국가별 차이를 다양한 측면에서 분석하고자 했다. 이를 위해 지금까지 자본주의 경제체제, 복지체제, 복지-성장체제를 다룬 기존 연구가 제공한 유형화를 기반으로 5개 청년체제와 대표국가를 설정하였다. 이 가설을 검증하기 위해 첫째 가장 직관적인 요소로 보이는 주거정책을 살펴보았으며, 이어 대표적인 공공부조인 기초소득(최저소득)제도의 적용범위(청년세대 포괄 여부)와 가족주의 전통의 정도, 실업급여 및 실업부조제도의 관대성과 적용 대상, 마지막으로 청년세대를 겨냥하는 청년고용정책과 소득보장정책의 특징을 검토하였다. 분석 결과는 다음과 같다.

먼저 사민주의 경제체제와 강한 복지체제의 특징을 지닌 북유럽형 청년체제는 일반적인 사회보장제도를 15세 이상 29세 이하의 청년층에게 적용하기 보다는 학생이라는 신분에 대한 경제적 지원을 통해 이들의 사회경제적 안전망을 구축하고 있다. 학업(학생)수당, 장학금, 공공 대출이 그것이다. 이들 국가에서 가족주의 전통이 약하게 나타나긴 하지만 18세=성인이라는 인식은 여러 제도에서 드러난다. 또한 부분적으로 국가별 차이도 드러난다. 그러나 교육의 연속성이 떨어지는 대신 일과 학업을 병행하는 평생교육제도는 이러한 학업 관련 지원과 유기적으로 결합하고 있는 셈이다. 물론 지원액의 규모가 크다고 볼 수 없다. 높은 물가수준, 부동산 거품, 여타 지원금으로부터의 배제 등이 존재하기 때문이다. 이는 해당 국가의 청년빈곤율과 빈곤율 격차를 통해 드러난다. 이를 종합해 보면, 이들의 청년정책 및 제도는 북유럽형이라는 이름의 유형화가 가능할 정도의 특징을 지닌 것으로 볼 수 있다.

남부유럽형 역시 비슷한 결과를 보인다. 겉으로 보이는 청년세대의 사회경제적 불안정 지표의 이면에 있는 다양한 정책을 검토한 결과 청년세대에게 비우호적인 제도적 환경이 발견되었다. 최저소득의 경우 연령제한이 존재하고, 주택 관련 지원 역시 매우 낮은 수준이다. 게다가 EU로부터 막대한 자금을 지원받아 청년보장 정책을 시행하고 있지만, 청년실업률의 개선 효과는 그만큼 크지 않다. 적극적 노동시장 정책의 부재나 일자리 창출을 위한 구조개혁의 부족을 의심해 볼 수 있다. 달리 말하자면, 남부유럽 국가의 경우, 사회보장제도 내 가족주의 전통이 비교적 강하게 유지되고 있음이 확인되었다. 그러나 이들 국가가 보이고 있는 높은 분가연령은 이러한 전통만으로 설명되지 않는다. 이는 후술하게 될 설문조사 결과에서도 확인되는 내용이다. 오히려 사회 전반의 높은 실업률과 압도적으로 높은 수준의 청년실업률로 인한 청년층의 고용불안이 주거독립을 가로막는 주된 장애요인임을 알 수 있다. 이 같은 청년실업률의 원인이 실업보험제도와 같은 사회보장제도의 관대함에서 찾기는 어렵다. 이탈리아의 경우 상대적으로 관대한 조건을 지니고 있지만, 스페인과 그리스의 실업급여 수급조건은 독일과 프랑스의 그것과 크게 다르지 않기 때문이다. 이들 국가의 높은 청년실업률이 일시적인 현상이 아님을 감안할 때, 이는 수요측면에서 직업훈련과 같은 교육제도과 청년층을 노동시장에 편입시키기 위한 적극적인 노동시장정책의 미진함, 공급측면에서는 일자리 창출의 핵심 역할을 하는 산업정책의 부재로 인한 결과로 판단된다. 이러한 이유로 남부유럽형 체제 역시 유형화가 가능할 정도의 유사성을 공유하고 있음이 확인되었다.

반면 프랑스와 독일이 대표하는 서유럽형 모델은 유형화가 가능할 정도로 유사성을 지닌다고 보기 힘들다. 물론 일정 부분 공통점을 찾을 수 있다. 상대적으로 전체 교육기간이 그다지 길지 않고, 빈곤율 격차 역시 크지 않다. 하지만 독일은 오래전부터 직업훈련에 특화된 제도를 구축해 왔으며, 프랑스는 국가가 적극적으로 노동시장에 개입하여 수요자와 공급자를 매개하고, 구직자를 관리하며, 각종 유인책을 통해 채용 및 취업을 독려하는 정책을 구사해 왔다. 청년정책이 본격적으로 시행된 이후 독일은 기존의 제도를 유지하는 반면, 프랑스는 방향을 전환했다. 구직자 관리 중에는 직업훈련교육 소개 및 독려 기능이 존재하는데, 이를 강화하기 시작했다. 기존에 촘촘하게 구축된 공공고용서비스(미씨옹 로깔 mission locale, 고용센터)를 통해 불안정 청년세대에게 취업 능력과 의욕을 고취시키기 위한 프로그램을 적극적으로 가동하기 시작했다. 스웨덴과 독일의 중간모델에 접근한 것이다. 그리고 그 결과는 가까운 미래에 도출될 것으로 보인다. 따라서 독일과 프랑스가 대표하고 공유할 수 있는 청년체제의 특징이 뚜렷하다고 볼 수 없다.

　자유주의 유형은 더욱 그러하다. 앞서 살펴본 것처럼 청년정책을 중심에 둘 때, 미국, 영국, 아일랜드 사이의 유사성은 찾아보기 힘들다. 복지서비스의 사유화(개인화) 측면에서 보면 공통점을 찾을 수 있겠지만, 청년정책의 경우 공유할만한 특징이 존재하지 않는다. 그 이유는 첫째, 아일랜드는 유럽연합 회원국으로서 EU의 지원을 받기 때문이다. 둘째, 영국과 미국 두 나라의 경우, 양국 청년들이 마주하는 사회적 위험의 종류가 크게 다르다. 미국 정부가 집중하는 위험은 범죄, 약물, 가출 청소년 등의 문제인 반면, 영국은 청년실업임에도 불구하고 영국정부는 관련 정책을 적극적으로 구사하지 않고 있다. 따라서 자유주의 유형의 청년체제를 유형화하기 위해서는 청년 문제에 대한 정부의 낮은 개입도, 노동연계형(workfare)방식 선호, 시장 중심적 접근이라는 특징을 지닌 국가의 사례를 물색 및 분석해 볼 필요가 있다.

　마지막으로 동유럽형은 본 고에서 다룬 루마니아와 크로아티아만의 사례를 가지고 유형화하기 어렵다는 근본적인 문제를 지닌다. 다만 이론적으로 개도국이라는 경제적 수준과 복지제도 전반이 아직 견고해지지 않은 상태를 감안하면, 이들의 공통점은 뚜렷하게 설명된다. 청년층에 대한 다양한 제도는 구축되어 있으나, 지원의 규모가 매우 열악하다는 점이다. 경제수준과 가족주의 전통의 강도가 일정 부분 연관되어 있다고 볼 때, 적극적인 청년 지원 정책은 기대하기 어렵다.

결론을 대신하여 2023년 OECD의 RTM 조사(Risks that Matter Survey) 결과를 살펴보고자 한다. 본 고에서 서술한 내용이 제도와 정책에 관한 것이라면, 이 조사의 결과는 이러한 제도와 정책하에서 거주하는 청년층의 주관적 인식에 관한 것이다. 주관성이 강하게 내포되어 있고, 국가별로 낙관성과 비관성의 정도 차가 존재하기 때문에, 이러한 조사 결과를 바탕으로 그 나라의 정책과 제도를 온전하게 평가하기 어렵다. 상대적이기 때문이다. 그럼에도 이러한 조사는 제도 연구가 놓치거나 증명하기 어려운 부분들을 드러내 준다.

가장 먼저 눈에 띄는 결과는 남부유럽이다. 아래 그림에서 보듯이 남부유럽 18-29세 청년층의 70% 이상은 적합한 주거마련에 대한 근심을 지니고 있었다. 이는 상대적으로 늦은 연령까지 이어지는 부모와의 동거가 전통적 가족주의의 유산에 의한 자발적 선택이 아니라는 점을 의미한다. 달리 표현하자면, 주거독립을 하고 싶어도 하지 못하는 상태임을 보여주는 것이다. 영국과 스페인의 경우 높은 수준의 주거비용이 원인인 것으로 풀이된다. 경제활동이나 소득, 물가와 관련이 되어 있는 소비여력의 경우 대다수 국가 청년층이 가장 위급하다고 느끼는 위험요인이었다. 이러한 구매력에 대한 근심은 국가별 제도의 차이를 크게 반영하지 않는 것으로 보인다. 아래 그림에서 확인할 수 있듯이 노르웨이, 핀란드가 포함된 하위그룹과 스페인, 그리스, 영국 등이 포함된 상위 그룹간 근심 격차는 30%p 이상이다. 국가별 시민들의 낙관성(혹은 비관성)의 정도를 고려한다고 하더라도, 이는 큰 격차이다. 핀란드, 프랑스 청년들이 느끼는 주거에 대한 불안감이 상대적으로 낮은 것 역시 주목할 만하다. 노르웨이, 스위스,

네덜란드, 독일, 벨기에 청년들의 의료 서비스에 대한 낮은 근심도 눈에 띈다. 한국 청년의 경우도, 소비여력이나 의료서비스에 대한 불안은 OECD 국가 중 가장 낮은 수준을 보였지만, 주거문제에 대한 걱정은 높은 수준을 기록했다. 마지막으로 독일을 중심으로 그래프 오른쪽에 위치한 국가의 청년세대는 세 가지 항목에 대한 비슷한 수준의 근심을 표현한 반면, 독일을 포함한 왼쪽의 국가 청년들은 항목별로 큰 격차의 근심도를 나타냈다(리투아니아, 노르웨이 제외). 직관적으로 볼 때, 오른쪽 국가의 청년층은 전반적으로 미래에 대한 강한 불안감 가지고 있는 반면, 왼쪽 국가 청년세대의 경우 그 불안감(혹은 불만족도)이 다소 상대화된 것으로 풀이된다.

[그림 3-15] OECD 주요국 청년층의 분야별 근심도 조사(2022년)

(단위: %)

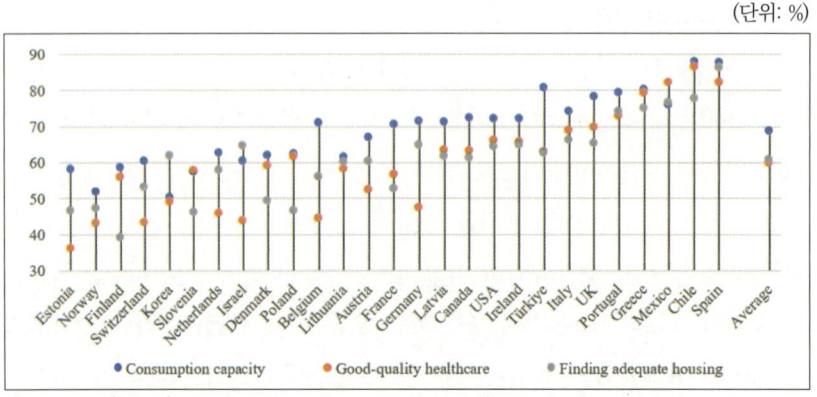

자료: OECD(2023c). Main Findings from the 2022 OECD Risks that Matter Survey, OECD Publishing, Paris, https://doi.org/10.1787/70aea928-en.

제4장

청년 생애사 이행 과정 분석

제1절 분석 개요
제2절 시퀀스 분석 결과
제3절 결합궤적 분석 결과: 노동과 행복의 성별 궤적 비교
제4절 소결

제4장 청년 생애사 이행 과정 분석

제1절 분석 개요

1. 연구 개요

본 연구의 목적은 청년의 생애사적 이행 과정이 어떤 동태적인 변화를 보이고 있는가를 실증적으로 관찰함에 있다. 청년의 삶의 경로가 어떤 변화를 보이고 있는가를 살펴보는 본 연구의 결과는 청년의 삶에 대한 이론적 차원에서의 기여와 정책적 측면에서의 기여를 함께 가질 것으로 기대한다. 청년의 삶의 궤적을 조명하는 접근은 다양할 수 있는데, 본 연구에서는 특히 노동과 가족형성, 그리고 행복에 초점을 두고 이행경로를 관찰하고자 한다. 청년에게 있어 노동시장에의 진입과 가족의 형성은 전통적으로 중요한 생애사적 과업의 성격을 지닐 뿐만 아니라, 선택에 따라 추후 삶에 큰 영향을 미치면서 각기 다른 욕구를 발생시킨다는 점에서 청년의 삶의 경로 이행 관찰에 중요한 의의를 지니게 된다. 아울러 삶의 질에 대한 동태적인 관찰은 청년의 삶이 어떠한가를 압축적으로 드러내는 중요 지표로서 의미를 지니고, 청년기 이후의 행복을 일정 수준 예측한다는 측면에서도 중요하다. 행복 혹은 주관적 삶의 만족은 일시적으로 변동이 큰 현상이 아니며 삶의 경로 가운데 누적되면서 현재에 영향을 미치는 특성을 지니기 때문이다.

본 연구는 청년의 삶의 경로를 파악함에 있어 생애사적 관점과 삶의 다양성이라는 측면에서 초점을 맞추고 있다. 이는 방법론적으로 특정 시점의 삶의 양태를 관찰하기보다는 삶의 궤적을 연쇄적으로 파악하면서, 이와 같은 연쇄가 어떤 주요한 유형으로 대별될 수 있는지 관찰하는 것과 관련이 있다. 따라서 본 연구는 비교적 장기간에 걸친 종단데이터를 활용하여 시퀀스 분석(sequence analysis)과 시퀀스의 유형화(classification), 그리고 복합궤적(joint trajectory)의 검토를 중심으로 분석을 수행하고자 한다.

2. 연구 방법

가. 분석 자료

본 장의 분석은 크게 시퀀스 분석을 통한 청년기 생애사 경험의 이행에 관한 관찰과 노동과 삶의 질의 관련성에 대한 궤적 유형화로 크게 진행이 된다. 여기서 전자의 분석은 한국복지패널을 활용하여 진행한다. 한국복지패널은 취업, 결혼, 출산과 같은 다양한 생애사적 이행 경험을 포괄적으로 관찰할 수 있다는 점에서 분석 목적에 적합하다. 일과 전반적 삶의 만족도 사이의 종단적 관련성에 초점을 두고 있는 후자의 분석은 한국노동패널을 활용한다. 한국노동패널은 비교적 장기간에 걸쳐 노동시장 참여와 이와 관련된 소득의 변화, 삶의 만족도 등을 체계적으로 관찰할 수 있는 자료라는 점에서 이점이 있다. 분석에서 다양한 정보원을 활용하고, 각각에 적합한 통계적 방법론을 적용하고 이를 해석 과정에서 통합하는 과정은 청년의 생애사를 다양한 각도에서 관찰하고 폭넓은 함의를 끌어낼 수 있다는 점에서 유용하다.

한국복지패널은 1차년부터 17차년도까지 수합된 자료를 활용한다. 한국복지패널을 활용한 분석은 생애사 이행 과정을 담고 있는 시퀀스의 출생 코호트 비교를 통한 변화를 관찰한다는 점에서 원자료에 대한 가공 과정이 필요하다. 본 연구에서는 생애사 경험을 취업과 가족력의 두 가지 요소로 구성하고 각각의 조합을 구성하여 상태(status) 변수를 생성하였다.

취업의 경우는 "미취업", "취업"으로 구분하고 가족력의 경우는 "미혼", "기혼", "기혼-출산"의 세 가지 경우를 고려했다. 따라서 상태의 종류는 6가지로 구성된다. 물론, 법적인 혼인 관계가 아닌 상태에서도 출산 경험이 있을 수 있으나, 이는 한국사회에서 아직은 다소 예외적인 경우이며 데이터상에서도 그와 같은 케이스가 거의 관찰되지 않아서 별도로 고려하지 않았다.

출생 코호트의 비교에서 데이터 처리와 관련해서 주요하게 검토할 사항은 분석에서 다루는 생애사의 범위(시퀀스의 길이)와 코호트 집단의 수에 대한 결정이다. 이와 같은 결정은 분석에 활용하는 데이터의 특성에 따라 일정한 제약을 받게 된다. 특히 본 연구에서는 청년기를 25세부터 39세까지 15년의 범위를 설정하여 관찰하기 때문에 패널자료의 성숙도와 케이스의 규모에 따라 분석에 제약이 있을 수 있다. 한국복지패널에 대한 검토 과정을 통해 본 분석에서는 코호트를 출생연도를 기준으로 1971년부터 1981년까지의 출생자와 1982년부터 1993년 출생자의 두 집단으로 구분하였다. 1980년 전후의 경계에 따라 사회적 경험의 중첩은 존재하나 전자의 경우는 청년기 초기에 1990년대 말 외환위기를 경험한 세대이며, 후자의 경우는 외환위기 이후 저성장, 노동시장 유연화 등의 사회적 변화를 초기에 경험했다는 점에서 일정하게 구분되는 사회적 변화 속에서 청년기를 보냈다고 할 수 있다.

한국노동패널은 1차년도부터 19차년도까지의 결합 자료를 활용했다. 결합궤적 분석의 경우 시퀀스 분석과는 달리 별도의 자료 변환 과정 없이 자료에서 제공되는 연속 변수를 그대로 활용하였다. 본 분석의 결합궤적 검토에는 노동시장 참여 시간, 가구소득, 전반적 삶의 만족도를 동시에 검토하고자 한다.

앞서 수행된 시퀀스 분석에서 주요한 비교 지점이 출생 코호트라면 여기서는 성별 차이에 초점을 두고자 한다. 뒤에서 살펴볼 시퀀스 분석 결과에서도 드러나겠지만 성별에 따라 노동시장 참여와 관련된 생애사적 경험에서 일정한 차이가 있고 이와 같은 차이는 노동시장 참여가 가구소득과 삶의 질과 관여되는 메커니즘에서 성별 차이가 있을 수 있음을 뜻하기 때문이다. 복합궤적에 대한 검토에서는 초기 성인기인 20세부터 노동가능연령 경계인 64까지의 전체 범위를 분석에서 활용했다. 이와 같은 접근은 청년기부터 관찰되는 생애사의 경험이 전체 생애에 걸쳐 어떤 변화를 보이는가를 관찰한다는 점에서 이점이 있다. 다만 자료의 한계로 인해서 전체 노동가능연령을 종단적으로 관찰할 수 없는 한계가 있기 때문에 일정 수준 탐색적인 성격을 지니고 있다고 할 것이다.

나. 분석 방법: 시퀀스 분석

시퀀스(sequence)는 사전에 정의된 요소들이 일정한 방식으로 이어진 연쇄 구조를 의미한다. 시퀀스는 특정한 분자의 연결구조를 의미할 수도 있으며, 특정 사건들의 시간적 연쇄 구조를 의미할 수 있다. 본 연구에서 시퀀스는 앞서 언급한 바와 같이 취업과 가족 형성과 관련된 6개의 상태로 구성되어 있다. 시퀀스 분석은 개별 시퀀스들 간 유사성에 대한 최적화 매칭(optimal matching)과 같은 과정을 통해 최적의 시퀀스 유형을 도출하는 기법이라고 할 수 있다(Gauthier, Widmer, Bucher, Notredame, 2010). 시퀀스 분석의 경우 유형수의 결정은 유형간 거리에 대한 덴드로그램에 대한 파악을 통해 위계적 방식으로 진행했다.

본 연구도 시퀀스 분석에 대한 기존의 제언을 참고하여 최적화 매칭을 활용한 시퀀스 분석을 수행하기로 한다. 본 연구에서는 시퀀스 분석과 관련한 함수를 제공하고 있는 통계 언어인 R의 TraMiner패키지(Gabadinho, Ritschard, Müller, Studer, 2011)의 관련 함수를 활용하기로 한다.

시퀀스 분석을 통한 집단 비교는 두 가지 차원에서 이뤄진다. 첫 번째는 기술적인 수준에서 두 출생연도 코호트 사이에 삶의 경로 이행에서 어떤 시점의 차이가 있고, 연령에 따른 경험의 누적이 어떻게 이뤄지고 있는가를 비교하는 것이다. 두 번째 방식은 전체 집단을 대상으로 시퀀스의 유형을 대별한 다음 회귀분석을 통해 코호트에 따라 어떤 경로 이행이 보다 유의미하게 증가하고 있는가를 살펴보는 것이다. 전자가 코호트 사이의 주요 생애사 경험에서의 시차와 연령에 따른 누적에서의 차이를 검토하는 것이라면, 후자는 청년 생애 전반에 걸쳐 관철된 생애사 유형에서 코호트에 따라 속할 확률이 어떻게 달라지는가를 검토하는 것에 관심이 있다. 두 가지 분석을 종합함으로써 코호트에 따른 생애사 이행경로를 입체적으로 이해할 수 있을 것으로 기대한다.

회귀분석의 경우 비교하는 두 코호트 집단의 관측되지 않은 이상성이 있을 가능성이 있기 때문에 성향점수 매칭(propensity score matching, PSM) 과정을 거쳐 샘플을 재구성하는 과정을 사전에 거쳤다. PSM을 위한 조건을 다양하게 구성될 수 있는데, 본 분석에서는 코호트에 속할 확률(성향점수)을 기준으로 두 집단의 최근접(nearest) 케이스를 짝짓는 방식을 택했으며, 샘플의 비율은 1:1로 설정하였다.

다. 분석 방법: 궤적 유형화

시퀀스 분석이 단일 차원의 질적 변화의 연쇄 구조를 다룬다면 결합궤적 분석은 여러 차원의 연속 변수의 변화를 유형화하는 분석 기법으로 정의할 수 있다. 본 연구에서는 노동시간, 근로소득, 행복을 각각 다루는 것이 아니라 각 궤적 결합 방식을 유형화하여 분석하기 때문에 결합 궤적 분석을 활용하는 것이 유용하다. 본 연구에서 활용하는 결합궤적 분석은 기본적으로 군집 분석(cluster analysis)을 시점 간 변화 정보를 담고 있는 개별 궤적으로 구성된 벡터 결합에 적용하는 방법으로 이해할 수 있다. 본 연구에서는 R 언어의 Kml3D 패키지(Genolini, Alacoque, Sentenac, Arnaud, 2015)의 관련 함수를 활용하기로 한다. 유형화 모형(유형수)의 선택은 분석 결과 도출에 중요한 영향을 미친다. 본 연구에서는 유형화 모형에 따른 AIC(Alkaire information criteia), BIC(Bayesian information criteria) 값의 변화를 바탕으로 최적 유형수를 결정하였다.

제2절 시퀀스 분석 결과

1. 생애 주요 사건의 연쇄 구조

아래 [그림 4-1]은 전체 청년 집단의 연령에 따른 생애사 경험의 비율을 제시한 것이다. 먼저 그림의 좌측은 연령에 따라 6개의 상태가 얼마나 변이를 가지고 있는지를 엔트로피 지수를 활용하여 측정한 결과이다. 그림에서 드러나는 바와 같이 31세까지 엔트로피가 증가하는 추세가 있음을 알 수 있는데, 이는 25세부터 31세까지 생애사의 경험이 다양하게 표출된다는 것을 의미한다. 31세 이후부터는 다시 엔트로피가 감소하면서 동질성이 커지는 패턴이 관찰되는데, 해당 연령 이후부터는 취업, 가족 구성 등에서 일정 수준 동일한 경험을 하는 집단이 커지는 상황을 반영한 것으로 이해할 수 있다.

그림의 우측은 네 가지 상태의 연령별 비중을 제시한 것이다. 여기서 여섯개의 상태는 각각 미취업-미혼(1_MiMi), 미취업-결혼(2_MiMa), 취업-미혼(3_WoMi), 취업-결혼(4_WoMa), 미취업-유자녀(5_MiCh), 취업-유자녀(6_WoCh)로 나타냈다. 그림에서 드러나는 바와 같이 초기 시점(25세)의 경우 미취업-미혼 상태와 취업-미혼 상태가 큰 비중을 차지하지만 이후 점차적으로 미취업-출산, 취업-출산의 상태 비중이 커지는 것을 알 수 있다. 최종시점(39세)에서는 취업-출산의 경험 비중이 가장 높은 것을 확인할 수 있다.

[그림 4-1] 전체 집단의 생애사 경험의 연쇄

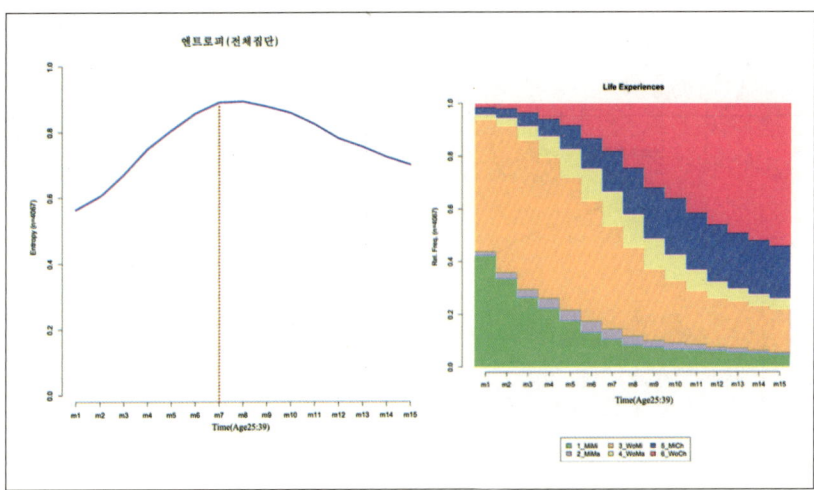

자료: 한국보건사회연구원·서울대사회복지연구소, 한국복지패널 1~17차 원자료

아래 [그림 4-2]는 두 출생 코호트 집단의 생애사 경험의 연령에 따른 엔트로피 변화를 비교한 것이다. 특정 연령을 기점으로 역U자의 패턴을 보이는 것은 동일하나 크게 두 측면에서 차이가 관찰된다. 첫 번째는 엔트로피 감소가 관찰되는 연령이 첫 번째 코호트의 경우 30세에서 형성이 되나, 두 번째 코호트의 경우 33세에 형성된다는 것이다. 생애사 경험의 동질성이 높아지는 과정은 앞서 살펴본 바와 같이 주로 취업과 가족 구성에 따른 것이었는데, 최근 코호트에서 엔트로피 감소가 상대적으로 높은 연령에서 관찰된다는 점은 취업이나 출산의 경험이 전반적으로 유예되고 있음을 뜻한다.

다음으로 중요한 차이는 엔트로피의 감소가 후기 코호트의 경우 전기에 비해서 낮은 수준이라는 점이다. 이는 생애사 경험이 후기 청년기에 이르러서도 다양하게 혼재될 가능성이 크다는 점이며 여기서는 전기 코호트에 비해서 취업을 하지 않거나 미혼, 무자녀 상태의 기혼자가 지속적으로 유지되는 상황이 반영되는 것으로 이해할 수 있다.

[그림 4-2] 두 출생 코호트 집단의 생애사 엔트로피 비교

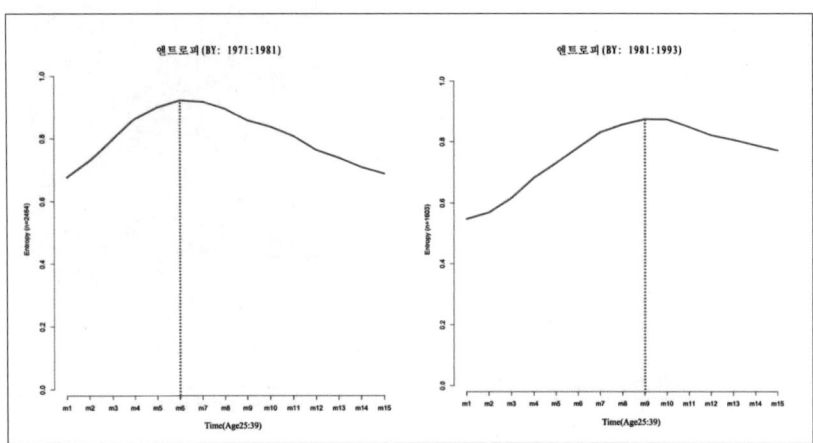

자료: 한국보건사회연구원·서울대사회복지연구소, 한국복지패널 1~17차 원자료

아래 [그림 4-3]은 6개 상태의 연령별 비율 변화를 코호트별로 비교한 결과이다. 좌측의 그림은 전기 코호트(1971년~1981년 출생자)를 의미하며, 우측의 그림은 후기 코호트(1981년~1993년 출생자)를 제시한 것이다. 전반적인 수준에서 볼 때 후기 코호트가 전기 코호트에 비해 근로-미혼(WA-MI) 상태의 비율이 전 연령에 걸쳐 높음을 알 수 있다. 전기 코호트의 경우 해당 상태의 비중이 30세가 넘어가면서 빠르게 감소하는 추세가 관찰되나, 후기 코호트의 경우는 33세 전후에 걸쳐 감소가 비교적 명확하게 관찰되며, 감소 수준 또한 전자에 비해 완만함을 알 수 있다.

30대 후반의 경우 전기 코호트는 취업-(결혼)출산의 경험이 모두 있는 집단(WA-CH)이 과반에 이르는 큰 비중을 차지하고 있으나 후기 코호트에서는 상대적으로 적은 수준인 40% 전후 수준에 머물고 있음을 알 수 있다.

여기서 주목할 점 가운데 하나는 전기 코호트의 경우 분석의 마지막 시점인 39세에 이르러 증가 폭은 감소하지만, 지속적으로 취업-출산 경험을 지닌 집단의 비중이 증가하고 있지만, 후기 코호트의 경우는 그와 같은 증가가 관찰되지 않는다는 점이다. 이는 30대 반 일정 시기부터 생애사 경험의 이행이 정체되는 양상이 최근에 이르러 고착화되는 시사를 준다. 이와 같은 고착화는 다른 유형에서도 관찰되는데, 앞서 엔트로피 변화에 대한 검토에서 후기 코호트의 경우 상대적으로 높은 수준으로 그 수준이 유지되는 상황과 관련되는 것으로 이해할 수 있다.

[그림 4-3] 두 출생 코호트 집단의 생애사 연쇄 비교

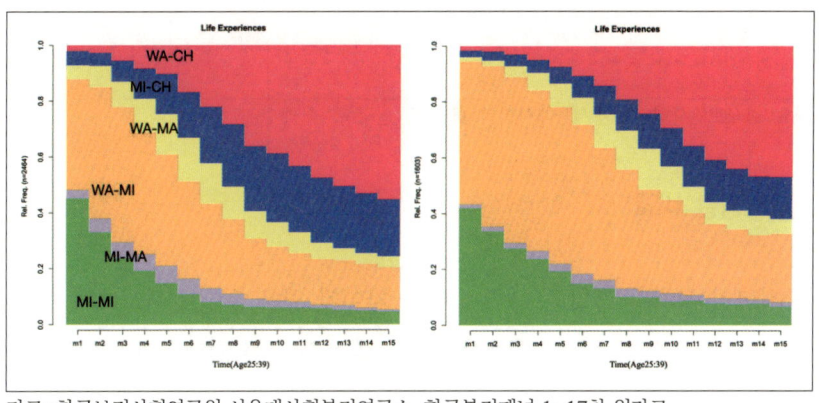

자료: 한국보건사회연구원·서울대사회복지연구소, 한국복지패널 1~17차 원자료.

연령별로 가장 빈번한 상태와 그 비율을 검토하는 것은 생애사의 흐름의 요약적인 이해에 도움을 줄 수 있다. 아래 [그림 4-4]는 코호트별 연령에 따른 최빈(mode) 상태의 변화를 비교한 결과이다. 전기 코호트의 경우 전체 청년기에서 취업-출산이 가장 빈번하게 관찰되는 상태이지만 후

기 코호트에서는 취업-미혼 상태가 가장 빈번하게 관찰되는 것으로 나타났다. 결혼-출산 상태가 최빈 수준으로 등장하는 연령 또한 후기 코호트로 갈수록 미뤄지는 양상을 관찰할 수 있다. 전기 코호트의 경우 결혼-출산이 최빈 상태로 이행하는 연령은 32세였으나, 후기 코호트의 경우 35세인 것으로 나타났다.

[그림 4-4] 코호트별 연령 최빈(mode) 상태 비교

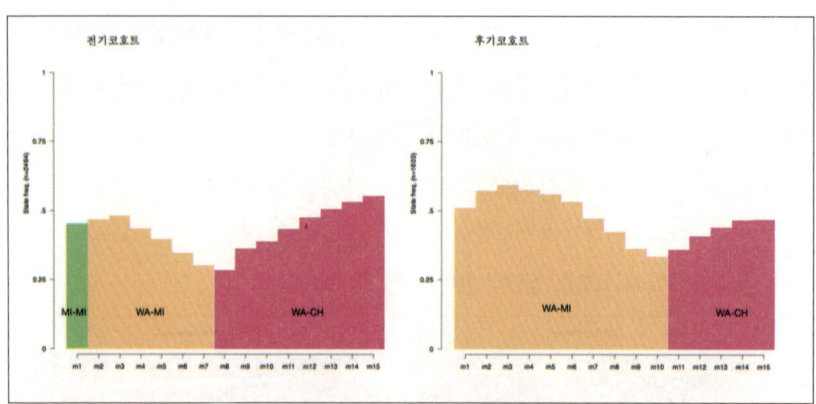

자료: 한국보건사회연구원·서울대사회복지연구소, 한국복지패널 1~17차 원자료.

2. 성별 비교

청년기 생애사 경험은 성별에 따라 차이가 있을 수 있는데, 아래 [그림 4-5]는 남성과 여성의 시퀀스를 코호트별로 비교한 결과이다. 남성의 경우 청년기 후반에 들어 결혼-출산의 비율이 후기 코호트에서 감소한 것을 확인할 수 있다. 전기 코호트에서 여성의 경우 남성과 달리 미취업-출산 상태가 주요하게 관찰되는데, 후기 코호트로 넘어감에 따라 해당 상태가 상당량 줄어든 것을 볼 수 있다. 대신 취업-출산의 상태의 비중이 커졌으며, 다음으로 취업-미혼의 비중이 일정 부분 증가한 것을 확인할 수 있다.

성별의 코호트 간 전반적 변화를 요약하면 남성과 여성 모두 결혼과 출산 경험이 줄어드는 가운데 남성의 경우 결혼 후 출산으로의 이행은 대체적으로 유지되고 있으며, 여성의 경우는 결혼 여부에 상관없이 노동시장 진입 비율이 증가하고 있는 것으로 파악된다.

[그림 4-5] 두 코호트 집단의 생애사 연쇄 비교(성별)

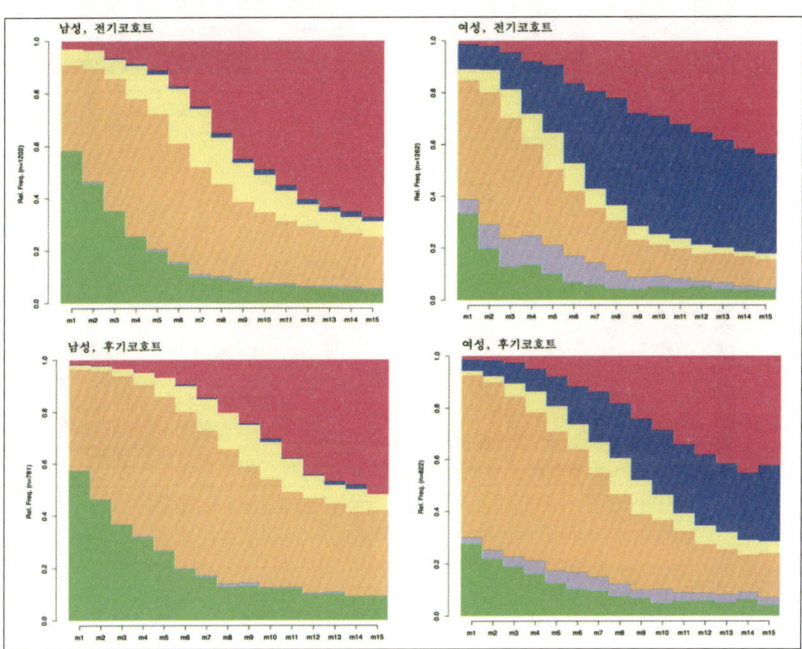

자료: 한국보건사회연구원·서울대사회복지연구소, 한국복지패널 1~17차 원자료

아래 [그림 4-6]은 연령별 최빈 상태를 코호트와 성별로 나누어 비교한 결과이다. 남성의 경우 전기와 후기 코호트에서 시기 차이를 보이면서 최빈 상태의 구성은 유사한 것으로 나타났다. 여성의 경우 주요한 최빈 상태였던 미취업-출산 상태가 후기 코호트에서는 더 이상 관찰되지 않는 특징이 나타났다. 여성의 경우 결혼 전후에 걸쳐 취업상태에 있는 것이 가장 빈번한 상태인 것으로 보인다.

[그림 4-6] 코호트별 연령 최빈(mode) 상태 비교(성별)

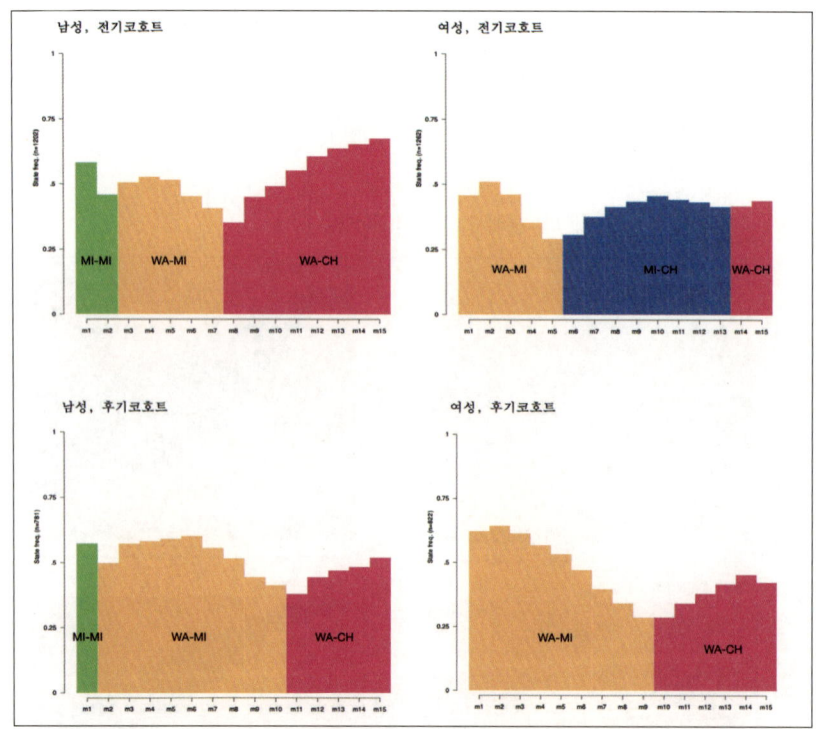

자료: 한국보건사회연구원·서울대사회복지연구소, 한국복지패널 1~17차 원자료

3. 소득 수준별 비교

생애사 이행 경험은 소득 수준에 따라서도 달라질 수 있다. 아래 [그림 4-7]은 소득에 따른 이행경로를 비교한 결과이다. 여기서 소득 집단은 분석에 포함되는 전체 시기의 평균을 활용하여 코호트별 중위값의 50% 미만 집단(P1), 50% 이상 150% 미만 집단(P2), 150% 이상 집단(P3)으로 나누어서 비교하였다.

소득수준은 생애사 경험에 있어 중요한 영향을 미치는 것으로 나타났다. 그림에서 드러나는 바와 같이 소득이 가장 낮은 집단(P1)의 경우 미취업-

미혼이나 취업-미혼 상태가 청년기 전체 시기를 걸쳐 가장 큰 비중을 차지하는 것으로 나타났다. 또한 후기 코호트에 이르러 전기 코호트에서 부분적으로 관찰되던 취업-출산 경험의 비중도 감소한 것으로 나타났다.

다른 소득 집단에서도 취업-출산 경험은 대체로 비중이 줄어드는 패턴이 관찰되었으나 소득이 가장 낮은 집단에 비해서 변화의 폭이 작았으며, 소득 수준이 상승할수록 변화가 작아지는 모습을 확인할 수 있었다.

[그림 4-7] 두 코호트 집단의 생애사 연쇄 비교(소득수준별)

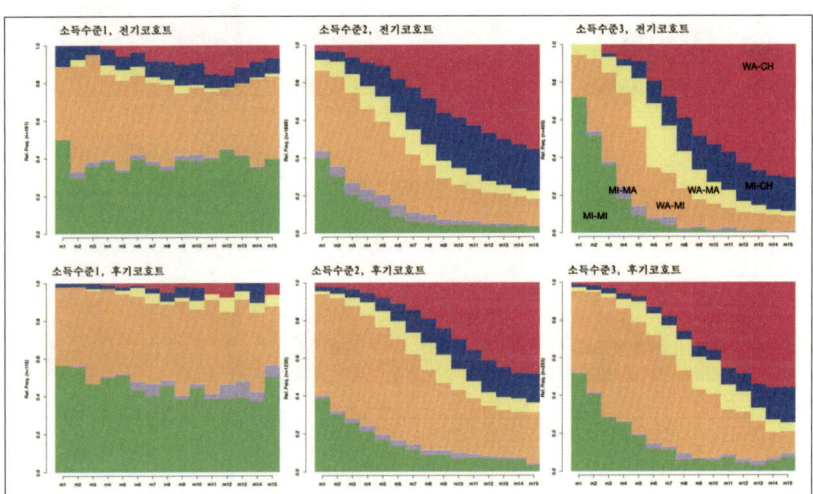

자료: 한국보건사회연구원·서울대사회복지연구소, 한국복지패널 1~17차 원자료.

아래 [그림 4-8]은 소득집단, 연령별 최빈 상태를 비교한 결과이다. 중간 소득집단(P1)과 상위 소득집단(P2)에서 취업-미혼 상태가 전반적으로 최빈 범위가 넓어지는 양상이 관찰되며, 취업-출산 상태가 최빈 수준에 이르는 시기가 최근 코호트로 올수록 미뤄지는 패턴을 확인할 수 있다.

낮은 소득집단(P1)의 경우 다른 집단과 달리 취업-출산 상태가 최빈 수준에 이르는 연령은 없는 것으로 파악된다. 이는 전기, 후기 코호트 모두에서 동일하였다. 다만, 후기 코호트의 경우 미취업-미혼과 취업-미혼의 최빈 상태 변화가 이전 시점에 비해 반복적으로 발생하는 것을 볼 수 있는데, 이는 청년의 고용 불안정성에 따른 상태 변화가 빈번해진 것으로 이해할 수 있다.

[그림 4-8] 코호트별 연령 최빈(mode) 상태 비교(소득수준별)

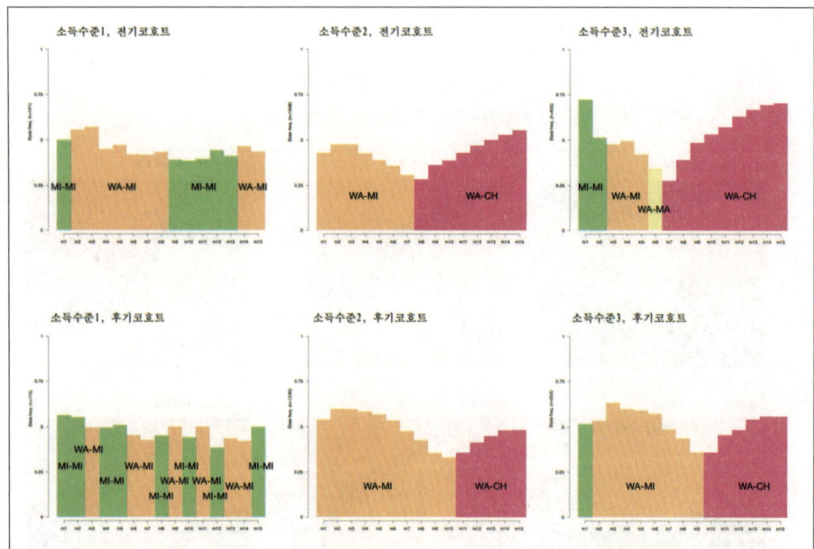

자료: 한국보건사회연구원·서울대사회복지연구소, 한국복지패널 1~17차 원자료

4. 시퀀스 유형화 결과(전체)

앞서 코호트에 따른 생애사 이행의 차이를 검토했다. 지금부터는 생애사 이행의 다양성을 살펴보기 위해서 시퀀스에 대한 유형화를 진행하고자 한다. 시퀀스에 대한 유형화와 코호트별 비교는 크게 전체 집단을 대상으로 유형화를 진행하고 코호트별 소속 비중을 확인하는 방법과 코호트별로 유형화를 진행하여 그 양상을 비교하는 두 가지 방식이 있을 수 있다. 전자의 경우 상대적으로 큰 케이스를 활용하여 유형화를 한다는 점

에서 유형화 결과의 안정성이 있지만, 앞서 살펴본 바와 같이 코호트별로 관찰되는 생애경험의 이행 차이를 민감하게 포착하지 못하는 단점이 있다. 반면, 후자의 경우는 코호트별 차이를 더 풍부하게 다룰 수 있는 장점이 있지만 유형별로 속하는 케이스가 많지 않은 경우 결과 비교에서 안정성이 떨어질 수 있다. 우선 본 연구에서는 전자의 방식을 취해 전체 집단을 대상으로 유형화를 진행하고, 코호트별로 어떤 유형과 보다 관련성이 있는지 파악하고자 한다.

아래 [그림 4-9]는 시퀀스에 대한 유형화 결과를 요약한 것이다. 결과 도출에 앞서 유형의 수를 결정하는 과정이 필요한데, 본 분석에서는 유사성이 높은 유형의 출현과 지나치게 작은 규모의 유형이 출현하는 상황을 관찰하면서 결과를 도출했다. 결과적으로 4개에서 5개 정도의 유형이 적절할 것으로 판단이 되었는데, 본 분석의 목적이 삶의 궤적 유형을 엄밀하게 대별하는 데 있기보다는 생애사적 경험의 이행이 전반적으로 어떻게 달라지고 있는가를 파악함에 있기 때문에 보다 간명한 형태의 모형인 유형 4개를 선택하였다.

시퀀스 유형의 특징을 전반적으로 살펴보기 위해서 아래 그림은 유형별로 연령에 따른 상태 비중을 누적 막대 형태로 제시하였다. 먼저 좌상단의 유형1은 초반에 다양한 유형이 혼재되어 있다가 후반기에 접어들면서 결혼과 출산을 경험하는 집단이 빠르게 큰 비중을 차지하는 흐름을 보여주고 있다. 이 집단은 특히 30대 초반에 이르러 결혼-출산 상태의 비중이 빠르게 변화하고 있는 것을 알 수 있는데, 이 시점에 생애사 경험에 있어 큰 변화가 있음을 알 수 있다. 청년기 후기에 이르러 결혼과 출산을 모두 경험한 비율이 90%를 상회함을 알 수 있다. 부분적으로 취업-결혼(WoMa) 상태와 미취업-출산 상태가 최종시점에서 약 10%를 점하고 있는데, 이들 모두 혼인 상태에 있다는 점에서 공통점이 있다. 따라서 유형1은 절대 다수의 케이스가 혼인 상태로 이행하며, 그 가운데 대부분은 출산 경험을 함께 가지는 "경험누적형"의 이행경로를 따르는 것으로 이해할 수 있다.

우상단의 유형2는 다양한 상태가 혼합되어 있으며, 그 비중이 연령을 따라 일정하게 유지되고 있음을 알 수 있다. 취업-미혼 상태가 가장 큰 비중을 차지하고 있으며, 미취업-미혼 상태의 비중 또한 그 뒤를 이어 큰 것을 알 수 있다. 혼인 경험이 있는 집단은 상대적으로 적으며, 미취업 상태에서 결혼이나 출산을 한 경험이 있는 집단은 거의 없는 것으로 나타났다. 전반적인 수준에서 이와 같은 특성은 유형2가 혼인 상태로의 이행 없이 취업과 미취업 상태 유지 혹은 두 상태를 오가는 특성을 드러낸다고 할 수 있다. 해당 유형은 케이스의 수가 1,488인 유형1과 비교할 때 거의 유사한 규모인 1,393건으로 나타나 유형1과 더불어서 청년기 삶의 궤적을 구성하는 주요 유형인 것으로 나타났다. 유형2는 결혼과 출산으로의 경험 수렴 없이 상대적으로 다양한 상태로 고착되어 유지된다는 점에서 "혼합형"으로 볼 수 있을 것이다.

좌하단의 유형3은 취업-미혼 상태로의 전환과 유지가 두드러진 패턴을 보이고 있다. 이 집단의 이행경로 특성은 20대 중후반에 노동시장으로의 진입이 빠르게 진행된다는 점이다. 80%가 넘는 집단이 28세 전후에 노동시장에 진입한 상태이며 이후 안정적으로 상태를 유지하고 있는 것으로 나타났다. 다만 이 유형은 혼인 상태로의 진입은 낮은 특성을 보였다. 상대적으로 빠른 노동시장 진입과 미혼상태의 유지를 보이는 유형3은 "노동유지형"의 특성을 보인다고 할 수 있다.

끝으로 우하단의 유형4는 청년기 생애사 이행 경험에서 미취업-출산 상태로의 이행이 두드러진 특성을 보이고 있다. 특히, 20대 중반부터 빠른 변화가 관찰되며 대부분의 케이스가 취업-미혼 상태에서 이행하는 특징을 보이고 있다. 다만 부분적으로 취업-출산 경험을 지닌 비율이 증가하고 있는데 이는 이들 유형의 일부가 취업, 결혼, 출산을 모두 경험하는 경우가 있음을 시사한다. 다만 그 비중 변화가 선형적이지 않음을 통해서 출산 시기 등에 따라 취업 경험의 유지에 있어 일정한 차이가 있음을 유추할 수 있다. 유형4는 노동시장으로부터의 이탈과 출산 경험이 대다수를 이룸을 통해 "전업돌봄형"의 청년기 삶의 궤적을 보이는 집단으로 판단할 수 있다.

[그림 4-9] 전체 집단에 대한 시퀀스 유형화 결과(유형수: 4)

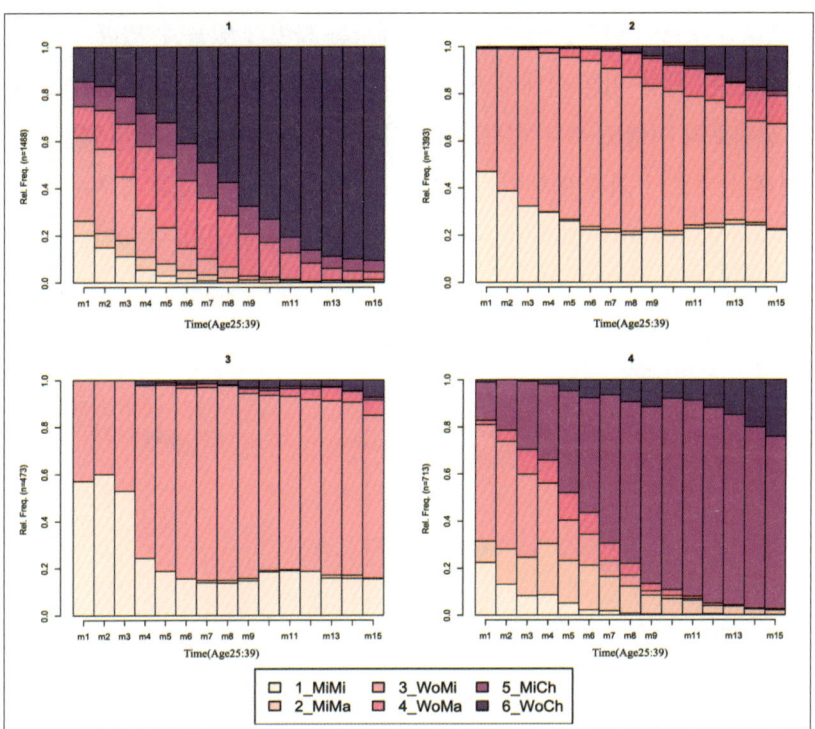

자료: 한국보건사회연구원·서울대사회복지연구소, 한국복지패널 1~17차 원자료.

아래 [그림 4-10]은 유형별로 이전 상태에서 특정 상태로 이행하는 평균 시간을 비교한 결과이다. 상태 이행 평균 시간이 짧게 포착이 된다는 것은 특정 연령대를 쪼개어 분석하는 본 연구에서는 이행 비중이 낮다는 것으로 이해할 수 있으며, 0에 가깝다는 것은 거의 이행이 이뤄지지 않는 것으로 이해할 수 있다.

　유형1의 경우 가장 빈번한 상태인 취업-출산으로 이행하는 경우 평균적으로 이전 상태에서 6년 정도가 소요되는 것으로 나타났다. 취업-출산의 이전 상태라고 할 수 있는 취업-결혼이 약 1년 정도 이행 시간이 소요됨을 볼 때 대략 초기 시점(25세)으로부터 7년 후 해당 시기로 이행하는 것으로 이해할 수 있다. 다만, 여기서는 코호트 구분 없이 전체를 다룬 것이므로 코호트에 따라 평균 이행 시기에서는 차이가 있을 수 있다.

　유형2는 취업-미혼 상태가 가장 주요한 것으로 나타났으며, 미취업-미혼 상태로의 이행도 부분적으로 관찰되는 것을 알 수 있다. 유형3은 취업-미혼 상태로의 최종 이행이 주를 이루고 있으며, 유형 4의 경우는 미취업-출산으로의 이행이 가장 주요한 이행 상태임을 확인할 수 있다.

[그림 4-10] 시퀀스 유형별 상태 도달 기간

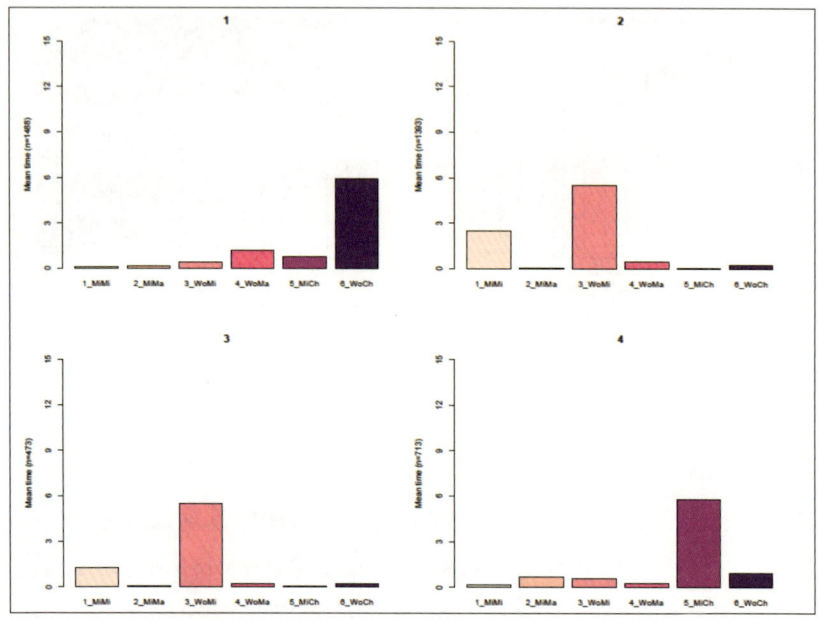

자료: 한국보건사회연구원·서울대사회복지연구소, 한국복지패널 1~17차 원자료

아래 [그림 4-11]은 연령별 최빈 수준을 유형별로 비교한 결과이다. 유형1은 비교적 빠른 시기인 20대 말에 이르러 취업-출산이 최빈 수준을 점하게 되며 이후 점점 그 비중이 확대되어 가는 흐름을 볼 수 있다. 유형2의 경우 전 시기에 걸쳐 취업-미혼이 최빈 상태를 이루고 있었다. 취업-미혼이 주된 최빈 상태라는 점은 유형3도 유사하다. 그러나 유형2의 경우 취업-미혼의 비중이 20대 말까지 상승하다가 다시 지속적으로 감소하는 추세가 관찰되는 반면 유형3의 경우는 약 75% 수준을 일정하게 유지하는 안정적인 패턴을 보였다.

[그림 4-11] 시퀀스 유형 간 연령별 최빈 상태 비교

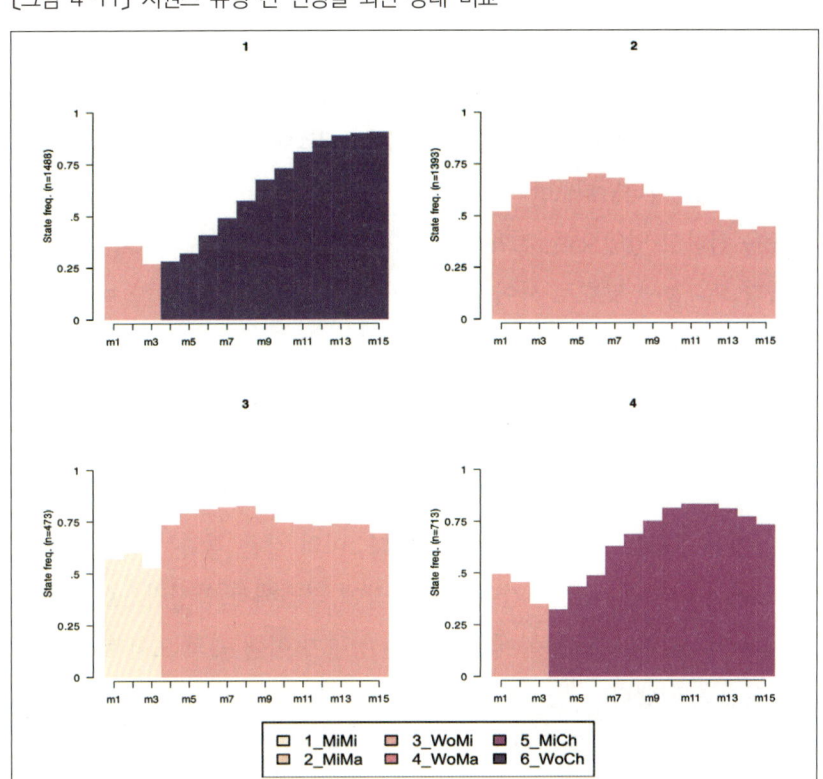

자료: 한국보건사회연구원·서울대사회복지연구소, 한국복지패널 1~17차 원자료

아래 [그림 4-12]는 출생 코호트와 삶의 경로 사이의 관련성을 검토하기 위해서 교차분석 결과를 시각화한 것이다. 이어서 제시한 표는 교차분석과 관련된 수치 정보를 보여주고 있다. 그림에서 가로축은 네 가지 유형을 나타내며, 세로축은 코호트 구분을 뜻한다. 셀의 크기는 케이스의 규모를 보여주는데, 유의미한 수준으로 규모가 큰 경우는 실선에 진한 색으로 표시하였으며, 반대로 유의미한 수준으로 규모가 작은 경우는 점선으로 진하게 표시하였다. 확률적 유의미성에 대한 검토는 Pearson's chi-square값을 활용했다.

그림에서 확인할 수 있는 것과 같이 출생 코호트와 시퀀스 유형 간에는 모든 셀에서 유의미한 관련성이 있는 것으로 나타났다. 전반적인 관련성에 대한 교차검증 결과에서도 확률적으로 유의미한 수준(chi-square = 1301.1, d.f. = 3, p<.001)을 보였다. 우선, 전기 코호트(C1)의 경우 가장 큰 비중을 차지한 유형은 "경험누적형" 궤적이었으며, 약 47%를 차지하는 것으로 나타났다. 반면 후기 코호트(C2)에서는 "혼합형"이 가장 큰 비중을 점하고 있었으며, 전체 케이스의 과반에 달하는 67.37%가 여기에 속했다. 두 출생 코호트 사이에 청년의 삶의 궤적에서 급격한 변화가 있었음을 확인할 수 있는 지점이다.

"노동유지형"과 "전업주부형"은 두 코호트에서 상대적으로 작은 비중을 차지했지만 명확한 비율 변화를 보여주고 있다. "노동유지형"과 "전업주부형" 모두가 확률적으로 유의미한 수준에서 전기 코호트에서 차지하는 비중이 큰 것으로 나타났기 때문이다. 이와 같은 결과는 최근 시점으로 오면서 비교적 빠른 시간에 노동시장에 진입해서 안정적으로 상태를 유지하거나 출산 이후 돌봄에 집중하는 청년기 이행 궤적 또한 빠르게 감소했음을 드러낸다.

코호트 비교 결과를 종합적으로 요약하면 최근으로 올수록 삶의 궤적의 다양성은 감소하면서, 생애사 경험에서의 미경험 혹은 불안정성을 더

욱 확대되고 있는 것으로 판단된다. 전기 코호트의 경우 결혼과 출산 경험을 중심으로 노동시간에의 안정적인 참여를 유지하거나 전업 돌봄 상태로 진행하는 유형으로 대별되면서 안정적인 노동시장 진입을 유지하면서 미혼 상태를 유지하는 갈래가 분명하게 드러났다. 후기 코호트의 경우는 이와 같은 삶의 갈래가 분명하지 않으면서 결혼과 출산으로의 이행 없이 노동시장에의 불안정한 참여가 두드러진 삶의 경로가 보다 분명하게 나타나는 것으로 파악된다.

[그림 4-12] 코호트별 시퀀스 분포

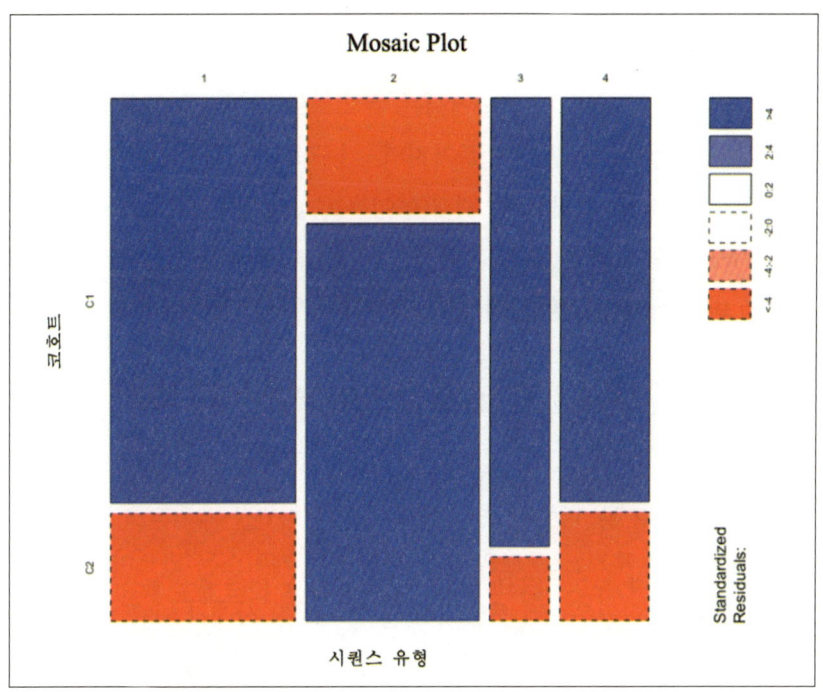

자료: 한국보건사회연구원·서울대사회복지연구소, 한국복지패널 1~17차 원자료

〈표 4-1〉 코호트, 시퀀스 유형 간 교차분석 결과

(단위: %)

구분	1(경험누적형)	2(혼합형)	3(노동유지형)	4(전업돌봄형)	계
코호트1	1175(47.69)	313(12.70)	414(16.80)	562(22.81)	2464(100)
코호트2	313(19.53)	1080(67.37)	59(3.68)	151(9.42)	1603(100)

Chi-square 1301.1, d.f = 3, p< .001

자료: 한국보건사회연구원·서울대사회복지연구소, 한국복지패널 1~17차 원자료

코호트에 따라 청년기 삶의 궤적 유형이 달라지는 정도를 명확하게 파악하기 위해서 본 연구는 두 코호트에 대한 성향점수 매칭 과정을 거친 회귀분석을 수행하였다. 삶의 궤적에 영향을 미칠 수 있지만 비교하는 코호트 사이에 분포가 다른 변수의 존재로 인해서 관련성 검토가 왜곡될 가능성이 있기 때문이다. 본 연구에서는 두 코호트의 성격을 유사하게 구성하기 위해서 성별, 교육수준, 주거지역, 가구소득을 활용하였다. 주거지역의 경우 광역시, 일반도시, 기타(농어촌)로 구분하였으며, 가구소득의 경우 가구원 수에 따른 표준화 과정을 거쳤다. 이들 변수는 시기에 따라 일정한 변화가 있을 수 있는데, 명목변수의 경우는 최빈값(mode)을 연속변수의 경우는 평균을 대푯값으로 활용했다.

아래 [그림 4-13]은 성향점수에 따른 매칭 결과를 요약한 것이다. 매칭은 두 코호트에 대해 1:1로 진행하였다. 좌측 그림은 매칭된 두 코호트의 성향점수 분포를 보여주고 있다. 전기 코호트가 후기 코호트에 비해 규모가 크기 때문에 후기 코호트의 경우 비매칭된 케이스는 없으며, 전기 코호트의 경우는 회귀분석에 포함되지 않는 비매칭 사례가 다수 있는 것을 알 수 있다. 매칭 과정을 통해 두 코호트의 성향점수 분포가 상당히 유사해졌음을 알 수 있다.

우측 그림은 매칭 과정을 통해 두 코호트의 평균적인 차이가 어느 정도 좁혀졌는가를 보여주고 있다. 흰점은 매칭 전의 두 그룹의 차이를 나타낸

것이며 검은점은 매칭 후 두 그룹의 평균 차이를 제시한 것이다. 명목변수의 경우는 비율값의 차이를 활용하고, 연속변수는 평균의 차이를 다루었다. 변수 간 비교를 위해 그림은 표준화된 값으로 제시했다. 그림에서 보이는 바와 같이 매칭 과정을 통해 모든 변수에서 유사성이 높아진 것을 알 수 있다. 우측 그림 상단의 "거리"는 투입된 변수의 표준화 값을 전체적으로 활용해 두 집단의 차이를 수치화한 결과로 매칭 이후 동질성이 상당히 높아졌음을 알 수 있다.

변수별로 매칭 전후의 결과를 검토하면 다음과 같다. 매칭 전에 상대적으로 교육 수준과 일반시 거주에서 차이가 있는 것을 알 수 있다. 평균 교육연수가 전기 코호트의 경우 13.9년, 후기 코호트의 경우 14.3년으로 상승이 관찰되어 후기 코호트로 갈수록 학력이 높아지는 패턴이 나타났다. 거주지의 경우 광역시 거주 비율이 전기 코호트의 경우 47.0%, 후기 코호트의 경우 49.4%로 변화가 있었으며, 일반시 거주자의 경우 전기 코호트는 41.6%, 후기 코호트는 37.7%였다. 이와 같은 변화는 한국 사회 청년의 전반적인 학력 상승과 더불어서 대도시 중심으로 인구가 몰리는 사회적 현상을 일정 부분 반영한 결과로 보인다. 그림에 이어서 제시한 〈표 4-2〉는 변수별 속성 변화를 수치 자료로 요약한 것이다.

[그림 4-13] 성향점수 매칭 결과

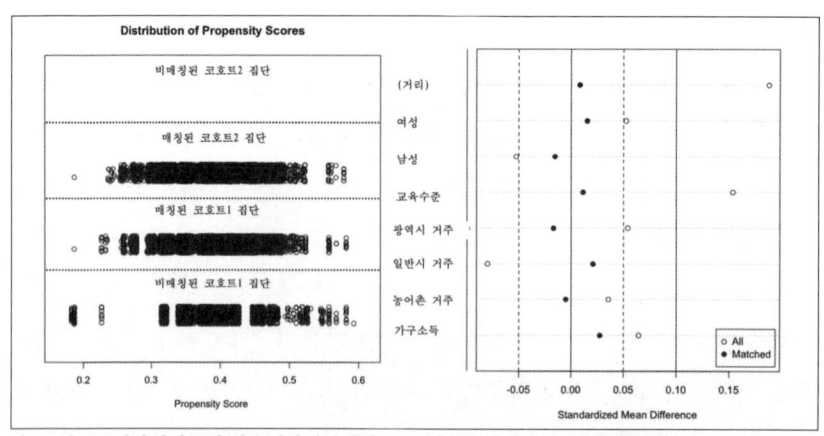

자료: 한국보건사회연구원·서울대사회복지연구소, 한국복지패널 1~17차 원자료

〈표 4-2〉 매칭 전후의 샘플 속성 변화

샘플	변수	전기 코호트	후기 코호트	Diff.	Var. Ratio
매칭 전	(거리)	0.39	0.40	0.19	0.98
	여성비율	0.51	0.54	0.05	.
	남성비율	0.49	0.46	0.05	.
	교육수준	13.94	14.27	0.15	0.95
	광역시거주비율	0.47	0.50	0.05	.
	일반시거주비율	0.42	0.38	0.08	.
	농어촌거주비율	0.11	0.13	0.04	.
	가구소득	31.93	95.65	0.06	0.86
매칭 후	(거리)	0.40	0.40	0.01	0.99
	여성비율	0.53	0.54	0.02	.
	남성비율	0.47	0.46	0.02	.
	교육수준	14.25	14.27	0.01	0.96
	광역시거주비율	0.51	0.50	0.02	.
	일반시거주비율	0.37	0.38	0.02	.
	농어촌거주비율	0.13	0.13	0.01	.
	가구소득	26.05	95.65	0.03	0.89

자료: 한국보건사회연구원·서울대사회복지연구소, 한국복지패널 1~17차 원자료

아래 〈표 4-3〉은 매칭된 샘플을 활용하여 다항로지스틱 회귀분석을 실시한 결과를 요약한 것이다. 결과변수(궤적유형)의 참조집단(reference group)은 "경험누적형"으로 하였다. 코호트는 확률적으로 유의미한 수준에서 모든 유형에서 속할 확률에 영향이 있는 것으로 나타났다. 앞서 교차분석에서 살펴본 바와 같이 "경험누적형"에 속할 확률에 비해 "혼합형"에 속할 확률이 후기 코호트가 전기 전기코호트에 비해서 우도비가 약 20에 이르는 것으로 나타났다. 반면 다른 궤적에 대해서는 확률이 낮아지는 것으로 나타났다. 결론적으로 성향점수 매칭에 의한 회귀분석의 결과는 앞서 살펴보았던 교차분석 결과를 지지하는 것으로 정리할 수 있다.

〈표 4-3〉 다항로지스틱 회귀분석 결과(PS-matched)

구분	2혼합형 / 1경험누적형			3노동유지형 / 1경험누적형			3전업돌봄형 / 1경험누적형		
변수	Odd Ratio	S.E.	P	Odd Ratio	S.E.	P	Odd Ratio	S.E.	P
(Intercept)	0.60	0.00	<.001	2.05	0.00	<.001	6.70	0.00	<.001
코호트_2	19.80	0.00	<.001	0.62	0.00	<.001	0.95	0.00	<.001
성별(남성)	1.03	0.00	<.001	1.06	0.00	<.001	0.02	0.00	<.001
교육수준	1.00	0.00	<.001	1.00	0.00	<.001	0.94	0.00	<.001
거주지(도시)	0.64	0.00	<.001	0.58	0.00	<.001	0.90	0.00	<.001
거주지(농어촌)	0.66	0.00	<.001	0.67	0.00	<.001	0.83	0.00	<.001
평균가구소득	1.00	0.00	<.001	1.00	0.00	<.001	1.00	0.00	<.001

자료: 한국보건사회연구원·서울대사회복지연구소, 한국복지패널 1~17차 원자료

제3절 결합궤적 분석 결과: 노동과 행복의 성별 궤적 비교

1. 남성

아래 [그림 4-14]는 결합 궤적 분석 결과를 제시한 것이다. 왼쪽 그림부터 순서대로 노동시간, 임금, 그리고 삶의 만족도의 시기 간 변동 궤적을 보여주고 있다. 최적 유형에 대한 검토 결과 유형이 6개일 때 가장 최적 수준에서 분류가 되는 것으로 나타났다. 같은 유형은 동일한 색과 알파벳 기호로 표시했다.

[그림 4-14] 노동시간, 소득 및 삶의 만족도 결합궤적(남성)

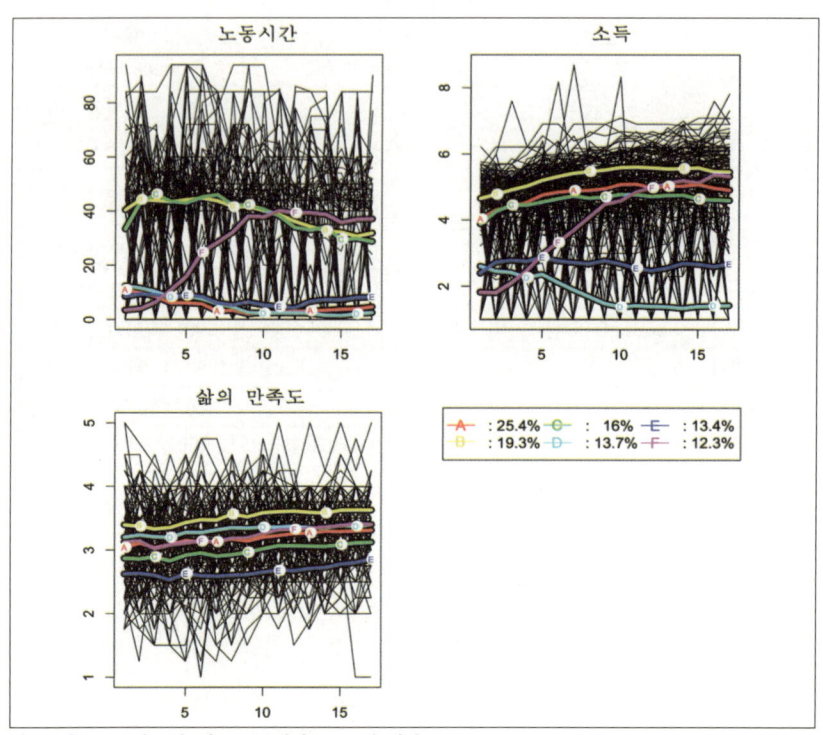

자료: 한국노동연구원, 한국노동패널 1~19차 원자료

먼저 B유형과 C유형은 일관되게 노동시간이 가장 긴 집단이었다. C유형은 평균적으로 가장 노동시간이 길었던 집단으로서 유사한 수준인 B유형보다 평균 노동시간이 때때로 상회하는 모습이 나타났다. 이들은 전체 결합 궤적에서 16.0%의 비중을 나타냈다. 다만 이들 집단은 B유형에 비해 평균 근로소득이 낮고 행복 수준 또한 낮은 집단이었다. 반면, 19.3%가 속한 B유형은 조사 기간에 걸쳐 최상위 수준의 근로소득 및 행복 수준을 보였다.

유형A, 유형D, 유형E는 노동시간이 가장 적은 궤적을 보였으며, 각각 남성 케이스의 25.4%, 13.7%, 13.4%를 차지했다. A유형은 조사 기간에 걸쳐 짧은 근로 시간에 비해 상대적으로 높은 근로소득과 평균적인 행복 수준을 보였다. 반면 유형E와 유형D는 근로소득이 낮은 집단으로 분류되었다. 그러나 두 집단의 행복 수준은 상당한 차이가 있었는데, 유형E는 가장 낮은 행복도를 보이는 반면, 유형D는 가장 높은 수준의 행복 궤적을 보이는 유형B 다음으로 높은 행복 수준을 보였다. 다소 예외적인 패턴을 보인 유형D는 노동시간과 소득이 모두 낮지만 평균 이상의 행복 수준을 보이는데 이들은 상대적으로 높은 연령의 비교적 안정된 경제적 지위를 영위하는 집단의 특성을 반영하고 있는 것으로 보인다.

12.3%를 차지한 F유형은 다른 유형과는 달리 시기에 따른 궤적 변동의 양상이 뚜렷한 집단이라고 할 수 있다. 이 유형은 근로 시간이 거의 없는 상태에서 점차적으로 노동시간이 증가하면서, 동시에 임금 및 행복도 또한 꾸준하게 상승하는 궤적을 보였다. 유형F는 노동시장에 비교적 안정적으로 진입하는 청년층 일부의 이행 양상을 드러내는 것으로 판단된다.

아래 〈표 4-4〉는 남성의 결합 궤적 유형 간 특징을 궤적 유형화에 포함된 속성의 평균과 주요 개인 특성을 바탕으로 요약한 것이다. 궤적의 형태에 맞춰 탐색적인 수준에서 유형별 특성을 바탕으로 명칭을 함께 제시했다. 궤적의 명칭은 근로시간, 임금, 삶의 만족도 순으로 특성을 요약하여 부여했다. 근로시간과 임금은 평균을 기준으로 높음(H), 낮음(L)으로 구분하고 시기에 따른 변화가 포착되는 F유형의 경우는 중간(M)으로 제시했다. 삶의 만족도의 경우 가장 높은 집단은 높음(H)으로, 가장 낮은 집단은 낮음(L)로 부여하고 나머지 집단은 중간(M)으로 명칭을 부여했다. 결합궤적과 주요 개인 특성은 모두 통계적으로 유의미한 수준(p< .001)에서 상관성이 있는 것으로 나타났다.

또한 같은 표에서 제시된 바와 같이 가장 낮은 삶의 만족 궤적을 보이는 E유형은 평균 교육 연수가 9.8년으로 가장 낮은 수준을 보였다. 반면, 가장 높은 삶의 만족 궤적을 보인 B유형의 경우 평균 교육 연수가 약 13.8 년으로 가장 높은 수준을 보였고, 기혼자 비율도 약 95%로 가장 높은 수준을 보였다. 한편 근로시간, 임금 등에서 이행기 특성을 보인 F유형은 예상한 바와 같이 평균 연령이 약 36세로 가장 젊으면서, 평균 교육 수준 또한 유형B와 거의 비슷한 수준으로 높게 나타났다. 전반적으로 보았을 때, 남성의 경우 임금과 근로시간 및 삶의 만족도 간에는 일부 예외적인 유형이 있지만 정적인 관련성이 있는 것으로 나타났다. 다만 평균 근로시간이 거의 비슷한 유형B와 유형C의 임금 및 삶의 만족도에서 차이가 있다는 점은 고용의 질에서 차이가 존재함을 반영한 것으로 보인다.

〈표 4-4〉 남성의 삶의 질 결합 궤적 유형별 특징

결합 궤적	근로시간 평균(SD)	로그임금 평균(SD)	삶의만족 평균(SD)	연령 평균(SD)	교육 평균(SD)	가족유형 (%)	로그 가구소득 평균(SD)
전체	19.34 (17.11)	4.57 (1.29)	3.17 (.34)	48.70 (13.32)	11.85 (3.54)	기혼:81.46 미혼:13.24 이별:5.30	7.01 (1.59)
A (LH-M)	4.67 (6.10)	5.20 (.59)	3.19 (.25)	50.26 (9.80)	11.31 (3.29)	기혼:93.54 미혼:3.23 이별:3.23	7.14 (1.53)
B (HH-H)	37.87 (8.62)	5.52 (.40)	3.51 (.19)	44.23 (8.35)	13.84 (2.87)	기혼:94.69 미혼:4.75 이별:.55	7.60 (.83)
C (HH-M)	37.18 (10.57)	4.92 (.42)	2.98 (.19)	44.82 (9.83)	11.47 (2.79)	기혼:79.60 미혼:13.74 이별:6.65	7.02 (1.31)
D (LL-M)	4.98 (7.60)	2.51 (1.36)	3.30 (.25)	62.54 (13.99)	10.84 (4.14)	기혼:83.92 미혼:9.69 이별:6.38	6.85 (1.82)
E (LL-L)	7.06 (7.76)	3.49 (1.19)	2.67 (.22)	53.99 (13.70)	9.80 (3.59)	기혼:65.09 미혼:18.64 이별:16.27	6.13 (2.04)
F (MM-M)	26.73 (8.36)	4.85 (.43)	3.23 (.23)	36.20 (11.40)	13.66 (2.71)	기혼:53.58 미혼:44.41 이별:2.00	6.97 (1.67)
	F(5, 2826) = 1939***	F(5, 2826) = 960.2***	F(5, 2826) = 730.3***	F(5, 2826) = 263.1***	F(5, 2826) = 105.4***	Chi-square(10) = 548.01***	F(5, 2826) = 40.98***

자료: 한국노동연구원, 한국노동패널 1~19차 원자료.

2. 여성

아래 [그림 4-15]는 여성의 노동-행복 결합 궤적을 유형화한 결과를 보여주고 있다. 여성의 경우도 결합 궤적의 수를 6개로 둘 때 타당한 수준에서 유형화가 되는 것으로 나타났다. 먼저 여성의 경우 유형A와 유형B가 가장 큰 비중을 차지했는데, 이 두 유형에 속하는 케이스가 전체 케이스의 과반을 차지했다. 29.3%의 비중을 보인 A유형은 노동시장이 거의 없으면서 근로소득 또한 거의 없는 집단이었다. 그러나 삶의 만족도는 여성 결합 궤적 유형 가운데서 가장 높은 특징을 보였다. 한편, 23.8%를 차지한 B유형의 경우는 A유형과 같이 노동시장 참여가 거의 없고 임금 소득 또한 거의 없지만, 삶의 만족도는 정반대인 최하 수준을 보였다. 노동시간이 거의 없는 두 집단에서 행복도가 양극으로 나눠진다는 점이 흥미롭다.

[그림 4-15] 노동시간, 소득 및 삶의 만족도 결합궤적(여성)

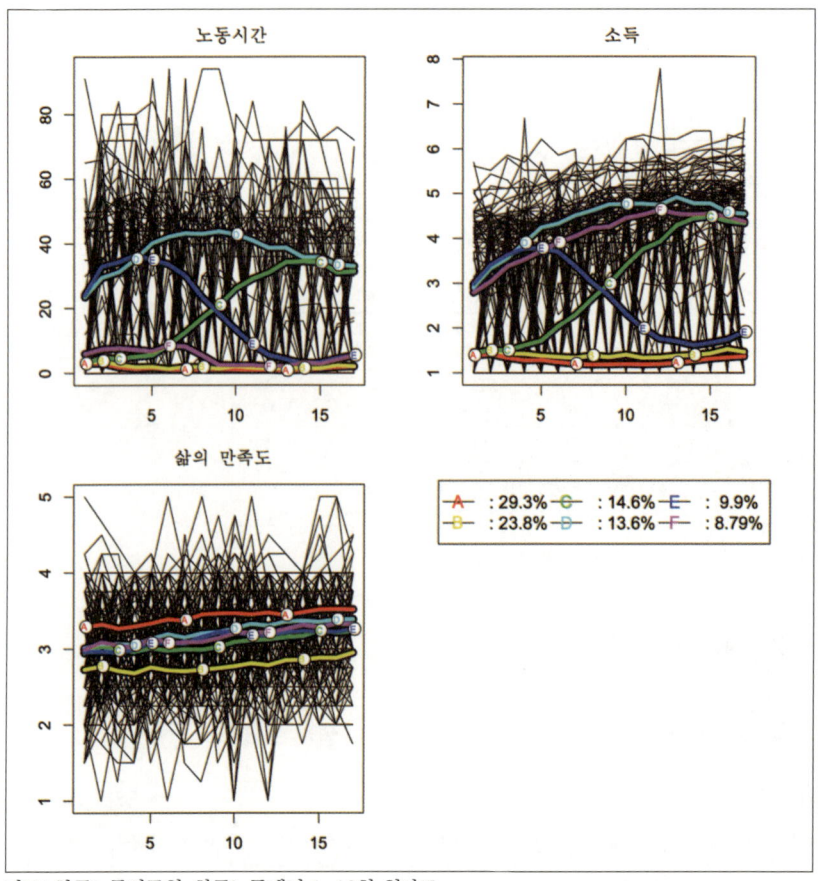

자료: 한국노동연구원, 한국노동패널 1~19차 원자료

14.6%를 점한 C유형은 노동시간이 지속적으로 상승하면서 개인 임금소득 또한 지속적으로 증가하는 궤적을 보이고 있다. 이 유형의 삶의 만족도는 평균보다 조금 낮은 수준으로 나타났다. 여성 케이스의 13.6%가 속한 D유형은 근로 시간이 가장 많으면서 근로소득도 높으면서 삶의 만족도가 평균을 상회하는 집단인 것으로 드러났다. E유형은 9.9%의 비중을 보였는데 C유형과 반대의 변동 궤적을 보였다. 이 유형은 조사 시점에 걸

쳐 노동시간이 점차적으로 줄어들면서 개인의 임금 소득 또한 줄어드는 패턴을 보였다. 그러나 삶의 만족도는 비교적 높은 집단인 것으로 나타났다. 마지막으로 8.8%를 점한 F유형은 노동시간은 적은 한편, 개인 임금 소득은 높고, 아울러서 삶의 만족도 또한 상대적으로 높은 집단으로 나타났다.

아래 〈표 4-5〉는 여성의 결합 궤적 유형별 특징을 요약한 결과이다. 유형의 명칭은 남성에 대한 분석 결과와 동일한 방식으로 부여했다. 가장 큰 비중을 차지하고 있는 A유형과 B유형이 노동시간과 소득에서 유사하게 낮은 수준을 보이는 반면, 삶의 만족도는 정반대에 위치해 있다는 점을 앞에서 살펴보았다. 이 표는 이 두 유형이 개인 및 가구 특성에서 차이가 있음을 보여준다. 삶의 만족도가 낮은 B유형은 A유형에 비해서 교육 수준이 낮으면서, 가구소득이 낮고 이혼과 같은 가족 해체 경험이 상대적으로 많은 집단이라는 취약성을 보이고 있다. 이는 여성의 경우 노동과 별개로 가족 특성에 큰 영향을 받을 수 있음을 의미한다. 따라서 여성의 경우 노동 이력과 삶의 만족도 사이에 남성에 비해 일률적인 상관성이 상대적으로 강하지 않은 특성을 보여준다. 이는 노동시장에 참여에 대한 개인적, 사회적 요구가 높아지는 상황이 여성의 삶의 만족도로 전이되지 않는 결과를 나타낼 것으로 예상할 수 있다.

<표 4-5> 여성의 삶의 질 결합 궤적 유형별 특징

결합 궤적 유형	근로시간 평균(SD)	로그임금 평균(SD)	삶의만족 평균(SD)	연령 평균(SD)	교육 평균(SD)	가족유형 (%)	로그 가구소득 평균(SD)
전체	10.77 (13.34)	2.88 (1.55)	3.13 (.36)	48.53 (15.09)	9.90 (4.43)	기혼:70.84 미혼:11.07 이별:18.09	6.85 (1.71)
A (LL-H)	1.49 (2.89)	1.60 (.96)	3.42 (.25)	52.56 (14.91)	9.70 (4.41)	기혼:82.08 미혼:3.60 이별:14.31	7.15 (1.55)
B (LL-L)	1.87 (3.25)	1.74 (.97)	2.78 (.19)	57.15 (14.74)	7.24 (4.54)	기혼:65.02 미혼:3.49 이별:31.49	6.13 (2.02)
C (MM-M)	19.16 (7.12)	4.03 (.44)	3.07 (.19)	37.68 (11.10)	11.93 (3.03)	기혼:62.62 미혼:29.35 이별:8.02	6.89 (1.70)
D (HH-M)	36.09 (7.72)	4.71 (.48)	3.22 (.25)	40.25 (10.18)	11.99 (3.49)	기혼:66.60 미혼:20.59 이별:12.82	7.10 (1.45)
E (MM-M)	17.61 (7.26)	3.59 (.57)	3.13 (.22)	44.55 (13.45)	10.37 (3.99)	기혼:71.02 미혼:13.07 이별:15.91	6.90 (1.60)
F (LH-M)	4.85 (5.92)	4.69 (.66)	3.17 (.23)	47.14 (10.91)	10.64 (4.13)	기혼:69.06 미혼:9.12 이별:21.82	7.35 (1.07)
	$F(5, 3499)$ $= 3629$***	$F(5, 3499)$ $= 1991$***	$F(5, 3499)$ $= 496.7$***	$F(5, 3499)$ $= 200.2$***	$F(5, 3499)$ $= 123.9$***	Chi-square(10) $= 449.02$***	$F(5, 3499)$ $= 44.88$***

자료: 한국노동연구원, 한국노동패널 1~19차 원자료.

제4절 소결

지금까지 시퀀스 분석을 활용한 생애사 이행의 코호트 비교와 궤적 유형화를 활용한 노동과 삶의 질의 변화에 대한 결과를 검토하였다. 이상의 분석 결과를 요약하면 다음과 같다.

첫째, 한국 사회에서 청년의 생애사의 양상은 짧은 기간에 큰 폭의 변화가 있는 것으로 나타났다. 시퀀스 분석 결과에서 확인한 바와 같이 출생 코호트에 따라 생애사 경험에서 큰 차이가 관찰되었기 때문이다. 최근 시점으로 올수록 결혼과 출산 경험이 미뤄지거나 청년기에 이행하는 케이스가 감소하면서 30대 이후의 삶에서 높은 이상성을 보이는 것으로 나타났다. 한편으로 그와 같은 변화는 빠르고 안정적인 노동시장 이행이나,

전업돌봄 유형과 같은 삶의 궤적은 감소함에 따라 궤적의 다양성은 오히려 감소하는 패턴이 나타났다. 요약하자면 다양성의 감소와 불안정성의 증가로 요약할 수 있으며, 결혼과 출산을 주요한 생애사 경험으로 본다면, 생애사적 경험의 폭이 줄어드는 상황으로 볼 수 있을 것이다.

둘째, 청년의 생애사 경험에서 있어 성별의 차이가 명확하게 나타났다. 시퀀스 분석 결과 전업돌봄의 궤적은 주로 여성에게 나타나는 것으로 확인되었다. 이와 같은 결과는 노동시장 참여와 삶의 질에 있어서 여성이 남성에 비해 복잡한 생애사적 메커니즘이 동작할 수 있음을 시사한다. 궤적 유형화 분석 결과, 남성의 경우 삶의 만족도가 노동시장 참여 수준(고용지위)과 대체로 일치하는 양상이 포착되었지만, 여성의 경우는 그와 같은 일률적인 패턴이 관찰되지 않았다. 노동시장 참여 수준이 높은 여성의 삶의 만족도가 상대적으로 높은 수준이 아니라는 점은 노동과 돌봄의 부담을 동시에 느끼는 여성의 생애사 특성을 반영한 결과로 해석할 수 있다.

제5장

성인이행에 관한 실태와 인식

제1절 이행기 청년 실태와 인식 조사
제2절 청년의 일반 사회인식
제3절 가족 이행에 대한 젠더의식
제4절 성인됨에 대한 인식
제5절 소결

제5장 성인이행에 관한 실태와 인식

제1절 이행기 청년 실태와 인식 조사

〈표 5-1〉 이행기 청년 실태와 인식 조사[12] 개요

구분	내용
조사대상	전국 만 19세 이상 34세 이하 이행기 청년 2,086명
표집틀	한국리서치 마스터샘플(2023년 9월 기준 85만명)
표집방법	지역별, 성별, 연령별, 학력별 기준 비례할당 추출
표본오차	무작위추출을 전제할 경우, 95% 신뢰수준에서 최대 허용 표본오차는 ±2.15%p
조사방법	웹조사(휴대전화 문자와 이메일을 통해 url 발송)
가중치	지역별, 성별, 연령별 가중치 부여(셀가중) (2023년 8월 행정안전부 발표 주민등록 인구 기준)
조사기간	2023년 9월 1일(금) ~ 9월 11일(월)

□ 조사내용

○ 응답자 일반사항

- 거주지역, 연령, 성, 학력, 재학 중 일경험, 휴학 및 졸업유예 경험, 일자리 형태, 첫 일자리 형태, 첫 일자리 종사상 지위, 직업 위세, 부모 동거 여부 등

○ 청소년기(15세 무렵) 가구 일반사항

- 부모 동거 여부, 부모 교육 수준, 부모 직업, 부모 직업 위세, 가정 분위기, 당시 소득계층 등

---

[12] '이행기 청년 실태와 인식 조사'는 한국보건사회연구원 연구윤리심의위원회의 승인(생명윤리위원회(IRB) 제2023-115호)을 받고 수행되었다.

○ 현재 가구 일반사항

- 혼인상태, 부모 동거 여부, 가구형태, 가구주 여부, 주거 점유 형태, 재산, 부채, 소득, 가구 간 소득이전, 상속 또는 증여 여부 및 금액,

○ 일반적 사회인식

- 삶의 만족도, 소득불평등 인식, 사회이동성 인식, 성취 가능성, 성인되기 위하 조건들의 중요성, 성역할 등

○ 성인기 이행에 대한 인식

- 성인 연령, 자녀 세대 성인 연령 전망, 경제적 독립 및 주거 분리 인식, 경제적 독립 및 주거분리의 걸림돌, 결혼에 대한 태도, 결혼의 삶에 대한 영향, 출산에 대한 태도, 출산의 걸림돌, 성인이 되기 위한 조건 등

제2절 청년의 일반 사회인식

1. 사회인식

이행기 청년(19-34세)의 삶의 만족도는 평균 5.38점으로 보통(5점)을 약간 상회하는 수준으로 높지 않으며[13], 이행기 청년 내에서는 연령이 낮을수록 삶의 만족도가 높게 나타나고 있다. 19-24세 청년이 5.91점으로 상대적으로 높고, 25-29세 청년 5.16점, 30-34세 청년 5.07점으로 낮

---

13) 2022년 청년 삶 실태조사 결과에서 청년(19~34세)의 삶의 만족도 평균이 6.72점(정세정 외, 2022)으로 나타난 것에 비해 낮은 수준이다.

아지는 것을 볼 수 있다. 성별 차이는 통계적으로 유의미하지 않은 것으로 나타났다.

교육수준에 따라서는 대학 재학 중인 청년의 삶의 만족도가 5.95점으로 가장 높았으며, 고졸이하 청년(5.32점), 대학 졸업 이상 청년(5.24점) 순으로 나타나고 있다. 졸업 상태보다는 학업 중인 청년의 삶의 만족도가 높은 것을 볼 수 있다. 단, 청년의 교육수준은 최종학력인 경우도 있지만, 학업 중인 경우가 포함되어 있기 때문에 해석에 유념할 필요가 있다. 경제활동상태에 따라서는 비경제활동상태에 있는 청년의 삶의 만족도가 5.85점으로 가장 높고, 실업 상태인 경우 4.39점으로 가장 낮게 나타났다. 취업자 중에서는 상용직 임금근로자보다 임시·일용직 임금근로자의 삶의 만족도가 높게 나타나고 있는 특징을 보인다. 이는 전 연령층 인식조사 결과에서 취업자 중 상용직임금근로자의 삶의 만족도가 가장 높게 나타나는 것과 다른 결과이다14). 엄밀한 추가분석이 필요하지만, 삶의 만족도가 높은 대학 재학 및 비경제활동자 집단에는 19-24세 청년이 각각 78.5%, 71.4%가 포함되어 있기 때문으로 유추할 수 있다. 학업 중에 있는 초기 청년의 삶의 만족도가 상대적으로 높음을 확인할 수 있다.

또한 이행기 청년의 삶의 만족도는 대체로 본인의 월평균 근로소득 및 주관적 소득계층 인식이 높을수록 삶의 만족도가 높은 것으로 나타났다. 다만, 200만원대 미만 근로소득을 가진 청년은 200만원대 경우보다 삶의 만족도가 높은 것을 확인할 수 있는데, 이는 19-24세의 학업 중 학생이 다수 포함되어 있기 때문으로 볼 수 있다(200만원 미만 근로소득자의 29.1% 재학, 200만원 이상 10% 이하).

---

14) 한국보건사회연구원에서 '사회통합 실태진단 및 대응방안 연구'의 일환으로 매년 실시하는 관련 조사에서는 2014~2022년 모두 상용직임금근로자, 자영자(고용주), 임시·일용직 임금근로자 순으로 나타난 바 있다. 2022년 기준 각각 6.59점, 6.09점, 5.75점으로 나타났다(이태진 외, 2022).

한편, 성인기 이행과 관련한 주거분리, 경제적 독립, 혼인 여부, 자녀 유무와 관련하여 삶의 만족도를 살펴보면 다음과 같다. 먼저 주거분리 여부에 따른 청년의 삶의 만족도 차이는 통계적으로 유의미하지 않은 것으로 나타났으나, 경제적으로 독립한 청년은 그렇지 않은 청년보다 삶의 만족도가 낮은 것으로 나타났다. 이와 반대로 혼인 경험과 자녀가 있는 경우 미혼이나 자녀가 없는 경우보다 삶의 만족도가 높은 것으로 나타났다. 주거 분리 여부에 따른 인식의 차이가 통계적으로 유의미하지 않으나, 주거 분리를 하지 않은 경우 삶의 만족도가 높게 나타나고 있다. 부모로부터 주거 및 경제적 독립이 이루어지지 않은 청년이 그렇지 않은 청년보다 삶의 만족도가 높음을 보여주고 있다.

〈표 5-2〉 삶의 만족도

(단위: 점)

구분		평균	F값
전체		5.38	
성별	남	5.42	0.69
	여	5.33	
연령	19-24세	5.91	26.56***
	25-29세	5.16	
	30-34세	5.07	
교육수준	고졸이하	5.32	11.78***
	2-3년, 4년제 대학 재학(휴학, 수료 포함)	5.95	
	2-3년, 4년제 대학 졸업 이상	5.24	
경제활동 상태	상용직임금근로자	5.35	14.41***
	임시,일용직임금근로자(특수고용포함)	5.41	
	고용주,자영자(무급가족종사자 포함)	5.21	
	실업자	4.39	
	비경제활동자	5.85	

구분		평균	F값
월평균 근로소득	200만원 미만	5.42	5.48***
	200만원대	5.07	
	300만원대	5.45	
	400만원 이상	5.78	
주관적 소득계층	중하층 이하(하층 포함)	4.53	212.13***
	중간층	6.23	
	중상층 이상(상층 포함)	7.41	
주거 분리 여부	분리	5.35	0.36
	미분리	5.40	
경제적 독립 여부	독립	5.21	12.62***
	미독립	5.59	
혼인 경험 여부	있음	5.86	12.94***
	없음	5.30	
자녀 유무	있음	5.83	4.23*
	없음	5.35	

주: 1) * p<0.5, ** p<0.01, *** p<0.001
2) 삶의 만족도는 '⓪전혀 만족하지 않는다~⑤보통~⑩매우 만족한다' 11점 척도로 측정함.
자료: 「이행기 청년 실태와 인식 조사」 원자료

다음으로 이행기 청년의 소득불평등 인식은 평균 7.24점으로 높은 편이다(보통 5점)15). 여성이 남성보다, 연령이 높을수록, 고졸 및 대학 졸업자인 경우가 대학 재학 중인 경우보다 소득불평등 인식이 높게 나타났다. 또한 월평균 근로소득이 200만원 대인 경우, 주관적 소득계층이 중하층 이하인 경우 소득불평등 인식이 가장 높았다. 이행기 청년의 경제활동상태에 따라서는 소득불평등 인식에 통계적으로 유의미한 차이가 나타나지 않았다.

---

15) 2022년 청년 삶 실태조사 결과에서 청년(19-34세)의 소득불평등 인식이 평균이 6.94점(정세정 외, 2022)으로 나타난 것에 비해 높은 수준이다.

성인기로의 이행과 관련하여, 주거 분리와 혼인 경험 여부에 따라서는 소득불평등 인식의 차이가 나타나지만, 경제적 독립 여부와 자녀 유무에 따라서는 인식의 차이가 나타나지 않았다. 구체적으로 부모와 주거분리가 이루어진 경우 소득불평등 인식이 높았고, 혼인 경험이 있는 청년의 소득불평등 인식이 높은 것을 확인할 수 있다.

〈표 5-3〉 소득불평등 인식

(단위: 점)

구분		평균	F값
전체		7.24	
성별	남	6.91	71.57***
	여	7.61	
연령	19-24세	7.02	18.94***
	25-29세	7.10	
	30-34세	7.61	
교육수준	고졸이하	7.01	10.13***
	2-3년, 4년제 대학 재학(휴학, 수료 포함)	6.93	
	2-3년, 4년제 대학 졸업 이상	7.39	
경제활동 상태	상용직임금근로자	7.35	2.00
	임시,일용직임금근로자(특수고용포함)	7.29	
	고용주,자영자(무급가족종사자 포함)	7.32	
	실업자	7.16	
	비경제활동자	7.04	
원평균 근로소득	200만원 미만	7.13	3.51*
	200만원대	7.47	
	300만원대	7.23	
	400만원 이상	7.16	
주관적 소득계층	중하층 이하(하층 포함)	7.45	12.69***
	중간층	6.99	
	중상층 이상(상층 포함)	7.10	

구분		평균	F값
주거 분리 여부	분리	7.38	8.67**
	미분리	7.14	
경제적 독립 여부	독립	7.30	1.66
	미독립	7.18	
혼인 경험 여부	있음	7.54	7.72**
	없음	7.20	
자녀 유무	있음	7.49	2.17
	없음	7.23	

주: 1) * p<0.5, ** p<0.01, *** p<0.001
 2) 소득불평등은 '⓪전혀 심하지 않다(완전 평등)~⑤보통~⑩매우 심하다(완전 불평등)' 11점 척도로 측정함.
자료: 「이행기 청년 실태와 인식 조사」 원자료

이행기 청년들은 일반적으로 자녀세대의 사회경제적 지위에 부모세대의 사회경제적 지위가 영향을 미치는 것으로 인식하고 있다. 평균 7.80점으로 보통 5점에 비해 높은 점수이다. 여성이 남성보다 영향이 크다고 인식하고 있으며, 초기 청년보다 후기 청년이 부모 영향이 크다고 인식하고 있는 것으로 나타났다. 또한 고졸이나 대학 재학 중인 청년보다 대학 졸업한 청년층에서 크게 인식하고, 주관적 소득계층이 중간층인 청년보다 중하층 이하 및 중상층 이상인 청년들이 부모 영향을 크게 인식하고 있는 것을 확인할 수 있다. 주관적 소득계층과 다르게 경제활동상태와 월평균 근로소득 수준에 따라서는 부모 영향에 대한 인식의 차이가 통계적으로 유의미하지 않다.

또한 성인기 이행 관련 측면에서, 부모 영향은 주거가 분리된 경우, 혼인 경험이 있는 경우 그렇지 않은 경우보다 크다고 인식하고 있는 것으로 나타났다. 반면, 경제적 독립 여부와 자녀 유무에 따라서는 인식의 차이가 통계적으로 유의미하지 않은 것으로 나타났다.

〈표 5-4〉 자녀세대의 사회경제적 지위에 미치는 부모세대의 영향 인식

(단위: 점)

구분		평균	F값
전체		7.80	
성별	남	7.57	38.29***
	여	8.06	
연령	19-24세	7.68	10.41***
	25-29세	7.67	
	30-34세	8.06	
교육수준	고졸이하	7.47	9.14***
	2-3년, 4년제 대학 재학(휴학, 수료 포함)	7.71	
	2-3년, 4년제 대학 졸업 이상	7.93	
경제활동 상태	상용직임금근로자	7.90	1.64
	임시,일용직임금근로자(특수고용포함)	7.73	
	고용주,자영자(무급가족종사자 포함)	7.88	
	실업자	7.59	
	비경제활동자	7.75	
원평균 근로소득	200만원 미만	7.72	1.21
	200만원대	7.88	
	300만원대	7.91	
	400만원 이상	7.79	
주관적 소득계층	중하층 이하(하층 포함)	7.90	5.55**
	중간층	7.63	
	중상층 이상(상층 포함)	8.03	
주거 분리 여부	분리	7.93	7.39**
	미분리	7.70	
경제적 독립 여부	독립	7.82	0.27
	미독립	7.78	
혼인 경험 여부	있음	8.01	3.99*
	없음	7.77	
자녀 유무	있음	8.05	2.07
	없음	7.79	

주: 1) * p<0.5, ** p<0.01, *** p<0.001
    2) 자녀 세대의 사회경제적 지위가 부모 세대의 사회경제적 지위에 미치는 영향은 '⓪전혀 영향 받지 않음~⑤보통~⑩완전히 영향받음' 11점 척도로 측정함.
자료: 「이행기 청년 실태와 인식 조사」 원자료.

부모의 영향에 대한 인식(세대 간 사회이동성)과 상대적인 인식으로 '우리 사회에서 일생동안 노력을 한다면 개인의 사회경제적 지위가 좋아질 가능성'(세대 내 사회이동성)에 대해 ①매우 높다, ②약간 높다, ③약간 낮다, ④매우 낮다' 4점 척도로 조사하였다. 분석 결과, 전체 평균 2.66점으로 '약간 낮다(3점)'에 가깝게 나타났다. 이는 앞서 부모의 영향이 보통 이상으로 크다고 인식하고 있는 결과와 맥을 같이 한다.

청년의 성별, 교육수준, 경제활동상태, 월평균 근로소득 수준과 주관적 소득계층 인식, 그리고 주거분리 여부에 따라 세대 내 사회이동성 인식의 차이가 나타나고 있다. 구체적으로 여성이 남성보다, 연령이 높을수록, 고등학교 및 대학교를 졸업한 경우가 대학 재학 중인 경우보다, 소득수준이 200만원대인 경우, 주관적 소득계층이 낮을수록 노력에 따른 사회경제적 지위 상승의 가능성에 대해 부정적으로 인식하고 있다.

성인기 이행 측면에서 주거 분리가 이루어진 경우 세대 내 지위의 상향 이동 가능성을 부정적으로 인식하고 있지만, 경제적 독립 여부, 혼인 경험 여부, 자녀 유무에 따라서는 인식의 차이가 통계적으로 유의미하지 않은 것으로 나타났다.

〈표 5-5〉 세대 내 사회 이동성 인식

(단위: 점)

구분		평균	F값
전체		2.66	
성별	남	2.60	15.48***
	여	2.73	
연령	19-24세	2.51	22.46***
	25-29세	2.68	
	30-34세	2.79	
교육수준	고졸이하	2.60	15.46***
	2-3년, 4년제 대학 재학(휴학, 수료 포함)	2.48	
	2-3년, 4년제 대학 졸업 이상	2.73	

구분		평균	F값
경제활동 상태	상용직임금근로자	2.71	6.21***
	임시,일용직 임금근로자(특수고용포함)	2.73	
	고용주,자영자(무급가족종사자 포함)	2.67	
	실업자	2.67	
	비경제활동자	2.51	
원평균 근로소득	200만원 미만	2.59	6.37***
	200만원대	2.78	
	300만원대	2.68	
	400만원 이상	2.64	
주관적 소득계층	중하층 이하(하층 포함)	2.78	32.34***
	중간층	2.54	
	중상층 이상(상층 포함)	2.41	
주거 분리 여부	분리	2.71	6.53*
	미분리	2.62	
경제적 독립 여부	독립	2.69	3.67
	미독립	2.62	
혼인 경험 여부	있음	2.71	1.82
	없음	2.65	
자녀 유무	있음	2.69	0.25
	없음	2.66	

주: 1) * p<0.5, ** p<0.01, *** p<0.001
2) 우리사회에서 일생동안 노력한다면 개인의 사회경제적 지위가 높아질 가능성에 대해 '①매우 높다, ②약간 높다, ③약간 낮다, ④매우 낮다' 4점 척도로 측정함.
자료: 「이행기 청년 실태와 인식 조사」 원자료

2. 성인이 되기 위해 중요한 조건

이행기 청년들은 독립적인 성인이 되기 위한 요인 중 '나의 능력과 노력(4.24점)'을 가장 중요하게 인식하고 있는 것으로 나타났다. 다음으로는 '좋은 사람들을 아는 것(4.11점)', '부모의 사회경제적 지위(4.03점)'가 4점(약간 중요하다) 이상으로 나타났으며, '거주지역(3.82점)'과 '정부의 정책 지원(3.80점)'은 4점 이하로 나타났다. 성인이 되기 위한 요인의 중요도가 자신의 능력, 배경(지인, 부모), 정부 지원 순으로 인식하고 있음을 보여준다.

〔그림 5-1〕 독립적인 성인이 되기 위한 요인 중요도

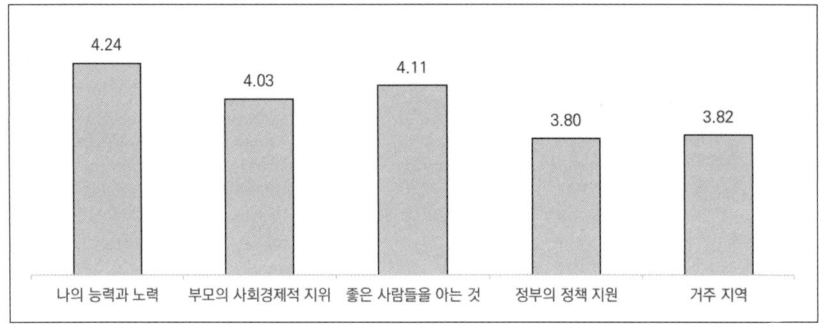

주: 독립적인 성인이 되기 위한 요인들의 중요도에 대해 '①전혀 중요하지 않다~③보통이다~⑤매우 중요하다' 5점 척도로 측정함.
자료: 「이행기 청년 실태와 인식 조사」 원자료

독립적인 성인이 되기 위한 요인으로 가장 중요하게 인식하는 '나의 능력과 노력'에 대해 청년의 인구사회학적 특성에 따라 살펴보면 다음과 같다. 나의 능력과 노력의 중요성 인식에 있어 성별, 연령, 월평균 소득 수준에 따라서만 차이가 통계적으로 유의미하게 나타났다. 여성이 남성보다, 연령이 낮을수록, 월평균 소득이 낮을수록 나의 능력과 노력이 중요하다고 인식하는 것을 확인할 수 있다.

〈표 5-6〉 독립적인 성인이 되기 위한 요인: '나의 능력과 노력'에 대한 인식

(단위: 점)

구분		평균	F값
전체		4.24	
성별	남	4.18	11.33***
	여	4.30	
연령	19-24세	4.33	
	25-29세	4.20	7.53***
	30-34세	4.19	
교육수준	고졸이하	4.26	
	2-3년, 4년제 대학 재학(휴학, 수료 포함)	4.27	0.69
	2-3년, 4년제 대학 졸업 이상	4.22	
경제활동 상태	상용직임금근로자	4.23	
	임시,일용직 임금근로자(특수고용포함)	4.23	
	고용주,자영자(무급가족종사자 포함)	4.25	0.25
	실업자	4.22	
	비경제활동자	4.27	
원평균 근로소득	200만원 미만	4.30	
	200만원대	4.22	4.96**
	300만원대	4.21	
	400만원 이상	4.10	
주관적 소득계층	중하층 이하(하층 포함)	4.25	
	중간층	4.20	1.96
	중상층 이상(상층 포함)	4.33	
주거 분리 여부	분리	4.24	0.04
	미분리	4.24	
경제적 독립 여부	독립	4.22	1.11
	미독립	4.26	
혼인 경험 여부	있음	4.16	3.68
	없음	4.25	
자녀 유무	있음	4.21	0.23
	없음	4.24	

주: 1) * p<0.5, ** p<0.01, *** p<0.001
2) 독립적인 성인이 되기 위한 요인들의 중요도에 대해 '①전혀 중요하지 않다~③보통이다~⑤ 매우 중요하다' 5점 척도로 측정함.
자료: 「이행기 청년 실태와 인식 조사」 원자료

독립적인 성인이 되기 위한 요인으로 두 번째 중요하게 인식하는 '좋은 사람들을 아는 것'에 대한 인식은 청년의 연령, 교육수준, 경제활동상태, 주관적 소득계층에 따라 인식의 차이가 나타나고 있다. 19-24세, 30-34세 청년이 25-29세 청년보다 인맥이 중요하다고 인식하고 있으며, 대학 재학 중인 경우 고졸 이하나 대졸 이상 청년보다 인맥을 중요하게 인식하고 있다. 또한 경제활동상태에서 고용주 및 자영자, 주관적 소득계층이 중상층 이상인 청년이 인맥을 가장 중요하게 인식하고 있다. 다만, 연령과 경제활동상태별 인식 차이는 유의수준 0.5 수준에서 통계적으로 유의한 것으로 나타나 그 차이가 상대적으로 확연하지 않은 것으로 볼 수 있다.

〈표 5-7〉 독립적인 성인이 되기 위한 요인: '좋은 사람들을 아는 것'에 대한 인식

(단위: 점)

구분		평균	F값
전체		4.11	
성별	남	4.12	0.00
	여	4.11	
연령	19-24세	4.15	3.49*
	25-29세	4.04	
	30-34세	4.14	
교육수준	고졸이하	3.99	6.76**
	2-3년, 4년제 대학 재학(휴학, 수료 포함)	4.22	
	2-3년, 4년제 대학 졸업 이상	4.12	
경제활동 상태	상용직임금근로자	4.10	1.1*
	임시,일용직 임금근로자(특수고용포함)	4.15	
	고용주,자영자(무급가족종사자 포함)	4.23	
	실업자	4.02	
	비경제활동자	4.13	
원평균 근로소득	200만원 미만	4.15	1.79
	200만원대	4.09	
	300만원대	4.02	
	400만원 이상	4.11	

구분		평균	F값
주관적 소득계층	중하층 이하(하층 포함)	4.16	6.76**
	중간층	4.03	
	중상층 이상(상층 포함)	4.20	
주거 분리 여부	분리	4.15	3.44
	미분리	4.08	
경제적 독립 여부	독립	4.11	0.03
	미독립	4.12	
혼인 경험 여부	있음	4.10	0.06
	없음	4.11	
자녀 유무	있음	4.17	0.57
	없음	4.11	

주: 1) * p<0.5, ** p<0.01, *** p<0.001
2) 독립적인 성인이 되기 위한 요인들의 중요도에 대해 '①전혀 중요하지 않다~③보통이다~⑤ 매우 중요하다' 5점 척도로 측정함.
자료: 「이행기 청년 실태와 인식 조사」 원자료

다음으로 '부모의 사회경제적 지위'가 독립적인 성인이 되기 위해 중요하다는 인식을 청년의 인구사회학적 특성별로 살펴보면 다음과 같다. 성별과 연령, 주관적 소득계층과 부모와의 주거분리 여부에 따라 인식의 차이가 나타나고 있다. 구체적으로 여성이 남성보다, 연령이 높을수록 부모의 사회경제적 지위를 중요하게 인식하고 있다. 중하층 이하 청년이 가장 중요하게 인식하고 있으며, 중상층 이상, 중간층 청년 순으로 중요하게 인식하고 있다. 즉, 중간층이 독립적인 성인이 되기 위한 조건으로 부모의 사회경제적 지위의 중요성을 가장 낮게 인식하고 있다. 또한 주거 분리가 이루어진 경우가 그렇지 않은 경우보다 부모의 사회경제적 지위를 중요하게 인식하고 있는 것으로 나타났다. 이는 주거 분리가 부모의 경제적 능력과 무관하지 않은 데서 기인하는 것으로 해석할 수 있다. 그러나 연령과 주거 분리 여부는 유의수준 0.5에서 유의미하게 나타나 성별이나 주관적 소득계층에 비해 인식의 차이가 뚜렷하지 않다고 볼 수 있다.

〈표 5-8〉 독립적인 성인이 되기 위한 요인: '부모의 사회경제적 지위'에 대한 인식

(단위: 점)

구분		평균	F값
전체		4.03	
성별	남	3.97	8.86**
	여	4.09	
연령	19-24세	3.98	3.85*
	25-29세	4.00	
	30-34세	4.10	
교육수준	고졸이하	3.98	0.98
	2-3년, 4년제 대학 재학(휴학, 수료 포함)	4.01	
	2-3년, 4년제 대학 졸업 이상	4.04	
경제활동 상태	상용직임금근로자	4.05	1.13
	임시,일용직 임금근로자(특수고용포함)	4.05	
	고용주,자영자(무급가족종사자 포함)	4.16	
	실업자	4.00	
	비경제활동자	3.96	
원평균 근로소득	200만원 미만	4.03	0.96
	200만원대	4.06	
	300만원대	4.01	
	400만원 이상	3.95	
주관적 소득계층	중하층 이하(하층 포함)	4.10	8.54***
	중간층	3.93	
	중상층 이상(상층 포함)	4.02	
주거 분리 여부	분리	4.08	5.34*
	미분리	3.99	
경제적 독립 여부	독립	4.03	0.02
	미독립	4.02	
혼인 경험 여부	있음	4.07	0.7
	없음	4.02	
자녀 유무	있음	4.05	0.13
	없음	4.03	

주: 1) * p<0.5, ** p<0.01, *** p<0.001
    2) 독립적인 성인이 되기 위한 요인들의 중요도에 대해 '①전혀 중요하지 않다~③보통이다~⑤ 매우 중요하다' 5점 척도로 측정함.
자료: 「이행기 청년 실태와 인식 조사」 원자료

위에서 살펴본 청년의 일반 사회인식 분석 결과를 정리해 보면, 인구사회학적 특성 중 연령별 인식의 차이가 공통적으로 나타나고 있으며, 경제활동상태별 인식의 차이는 일부에서만 나타나고 있음을 확인할 수 있다. 성별, 교육수준, 근로소득 및 주관적 소득계층에 따라서도 인식의 차이가 여러 인식에서 나타나고 있다. 또한 성인기로의 이행과 관련한 측면에서 주거분리와 혼인 경험 여부에 따른 인식의 차이는 상대적으로 여러 인식에서 나타나지만, 경제적 독립과 자녀 유무에 따른 인식의 차이는 삶의 만족도에서만 나타나고 있다. 경제적 독립보다는 주거분리에 따른 인식의 차이가 뚜렷이 나타나고 있는데, 주거분리가 이루어진 경우 소득불평등 인식이 높고, 부모 세대의 영향이 크다고 인식하며, 노력에 따른 지위 상향 이동 가능성이 낮다고 인식하는 것으로 나타났다.

〈표 5-9〉 이행기 청년의 특성별 일반사회 인식의 차이 여부

구분	삶의 만족도	소득 불평등	부모 세대의 영향	세대 내 사회 이동성	독립적인 성인이 되기 위한 요인의 중요도		
					나의 능력과 노력	인맥	부모의 지위
성별		●	●	●	●		●
연령	●	●	●	●	●	●	●
교육수준	●	●	●			●	
경제활동상태	●			●		●	
근로소득	●	●		●	●		
주관적 소득계층	●	●	●	●		●	●
주거분리		●	●				●
경제적 독립	●						
혼인 경험 여부	●	●	●				
자녀 유무	●						

이러한 결과는 19-34세 청년층이 학업 및 성인기로의 이행 등과 관련하여 연령에 따라 상당한 이질성을 갖는 집단임을 보여준다. 청년의 연령

별 특성을 살펴본 아래 표를 보면 19-24세 초기 청년은 학업 중 및 비경제활동자가 상당수 포함되어 있고, 주거분리 및 경제적으로 독립한 비율도 낮으며, 혼인 경험이 없고 자녀가 없는 경우가 다수 포함된다. 따라서 이행기 청년을 이해하고, 성인기로의 이행을 지원 정책 마련을 위해서는 청년층 내 연령별 특성을 보다 면밀히 살펴볼 필요가 있다고 할 수 있다.

〈표 5-10〉 이행기 청년의 특성별 분포

(단위: %)

구분		19-24세	25-29세	30-34세	χ^2
교육 수준	고졸이하	33.08	14.31	9.93	667.34 ***
	2-3년, 4년제 대학 재학 (휴학, 수료 포함)	39.68	8.25	2.40	
	2-3년, 4년제 대학 졸업 이상	27.24	77.43	87.66	
	전체	100.00	100.00	100.00	
경제 활동 상태	상용직임금근로자	16.86	54.08	69.94	620.84 ***
	임시,일용직 임금근로자 (특수고용포함)	20.23	14.90	11.61	
	고용주,자영자 (무급가족종사자 포함)	1.63	2.76	5.53	
	실업자	9.72	15.33	5.65	
	비경제활동자	51.56	12.94	7.27	
	전체	100.00	100.00	100.00	
주거 분리 여부	분리	28.49	41.61	63.09	170.77 ***
	미분리	71.51	58.39	36.91	
	전체	100.00	100.00	100.00	
경제적 독립 여부	독립	30.12	62.23	73.85	286.70 ***
	미독립	69.88	37.77	26.15	
	전체	100.00	100.00	100.00	
혼인 경험 여부	있음	1.43	7.20	31.23	300.36 ***
	없음	98.57	92.8	68.77	
	전체	100.00	100.00	100.00	
자녀 유무	있음	0.00	2.58	14.17	149.76 ***
	없음	100.00	97.42	85.83	
	전체	100.00	100.00	100.00	

주: * p<0.5, ** p<0.01, *** p<0.001
자료: 「이행기 청년 실태와 인식 조사」 원자료

제3절 가족 이행에 대한 젠더의식

젠더의식, 가족 내 성역할 규범은 성인으로의 이행에 영향을 미치는 것으로 알려져 있다. 특히 결혼과 출산, 양육으로 구성되는 가족이행에 큰 영향을 미친다. 여성의 교육과 노동시장 참여 기회가 확대되면서 전통적인 성역할에 대한 규범도 변화하고 있다. 이에 오늘날 우리나라 청년들의 가족 이행에 관한 성역할 규범(인식)을 살펴보고자 한다.

1. 젠더의식

전통적인 성역할 규범은 크게 약화되었고, 평등주의 규범이 확산되었다는 점은 잘 알려져 있다. 이 조사의 결과는 19-34세 청년들 사이에서 이 변화가 상당히 확고하다는 것을 보여준다. 성역할 태도를 측정하기 위한 다섯 가지 문항 중에서 첫 번째 문항에 대한 응답 결과를 살펴보면, 응답자의 82.1%가 남성과 여성의 성역할 분리(일과 가정으로 양분되어 있다는 생각)를 지지하지 않는다고 응답했다. 물론 남성이거나 고졸이하인 경우 성역할 분리규범을 수용하는 비율이 상대적으로 높았지만, 이 집단에서도 다수는 성역할 분리 규범에 대해 동의하지 않았다.

그러나 남성과 여성 각각의 성역할에 대한 문항에 대해서는 동의 비율이 다소 높아졌다. 먼저 남성이라면 단독 생계부양자로서의 능력과 역할을 해야 한다는 규범(남성생계부양자규범)에 대해서는 31.9%가 동의하였으며, 남성이거나 30세 이상인 경우 동의율이 상대적으로 더 높았다. 특히 성별의 차이가 컸는데, 여성은 22.4%만이 이 항목에 동의했으나 남성은 40.5%가 동의했다. 다음으로 자녀가 있는 여성의 경제활동에 대해 동의하지 않는 비율을 여성 성역할 태도로 간주하고 이를 측정하였다. 이 경우 문항의 경우, 전체의 22.9%가 이 문항에 동의하지 않고 여성 성역할 규범을 지지하는 것으로 나타났다. 이 항목에서 성별 차이가 컸는데, 여성은 14.1%만이 여성 성역할 규범을 지지했는데, 남성은 30.8%가 그러한 것으로 나타났다. 또한 연령에 따라 동의 정도에 차이가 있었는데, 연령이 낮을수록 여성 성역할 규범에 대한 지지율이 낮았다.

[그림 5-2] 젠더의식 항목별 동의율과 성별 차이

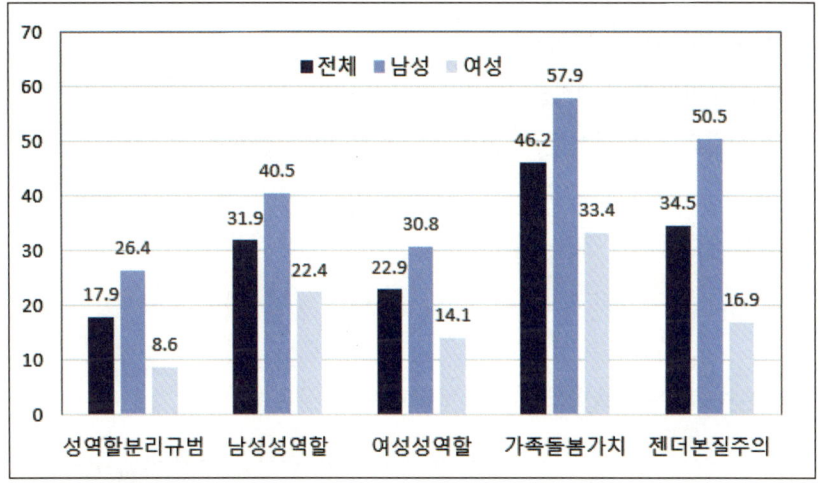

주: 1) 조사문항은 전혀 동의하지 않음, 별로 동의안함, 약간 동의함, 매우 동의함의 4점 척도로 설계되어 있으나, 동의 여부로 변환하여 동의율을 산출함.
  2) 각 항목의 조사 문항은 다음과 같음. 성역할 분리 규범: 남편이 할 일은 돈을 버는 일이고 아내가 할 일은 가정과 가족을 돌보는 일이다, 남성 성역할: 남성이라면 혼자 힘으로 가족의 생계를 책임질 수 있어야 한다, 여성 성역할: 어린 자녀가 있더라도 직장생활을 유지하는 것이 여성의 삶에 더 좋다(역코딩), 가족돌봄가치: 가정에서 가족을 돌보는 일은 밖에서 돈을 버는 일보다 보람 있는 일이다, 젠더본질주의: 전반적으로 남성은 여성보다 정치적 리더십이 뛰어나다.
자료: 「이행기 청년 실태와 인식 조사」 원자료.

다음 항목은 돌봄활동이 소득활동보다 더 보람있는 일이라는 데 대한 동의비율을 측정한 것이다. 이 항목은 특정 성의 역할과 관련짓지 않고 가족을 돌보는 활동 자체의 가치를 측정한 것이다. 청년들의 46.2%가 이에 동의한다고 응답했다. 그런데 여기에서도 여성보다 남성의 동의율이 높았으며, 소득이 높은 집단의 동의율이 상대적으로 높았다. 돌봄활동의 가치에 대한 동의율 수준은 앞의 성역할분리규범이나 남성성역할, 여성성역할 각각에 대한 동의율 수준보다 높은 데 주목할 필요가 있다. 이 항목에 대한 비교적 높은 동의비율은 돌봄활동을 자율적이고 가치있는 것으로 경험하거나 기대하는 것이 반드시 성역할분리 규범을 지지하는 것은 아님을 보여준다.

마지막으로 성차별 의식을 측정하였다. 남성은 여성보다 정치적 리더십이 뛰어나다는 관념은 넓은 의미의 젠더의식 중에서 성별에 따라 본질적으로 규정된 자질과 능력에 차이가 있다는 관념을 보여준다. 이러한 젠더 본질주의에 동의하는 비율은 34.5%로 나타났으며, 여기에서도 남성은 50.5%가 동의하였지만 여성은 단지 16.9%만이 동의했다. 특히 비수도권에 거주하거나 교육수준이 낮을수록 젠더 본질주의를 수용하는 비율이 높은 것으로 나타났다.

〈표 5-11〉 젠더의식 항목별 동의율과 인구통계적 범주와의 관계

(단위: N, %)

구분			전체	비동의	동의함	계	평균	t/F
		전체	(2086)	82.1	17.9	100.0	1.73	
성역할 분리규범	성별	남성	(1093)	73.6	26.4	100.0	1.96	14.955 ***
		여성	(993)	91.4	8.6	100.0	1.47	
	연령	19-24세	(687)	82.1	17.9	100.0	1.72	0.096
		25-29세	(705)	82.0	18.0	100.0	1.73	
		30-34세	(694)	82.2	17.8	100.0	1.74	
	지역	수도권	(1154)	82.1	17.9	100.0	1.71	-0.981
		비수도권	(932)	82.0	18.0	100.0	1.75	
	학력	고졸이하	(745)	78.6	21.4	100.0	1.81	6.242 ***
		2-3년제 대학 졸업	(300)	83.7	16.3	100.0	1.75	
		4년제 대학 졸업	(970)	84.0	16.0	100.0	1.67	
		대학원 졸업	(71)	84.8	15.2	100.0	1.52	

구분			전체	비동의	동의함	계	평균	t/F
남성의 생계 부양자 규범		전체	(2086)	68.1	31.9	100.0	2.05	
	성별	남성	(1093)	59.5	40.5	100.0	2.25	10.301 ***
		여성	(993)	77.6	22.4	100.0	1.84	
	연령	19-24세	(687)	71.5	28.5	100.0	1.99	5.073 **
		25-29세	(705)	69.0	31.0	100.0	2.03	
		30-34세	(694)	63.8	36.2	100.0	2.14	
	지역	수도권	(115)	67.1	32.9	100.0	2.07	1.059
		비수도권	(932)	69.4	30.6	100.0	2.03	
	학력	고졸이하	(745)	66.8	33.2	100.0	2.07	0.526
		2-3년제 대학 졸업	(300)	67.8	32.2	100.0	2.06	
		4년제 대학 졸업	(970)	68.8	31.2	100.0	2.05	
		대학원 졸업	(71)	73.4	26.6	100.0	1.92	
여성의 모성역할 규범		전체	(2086)	22.9	77.1	100.0	2.99	
	성별	남성	(1093)	30.8	69.2	100.0	2.79	-12.799 ***
		여성	(993)	14.1	85.9	100.0	3.21	
	연령	19-24세	(687)	27.6	72.4	100.0	2.86	18.322 ***(a)
		25-29세	(705)	22.1	77.9	100.0	3.02	
		30-34세	(694)	18.9	81.1	100.0	3.10	
	지역	수도권	(1154)	21.6	78.4	100.0	3.03	2.087 *
		비수도권	(932)	24.4	75.6	100.0	2.95	
	학력	고졸이하	(745)	29.6	70.4	100.0	2.84	17.249 ***(a)
		2-3년제 대학 졸업	(300)	19.9	80.1	100.0	3.01	
		4년제 대학 졸업	(970)	19.3	80.7	100.0	3.09	
		대학원 졸업	(71)	14.0	86.0	100.0	3.19	
가족 돌봄의 가치		전체	(2086)	53.8	46.2	100.0	2.42	
	성별	남성	(1093)	42.1	57.9	100.0	2.61	11.904 ***
		여성	(993)	66.6	33.4	100.0	2.21	
	연령	19-24세	(687)	53.0	47.0	100.0	2.41	0.460
		25-29세	(705)	53.7	46.3	100.0	2.44	
		30-34세	(694)	54.8	45.2	100.0	2.40	
	지역	수도권	(1154)	54.8	45.2	100.0	2.40	-0.928
		비수도권	(932)	52.6	47.4	100.0	2.44	
	학력	고졸이하	(745)	50.4	49.6	100.0	2.45	2.113
		2-3년제 대학 졸업	(300)	52.6	47.4	100.0	2.45	
		4년제 대학 졸업	(970)	56.4	43.6	100.0	2.39	
		대학원 졸업	(71)	57.9	42.1	100.0	2.24	

구분		전체	비동의	동의함	계	평균	t/F
젠더 본질주의	전체	(2086)	65.5	34.5	100.0	2.10	
	성별 남성	(1093)	49.5	50.5	100.0	2.48	21.670 ***
	여성	(993)	83.1	16.9	100.0	1.68	
	연령 19-24세	(687)	66.2	33.8	100.0	2.05	
	25-29세	(705)	64.6	35.4	100.0	2.12	1.828
	30-34세	(694)	65.6	34.4	100.0	2.14	
	지역 수도권	(1154)	67.5	32.5	100.0	2.05	-2.683 **
	비수도권	(932)	62.9	37.1	100.0	2.16	
	학력 고졸이하	(745)	60.8	39.2	100.0	2.19	
	2-3년제 대학 졸업	(300)	64.6	35.4	100.0	2.19	6.005 ***(a)
	4년제 대학 졸업	(970)	69.0	31.0	100.0	2.02	
	대학원 졸업	(71)	70.0	30.0	100.0	2.00	

주: 1) 4점 척도(전혀 동의하지 않음(1), 별로 동의 안함(2), 약간 동의함(3), 매우 동의함(4))로 측정되었으나, 지면의 제약상 여기에서는 비동의(1+2)와 동의(3+4)로 제시함. 평균 점수와 T/F 값은 4점 척도에 기초한 것임.
2) 각 항목의 조사 문항은 다음과 같음. 성역할 분리규범: 남편이 할 일은 돈을 버는 일이고 아내가 할 일은 가정과 가족을 돌보는 일이다, 남성 성역할: 남성이라면 혼자 힘으로 가족의 생계를 책임질 수 있어야 한다, 여성 성역할: 어린 자녀가 있더라도 직장생활을 유지하는 것이 여성의 삶에 더 좋다(역코딩), 가족돌봄가치: 가정에서 가족을 돌보는 일은 밖에서 돈을 버는 일보다 보람 있는 일이다, 젠더 본질주의: 전반적으로 남성은 여성보다 정치적 리더십이 뛰어나다.
3) * p<0.5, ** p<0.01, *** p<0.001
자료: 「이행기 청년 실태와 인식 조사」 원자료.

2. 젠더의식에 대한 잠재집단분석

다음에서는 잠재집단분석(Latent Class Analysis)을 통해 응답자의 젠더의식을 두 개의 잠재집단으로 구분하여 분석하고자 한다. 이 연구에서는 젠더의식의 잠재집단을 한편으로는 종속변수로 활용하여, 각 젠더의식 유형의 성격을 구체화하고자 하며, 다른 한편으로는 젠더의식유형을 독립변수로 활용하여, 청년들의 젠더의식이 이행기의 실천과 태도에 어떤 영향을 미치는가를 분석하도록 한다.

우리는 이분변수로 되어 있는 5개 변수를 가지고 잠재집단분석을 다음과 같은 순서로 수행하고자 한다. 먼저 적정 잠재집단 수를 파악하기 위해, 집단의 개수를 늘려감에 따른 모형의 AIC와 BIC값을 측정하고, 집단 개수 증가에 따른 AIC와 BIC 값의 감소패턴을 관찰하면서 적정 집단의 수를 2개로 선정하였다. 잠재집단은 젠더의식 5개 항목에 대해 거의 모두 동의하지 않는 유형과 동의하는 유형으로 구분되었다.

〈표 5-12〉 젠더의식 항목에 관한 잠재집단 개요

잠재집단수	관측치	ll(null)	ll(model)	df	AIC	BIC
1	2,086	.	-6193.11	5	12396.22	12424.43
2	2,086	.	-5781.61	11	11585.21	11647.29
3	2,086	.	-5767.60	17	11569.19	11665.12

자료: 「이행기 청년 실태와 인식 조사」 원자료

2개의 잠재집단 각각의 특성은 다음과 같이 도해된다([그림 5-3])). 잠재집단 1(LC 1)은 대부분의 젠더 규범에 동의하지 않는 특성을 보이지만 성역할분리규범에 대한 동의율이 가장 낮았고 가족돌봄가치에 대한 동의율은 가장 높은 특성을 보였다. 성역할분리규범에 반대하는 강도는 매우 강하지만, 그것이 가족돌봄의 가치를 무시하는 것과는 반드시 일치하지 않았다. 또한 성역할분리 규범에 대한 지지율이 거의 0%에 가까운 것과 달리, 남성의 생계부양 역할과 여성의 돌봄역할 각각에 대해서는 20% 수준의 지지율을 보였으며, 젠더 본질주의(남성과 여성의 타고난 역량이 다르다는 관념)에 대한 동의율도 약 20% 수준으로 나타난다.

잠재집단 2(LC2)는 잠재집단 1과 극명한 대조를 이룬다. 여성성역할규범을 제외한 모든 항목에 대해 60% 이상의 높은 동의율을 나타내었으며, 특히 남성과 여성의 능력 차이에 관한 젠더 본질주의에 대한 동의율이 높게 나타났다. 흥미로운 것은 여성성역할 규범에 대한 동의(자녀가 있는 여성도 자기 일을 갖는 것이 좋다는 문항에 대한 비동의) 정도는 매우 낮아서 같은 문항에 대한 잠재집단 1의 동의율 추정값(약 20%)과 격차가 거의 없었다.

뚜렷하게 분리된 두 젠더의식 집단 간의 차이를 특징짓는 것은 여성의 성역할(자녀가 있는 여성의 경제활동에 대한 동의 여부 역코딩)에 대한 태도의 차이가 아니라, 남녀의 역할과 역량에 (위계적) 차이가 있다는 의식, 즉 젠더 그 자체에 대한 믿음을 갖고 있는가이다. 또한 여성의 경제활동에 대해서는 찬성하면서도 남성의 역할은 가족을 부양하는 것이라는 전통적인 남성 성역할에 대한 지지율이 잠재집단 2에서는 여전히 높은 것으로 나타났다.

이상의 분석을 통해, 청년세대의 젠더의식은 '성평등지향형'(잠재집단 1)과 '성분리지향형'(잠재집단 2)으로 구분된다고 해석할 수 있다. 뿐만 아니라 성평등지향형은 성에 따른 역할과 능력의 차이를 전제하는 것에 반대하지만, 돌봄의 가치를 부정하지는 않는 특성을 보인다. 또한 성분리지향형은 남성과 여성 사이의 역할과 역량의 차이를 강조하지만, 경제활동에 남성만 참여해야 한다고는 생각하지 않는 특성을 보인다.

두 집단은 서로 상반된 젠더의식을 갖고 있으며, 성에 따른 역할과 역량의 차이에 대해 뚜렷하게 다른 태도를 보이고 있다. 청년세대의 젠더의식이 이처럼 선명하게 다른 두 의식집단으로 구분된다는 것은 다양한 생활영역에서 갈등의 수준이 상당할 수 있음을 시사한다.

그럼에도 불구하고 서로 상반된 젠더의식으로 갈라진 두 집단이 공유하는 인식 지반도 있다는 것을 보여준다. 즉 성평등지향 집단이나 성분리지향 집단 모두 돌봄활동이나 경제활동이 특정 성이 일방적으로 수행해야 한다는 배타적 인식과는 거리를 두고 있다는 점이다. 또한 두 집단 모두에서 경제활동만큼이나 돌봄활동도 가치 있는 일이라는 태도의 수용도가 상대적으로 높은 점에도 주목할 필요가 있다.

[그림 5-3] 젠더의식 집단별 응답 특성

(단위: %)

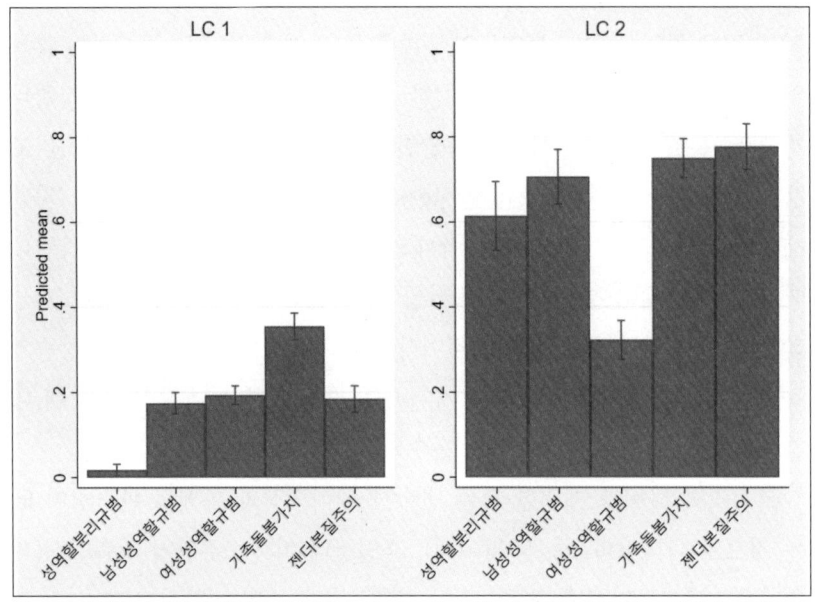

주: x축의 항목에 대한 설명은 앞의 [그림 5-2] 참조. 'LC1'은 잠재집단 1(성평등지향형)을 지칭하고, 'LC2'는 잠재집단 2(성분리지향형)을 지칭함.
자료: 「이행기 청년 실태와 인식 조사」 원자료.

다음으로는 이와 같이 서로 다른 젠더의식을 대변하는 두 집단이 각각 몇 %나 분포하는가를 살펴보고, 각 집단에 속한 응답자들의 인구통계적 특성을 분석하고자 한다.

먼저 응답자들의 젠더의식 집단 분포를 보면, 응답자의 72.8%가 성평등지향형(잠재집단 1)에 속하고 27.2%가 잠재집단 2에 속하는 것으로 나타났다(표준오차 2.19%). 청년응답자의 다수는 성평등지향형에 속한다는 것을 보여준다. 그러나 성분리지향형의 비율도 단순히 소수라고 간주할 수는 없는 것으로 보인다.

그렇다면 응답자의 인구통계적 특성과 집단소속 사이의 관계는 무엇인가? 성분리지향형(잠재집단 2)에 대하여 성평등지향형(잠재집단 1)에 속할 확률을 로짓분석으로 분석하였다. 독립변수로 응답자의 인구사회적 변수(성별, 연령, 결혼 여부)를 포함하였고, 주관적 계층변수와 불평등인식 수준을 투입하였다. 불평등인식 수준은 세 개의 변수로 구분하여 분석하였다. '불평등 심각함' 변수는 '한국사회의 불평등은 얼마나 심각합니까'라는 문항에 0~10 사이에 응답한 결과(점수가 높을수록 심각하다고 생각함)를 1~6의 점수로 전환한 것이고, '부모의 영향 강함' 변수는 '자녀 세대의 사회경제적 지위가 부모세대의 지위에 영향을 받는다고 생각합니까'라는 문항에 0~10 사이에 응답한 결과(점수가 높을수록 강하다고 생각함)를 1~6의 점수로 전환한 것이다. 마지막으로 '노력하면 지위상승가능' 변수는 '개인의 사회경제적 지위가 노력을 통해 높아질 가능성'에 대한 4점 척도 변수로서 점수가 높을수록 가능성이 낮다고 인식한다.

분석결과 나이를 제외한 모든 변수가 젠더의식과 통계적 관련성이 있는 것으로 나타났다. 즉 성별(여성), 혼인상태(미혼), 주관적 계층인식(계층낮음), 불평등인식(불평등수준이 심각하고 부모의 영향력이 크며, 노력으로 개인의 사회경제적 지위를 높일 가능성이 낮다고 생각)과 '성평등지향형' 사이의 연관성이 높게 나타났다.

남성에 비해 여성이 성평등지향형에 속할 가능성이 높은 것으로 나타났다. 반대로 남성은 여성에 비해 성분리지향형에 속할 가능성이 높다. 연령은 통계적으로 유의미한 효과가 없었고, 결혼한 사람보다는 결혼하지 않은 사람이 성평등지향형에 속할 가능성이 높게 나타났다.

또한 분석결과, 주관적 계층의식과 사회불평등 인식은 젠더의식과 통계적으로 연관성이 있었다. 통상적으로 사회경제적 지위가 낮은 계층이 새로운 자유주의적 가치를 따라잡는 데 지체되어 전통적 가치, 젠더 본질주의 등을 수용할 가능성이 높을 것이라 가정되어 왔다. 그러나 이 연구결과에 따르면, 본인의 계층지위가 낮다고 생각하는 것이 성분리지향보다는 성평등지향에 속할 가능성을 높였다. 또한 사회경제적 불평등 수준이 심각하다고 생각하며, 본인의 노력보다는 부모의 경제적 지위가 사회경제적 지위에 영향을 미친다고 생각하는 것이 '성평등지향'에 속할 가능성을 높이는 것으로 나타났다.

〈표 5-13〉 '성평등지향형'(vs. '성분리지향형')의 설명요인 로짓분석

구분	Coef.	Robust Std. Err.	z	P>z	95% Conf.	Interval
성별(남성)						
여성	1.464	0.128	11.440	0.000	1.213	1.715
나이	0.003	0.014	0.180	0.853	-0.025	0.031
결혼여부(기혼)						
미혼	0.579	0.180	3.220	0.001	0.227	0.932
주관적 계층(중상층 이상)						
중간층	0.618	0.210	2.940	0.003	0.207	1.030
중하층	0.595	0.210	2.830	0.005	0.183	1.007
하층	0.648	0.240	2.700	0.007	0.177	1.118
불평등정도 심각함(1~6)	0.126	0.058	2.160	0.031	0.011	0.240
부모재산의 영향 강함(1~6)	0.116	0.055	2.100	0.036	0.008	0.224
노력으로 지위상승 불가능(1~4)	0.159	0.077	2.070	0.039	0.008	0.309
절편	-3.962	0.693	-5.710	0.000	-5.321	-2.603

N = 2,086
Pseudo R^2 = 0.1000

자료: 「이행기 청년 실태와 인식 조사」 원자료.

이러한 결과는 실제로 사회경제적으로 유리한 집단이 상대적으로 성분리지향을 갖기 쉽고, 사회경제적으로 불리한 집단이 성평등지향을 갖기 쉽다는 것을 보여준다. 이를 통해, 청년의 성분리지향에 상대적으로 높은 계층적 지위가 영향을 미친다고 해석할 수 있다.

청년세대는 성별이나 출신 계층이 아니라 본인의 능력과 노력으로 경제적 지위를 얻는 것이 공정하다는 관념을 널리 공유하고 있다고 알려져 있다. 불평등인식과 젠더의식 사이의 관계는, 이러한 공정성 지향과 성평등지향이 수렴하며, 그러한 공정성의 기준에 실제 사회경제적 불평등 수준과 지위결정방식이 미치지 못하고 있다는 것을 보여준다. 청년세대에게는 성평등수준을 높이는 것과 사회경제적 평등의 수준을 높이는 것이 양자택일적인 문제가 아니라 동일하게 공정성을 높이는 문제일 개연성이 높다.

청년들이 채택하는 젠더의식에는 다양한 사회적, 문화적, 정치적 요인들이 영향을 미치고 있다. 그 결과, 전통적인 설명틀과 일치하지 않는 새로운 패턴이 발견되고 있다. 젠더와 계층의 교차, 사회경제적 불평등과 젠더불평등의 교차 현상에 주목한 심층적인 연구가 필요하다.

제4절 성인됨에 대한 인식

이 절에서는 통상적으로 성인으로 이행하기 위해 갖추어야 할 요소로 간주되는 네 가지 항목(경제적 자립, 주거 분리, 결혼, 출산)을 중심으로 청년들의 이행기에 대한 인식 특성을 살펴보고자 한다. 특히 청년들은 각 항목을 얼마나 중요하거나 필수적이라고 생각하고 있는가를 살펴보고 성과 계층 등 특성에 따라, 중요하거나 필수적이라고 생각하는 이행항목들에 어떤 차이가 있는가를 분석한다.

이 조사에서는 각 이행 항목에 대해 적정한 이행시기(연령)와 이행 항목의 필요성에 대한 동의 여부를 조사하였다. 이 절에서는 먼저 적정한 이행 연령에 대해 살펴보고, 뒤이어 각 이행 항목의 필수성에 대한 개인의 태도를 분석한다. 특히 후자의 이행 항목 필수성에 대한 태도는 개인적 태도와 개인이 인지한 사회적 요구의 두 측면으로 구분하여 비교분석한다. 이를 통해 개인들의 주관적 태도가 사회적 요구와 일치하거나 불일치하는 정도를 이해할 수 있으며, 규범과 개인의 태도 사이의 관계 변화에 대한 함의를 얻고자 한다.

이미 잘 알려져 있듯이, 청년기에 이러한 성인이행 과업을 모두 수행한 청년들의 비율은 감소하고 있다. 기존 연구들은 이러한 생애과정의 비이행을 '성인됨의 지연', '미성숙한 의존기간의 장기화'와 같은 '지체현상'으로 규정해 왔다. 이러한 연구들은 성인이행을 지연시키는 우리 사회제도의 문제점을 부각시키고 다양한 청년 지원 프로그램을 개발하는 데 기여하였다. 그러나 성인이행과정에서 주목해야 할 쟁점이 단지 개인의 이행 수행가능성에만 국한되지는 않는다. 현실적으로 경제적 자립, 주거 분리(자립), 가족형성 등의 성인 이행 항목에 진입하지 않은 '새로운 성인'이 늘어나는 현상은, 단지 미이행자의 증가가 아니라, 성인이면서도 성인이행을 하지 않은 역설적인 상태에 처한 사람들의 수가 늘어나고 있는 현상이기 때문이다. 이러한 현상은 이미 청년기와 성인기를 엄격하게 구분될 수 없도록 만들고 있다. 즉 성인기의 의미와 성격 또한 변화할 수 있는 것이다.

이러한 관심을 반영하여, 이 절에서는 청년세대가 전통적인 성인이행 지표에 대해 어떤 태도를 갖고 있는가를 분석하고자 한다. 또한 세대 내부의 이질성, 특히 성과 계층에 따른 태도의 차이를 비교 분석하여, 이러한 청년세대의 변화된 태도가 청년기와 성인기의 불평등과 어떤 관련이 있는가를 살펴본다. 즉 젠더와 계층이라는 두 불평등 요인이 성인이행기에 대한 개인의 의식과 새로운 성인기에 대한 개념을 구성하는 데 어떤 영향을 미치는지를 이해하고자 한다.

1. 성인 이행의 지연과 적정 연령에 대한 태도

청년들이 성인이 되는 나이라고 생각하는 연령은 평균 23.4세로 조사되었다. 구체적인 응답 분포를 보면, 20세 미만이 24.9%, 20-24세가 34.0%, 25-29세가 23.6%, 30세 이상이 17.5%로 나타났다. 성인으로 인식되는 나이는 법적 성인연령 18세보다 약 3.4세 많을 뿐만 아니라, 10대 후반부터 30대 이상까지 비교적 고르게 분포하여 특정 연령을 중심으로 집중되는 패턴이 발견되지 않는다.

이처럼 성인 연령의 분산이 큰 것은 일차적으로 연령 그 자체가 성인 여부를 규정하는 정도가 크지 않은 현실을 반영한다. 뿐만 아니라 각 연령대의 주요한 사회적 경험이나 활동의 내용 등에서도 개인간 차이가 크기 때문이라고도 볼 수 있다. 나아가 성인 이행에 영향을 미치는 제도나 규범도 개인들에게 모호하거나 불완전하게 경험되기 때문일 것으로 보인다.

성인이라고 생각하는 나이는 성별, 지역, 교육수준, 나이 등에 따라 차이가 있는 것으로 나타났다. 남성은 여성보다, 19-24세인 청년층은 그보다 나이가 많은 청년들보다, 비수도권 청년들은 수도권 청년들보다 성인 연령을 더 낮게 인식하고 있다. 교육수준에 따른 차이도 유의미했는데, 교육수준이 높을수록 성인 연령을 더 높게 인식하고 있다.

〈표 5-14〉 성인이라고 생각하는 나이

(단위: %)

	전체	20세 미만	20세~24세	25세~29세	30세 이상	계	평균(세)	t/F
	전체	24.9	34.0	23.6	17.5	100.0	23.34	
성별	남성	32.2	33.1	21.5	13.1	100.0	22.43	-9.168 ***
	여성	16.9	34.9	26.0	22.2	100.0	24.34	
연령	19-24세	25.2	37.9	25.3	11.5	100.0	22.85	5.207 **(a)
	25-29세	23.3	31.3	26.6	18.8	100.0	23.62	
	30-34세	26.2	32.9	19.0	22.0	100.0	23.53	
지역	수도권	22.1	34.7	24.4	18.8	100.0	23.60	2.776 **
	비수도권	28.4	33.1	22.6	15.8	100.0	23.01	
학력	고졸이하	28.3	36.1	23.6	12.1	100.0	22.59	10.332 ***(a)
	2-3년제 대학 졸업	24.7	35.4	22.0	17.9	100.0	23.36	
	4년제 대학 졸업	23.0	32.3	23.6	21.2	100.0	23.83	
	대학원 졸업	17.3	30.1	31.3	21.3	100.0	24.32	

주: * p<0.5, ** p<0.01, *** p<0.001
자료: 「이행기 청년 실태와 인식 조사」 원자료.

　표로 제시하지는 않지만, 현재 청년들은 부모세대가 자신들보다 더 빨리 성인이 되었다고 인식하는 것으로 드러났다. 청년세대가 생각하는 부모세대의 성인이행 연령은 20.2세이며, 20세 미만이라는 응답이 45.2%, 20-24세라는 응답이 42.6%를 차지했다. 또한 청년들은 자신들의 자녀 세대는 지금과 비슷하거나(40.7%), 더 늦게(44.1%) 성인이 될 것이라고 생각하고 있었다. 이와 같이 청년들은 성인이행 연령의 세대간 차이가 존재함을 이해하고 있으며, 본인 세대의 성인이행은 과거(부모세대)에 비해 늦어졌고, 이러한 추세는 미래에도 지속될 것이라고 전망하고 있다. 즉 청년세대가 경험하는 성인 진입 시기의 지연이 일시적인 당대의 문제가 아니라 지속되거나 심화될 수 있는 일이라고 생각하고 있는 것이다.
　다음은 전통적으로 성인이행의 과업으로 간주되어 온 네 가지 영역에 대해 적정 이행 연령에 대한 개인적 태도와 사회적 요구에 대한 인식을 살펴본 결과이다. 여기에서는 평균 연령만을 제시한다.

본인이 적정하다고 생각하는 독립 연령은 경제적 독립의 경우 25.3세, 주거 분리의 경우 26.3세이다. 25세 무렵 경제적으로 자립한 이후 약 1년 이후 주거 분리를 하는 것이 바람직하다고 생각하는 것이다. 사회적 요구 측면에서 생각한 적정 독립 연령은 경제적 독립의 경우 25.0세, 주거 분리의 경우 26.3세로 본인의 생각과 거의 일치한다.

적정 결혼 시점에 대해서도 개인의 태도와 (개인이 인식하는) 사회의 태도로 구분하여 살펴보자. 청년들이 생각하는 적정 결혼연령은 평균 30.7세로 조사되었으며, 사회적 요구 수준에서 본 적정 결혼연령은 그보다 0.3세 낮은 30.4세로 나타났다. 개인의 태도와 사회적 요구 인식 사이에 큰 차이가 나타나지 않았지만, 청년들은 사회적으로 요구되는 결혼 시기보다 조금 더 늦은 시기에 결혼하는 것이 좋다고 생각하는 것으로 보인다.

적정 자녀출산연령에 대한 조사 결과도 이와 유사한 패턴을 보여준다. 개인적으로 적정하다고 생각하는 출산연령은 평균 31.2세로 조사되었으나, 사회적으로 요구되는 적정 출산연령은 그보다 약 0.8세 낮은 30.4세로 나타났다. 첫 출산도 결혼과 마찬가지로 청년들은 사회적으로 요구되는 시기보다 조금 더 늦은 시기에 첫 출산이 이루어지는 것이 적절하다고 생각하는 것이다.

〔그림 5-4〕 항목별 적정 이행 연령과 개인적 태도 및 사회적 요구의 비교

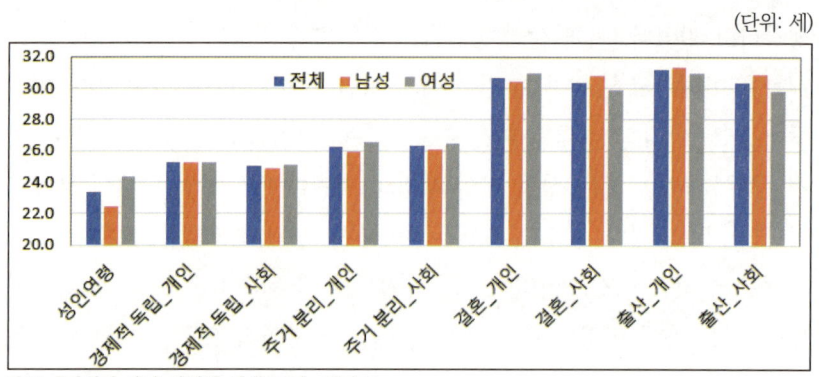

자료: 「이행기 청년 실태와 인식 조사」 원자료.

경제적자립연령, 주거분리연령, 결혼연령, 첫출산연령을 평균값을 중심으로 비교하면, 청년의 이행기 생애경로는 경제적 자립을 거쳐 주거 분리를 한 이후 결혼으로 이행하고 그다음 순으로 출산에 이르는 순서를 따른다고 이해할 수 있다. 그림에서 자명하게 드러나듯이, 소득활동과 주거 분리를 통한 독립시점과 결혼 및 출산이 이루어지는 시점 사이의 시간적 격차가 큰 것에 대해서도 주목할 필요가 있다. 평균 연령에 치우친 해석이라는 점에서 한계가 있지만, 그림은 부모로부터 자립하는 시기와 새로운 가족을 형성하는 시기 사이에 시간적 격차를 두는 것이 바람직하다는 청년세대의 인식과 태도를 보여준다. 또한 뒤이어 살펴보겠지만, 경제적 자립에서 주거 분리 그리고 결혼, 출산으로 갈수록, 이행의 필요성에 대한 동의율은 감소한다. 여기에 제시한 적정 연령에 대한 응답은 각 항목의 이행 필요성이나 당위성에 대한 동의를 전제한 것은 아님에 주의해야 한다.

성별 차이를 살펴보면, 출산을 제외한 모든 항목에서 여성이 남성보다 이행 연령을 다소 높게 인식하고 있었다. 특히 적정 결혼연령에 대한 응답을 보면, 여성들은 남성보다 개인적 결혼연령을 더 높게 응답했으나 사회적으로 적절하다고 간주되는 연령은 그보다 더 낮다고 인식하고 있다.

2. 성인이행 국면에 대한 개인적 태도와 사회적 요구에 대한 인식

가. 경제적 독립과 주거 독립에 대한 태도

다음은 부모로부터의 경제적 독립과 주거독립을 청년 스스로가 얼마나 중요하다고 인식하고 있는가를 질문한 결과이다. 이에 따르면 경제적 독립은 76.0%가 반드시 해야 하거나 하는 것이 좋다고 응답했으며, 하지 않아도 좋다는 응답도 22.4%를 차지했다. 경제적 독립의 중요성에 대한 인식은 성별이나 연령, 지역 등과는 유의미한 관계가 없었다. 대신 학력이 낮을수록, 본인의 주관적 소득계층이 낮을수록, 경제적 독립이 덜 필요하거나 덜 중요하다고 생각하는 것으로 나타났다.

〈표 5-15〉 부모로부터 경제적 독립에 대한 태도

(단위: %)

구분		반드시 해야 한다	하는 편이 좋다	해도 좋고 하지 않아도 된다	하지 않는 게 낫다	계	X²(df)
전체		30.9	45.1	22.4	1.5	100.0	
성별	남성	30.7	45.0	22.5	1.8	100.0	1.374 (3)
	여성	31.2	45.2	22.3	1.2	100.0	
연령	19-24세	28.8	44.8	24.8	1.6	100.0	6.742 (6)
	25-29세	30.4	46.1	21.7	1.8	100.0	
	30-34세	33.7	44.3	20.9	1.2	100.0	
지역	수도권	30.8	44.9	22.6	1.7	100.0	0.754 (3)
	비수도권	31.1	45.4	22.2	1.3	100.0	
학력	고졸이하	27.9	46.9	23.3	2.0	100.0	20.135 (9)*
	2-3년제 대학 졸업	30.7	39.7	28.3	1.4	100.0	
	4년제 대학 졸업	33.1	45.0	20.8	1.1	100.0	
	대학원 졸업	35.2	50.5	11.4	2.9	100.0	
본인 소득 계층	중상층 이상	39.2	41.4	16.5	2.9	100.0	24.880 (9)**
	중간층	31.2	45.1	22.9	0.9	100.0	
	중하층	27.1	48.5	22.8	1.6	100.0	
	하층	36.8	37.9	22.9	2.5	100.0	

주: * p〈0.5, ** p〈0.01, *** p〈0.001
자료: 「이행기 청년 실태와 인식 조사」 원자료

주거 독립은 경제적 독립에 비해 덜 필수적인 항목으로 나타났다. 반드시 해야 한다거나 하는 것이 좋다는 응답은 전체의 절반을 넘는 67.9%를 차지했으나, 반드시 해야 하는 것은 아니라는 응답도 30.2%, 하지 않는 게 낫다는 응답은 2.0%를 차지했다. 19-24세 청년은 25-29세, 30-34세 연령집단보다 주거 독립이 상황에 따른 선택적인 항목으로 생각할 가능성이 큰 것으로 나타났다. 그 외 성별, 지역, 교육수준, 본인 소득계층에 따른 차이는 나타나지 않았다.

〈표 5-16〉 부모로부터 주거 분리에 대한 태도

(단위: %)

구분		반드시 해야 한다	하는 편이 좋다	해도 좋고 하지 않아도 된다	하지 않는 게 낫다	계	$X^2(df)$
전체		22.1	45.8	30.2	2.0	100.0	
성별	남성	22.4	45.4	30.5	1.7	100.0	0.855 (3)
	여성	21.8	46.2	29.8	2.2	100.0	
연령	19-24세	20.4	44.3	33.7	1.6	100.0	15.038 (6)*
	25-29세	20.4	47.4	29.4	2.8	100.0	
	30-34세	25.6	45.5	27.4	1.5	100.0	
지역	수도권	20.7	46.2	31.1	2.0	100.0	3.141 (3)
	비수도권	23.8	45.2	29.0	1.9	100.0	
학력	고졸이하	21.5	44.4	32.1	2.0	100.0	13.718 (9)
	2-3년제 대학 졸업	18.7	46.3	33.0	2.0	100.0	
	4년제 대학 졸업	22.9	46.3	28.8	2.0	100.0	
	대학원 졸업	31.8	51.0	15.7	1.5	100.0	
본인 소득 계층	중상층 이상	30.5	42.9	24.2	2.3	100.0	15.154 (9)
	중간층	21.6	44.7	32.3	1.5	100.0	
	중하층	20.1	48.5	29.3	2.1	100.0	
	하층	25.3	42.4	29.5	2.8	100.0	

주: * p〈0.5, ** p〈0.01, *** p〈0.001
자료: 「이행기 청년 실태와 인식 조사」 원자료

다음으로 경제적 독립과 주거독립에 대해, 응답자의 개인적 태도가 아니라 사회적 요구에 대한 인식을 살펴보았다. 부모로부터의 독립과 분리의 경우 응답자의 주관적 견해에 비해, 사회적으로 요구되는 규범으로서의 강도는 덜 강한 것으로 나타났다. 우리 사회는 청년이 부모로부터 경제적 독립해야 한다고 생각하는 응답자는 72.2%로서 청년 자신의 태도보다 3.8%p 낮았으며, 주거 분리를 해야 한다는 응답은 60.4%로서 청년 자신의 필요성을 측정한 67.9%보다 7.5%p 낮았다.

〈표 5-17〉 경제적 독립과 주거분리의 당위성에 대한 사회와 개인의 견해 비교

(단위: %)

구분		사회적 당위					
		경제적 독립은			주거 분리는		
		해야 한다	하지 않아도 좋다	합계	해야 한다	하지 않아도 좋다	합계
본인의 생각	해야 한다	80.8	19.2	100.0	70.0	30.0	100.0
	하지 않아도 좋다	44.9	55.1	100.0	40.0	60.0	100.0
	전체	72.2	27.8	100.0	60.4	39.6	100.0

자료: 「이행기 청년 실태와 인식 조사」 원자료.

통상적으로 자립은 기성세대의 강요나 사회적 규범의 형태로 청년세대에게 외적으로 강제될 것이라 기대한다. 쉽게 말하자면 청년세대는 더 오래, 그리고 더 많이 의존하기를 바라고, 기성세대와 사회적 규범은 더 빨리 자립하기를 바란다고 가정한다. 이 조사 결과는 그러한 기대와 달리, 청년들이 경제적 자립 능력을 갖추고 부모 집을 떠나는 것에 대한 내적인 가치가 외부적인 강제보다 더 강하다는 것을 보여준다. 이는 한편으로 자립이라는 가치를 청년들 스스로가 사회적 요구보다는 개인적 기대와 욕구의 수준에서 생각하고 있기 때문이라고 해석할 수 있다. 청년들이 경제적으로 자립하고 부모로부터 주거를 분리하기 위해 필요한 제도적 지원이 충분하지 못한 현실을 감안하면, 독립과 분리를 사회적 요구와 연결짓기 어려울 수 있다. 또한 부모세대의 경제적 지원과 후원이 성인 이행에서 차지하는 중요성을 고려한 것일 수도 있다. 계층적 수준이 높을수록 청년기 자녀는 부모에게 더 오랫동안 더 많이 의존하는 사실에 주목한다

면, 자립이라는 가치가 당사자 개인이 생각하는 것보다 사회적으로 더 강하게 요구된다고 말하기 어렵기 때문이다.

경제적 독립을 해야 한다고 생각하는 사람의 80.8%는 본인의 생각과 사회적 당위가 일치했으나, 19.2%는 경제적 독립이 사회적 당위라고 인식하지는 않았다. 부모로부터 주거 분리를 하는 것이 중요하다고 생각하는 사람의 70.0%는 그것이 사회적 당위이기도 하다고 응답했지만, 나머지 30.0%는 사회의 압력이나 당위와는 관련이 없다고 응답했다.

반대로, 경제적 분리와 주거 분리를 해도 좋고 하지 않아도 좋다고 응답한 사람들이 보기에, 이러한 자신들의 생각과 사회적 당위 사이의 일치도는 상대적으로 낮지만, 사회적으로도 하지 않아도 좋다고 한다고 생각하는 경향이 기대보다 높게 나타난 것은 사실이다. 부모로부터의 경제적 독립이나 주거 분리가 꼭 필요하지 않다는 생각의 저변에는 자신을 둘러싼 사회적 환경과 타인의 행동들도 자신과 다르지 않다는 생각이 영향을 준 것으로 보인다.

나. 결혼과 출산에 대한 태도

다음으로 결혼의 필요성에 대한 본인의 생각과 사회적 당위에 대한 인식을 살펴보자. 응답자들의 42.9%는 결혼을 반드시 해야 하거나 하는 것이 좋다고 응답했고, 46.2%는 해도 좋고 하지 않아도 좋다고 응답했으며, 10.9%는 하지 않는 것이 좋다고 응답했다.

이러한 응답은 성별과 주관적 계층의식에 따라 큰 차이가 있었다. 남성의 16.2%는 반드시 해야 한다고 응답했지만, 여성 중 결혼을 반드시 해야 한다고 응답한 사람은 2.9%에 불과했다. 여성들은 해도 좋고 하지 않아도 좋다는 응답이 57.3%를 차지했고, 하지 않는 것이 낫다는 응답도 17.2%로 매우 높았다.

본인의 소득계층이 낮다고 생각할수록 결혼을 반드시 해야 한다는 응답률은 낮아지고 결혼하지 않는 게 낫다는 응답률은 높아지는 것으로 드러났다. 그러나 이러한 주관적 계층의식과 달리, 실제 가구소득 수준이나 본인의 월평균 근로소득은 직접적인 영향을 미치지 않았다.

〈표 5-18〉 응답자의 결혼에 대한 태도

(단위: N, %)

전체		전체	반드시 해야 한다	하는 편이 좋다	해도 좋고 하지 않아도 된다	하지 않는 게 낫다	계	X²(df)
전체		(2086)	9.9	33.0	46.2	10.9	100.0	
성별	남성	(1093)	16.2	42.4	36.1	5.3	100.0	272.801 (3)***
	여성	(993)	2.9	22.7	57.3	17.2	100.0	
학력	고졸이하	(745)	11.7	37.2	40.1	11.0	100.0	25.342 (9)**
	2-3년제 대학 졸업	(300)	6.0	29.4	53.7	10.9	100.0	
	4년제 대학 졸업	(970)	9.6	30.7	48.8	10.8	100.0	
	대학원 졸업	(71)	11.4	35.2	42.1	11.3	100.0	
직업	상용직 임금근로자	(982)	10.1	33.0	48.1	8.8	100.0	36.588 (15)**
	임시,일용직 임금근로자 (특고포함)	(325)	10.3	32.3	44.0	13.4	100.0	
	고용주, 자영자	(65)	16.9	29.6	48.8	4.7	100.0	
	무급가족종사자	(4)	0.0	49.9	0.0	50.1	100.0	
	실업자	(214)	6.3	26.9	51.4	15.5	100.0	
	비경제활동인구	(496)	9.7	36.4	41.7	12.2	100.0	
본인 소득 계층	중상층 이상	(131)	17.9	38.0	36.5	7.6	100.0	45.710 (9)***
	중간층	(816)	9.5	35.5	47.7	7.3	100.0	
	중하층	(819)	9.1	31.8	46.8	12.3	100.0	
	하층	(319)	9.3	27.5	44.8	18.3	100.0	
부모 소득 계층	중상층 이상	(414)	12.9	35.7	43.5	7.9	100.0	34.861 (9)***
	중간층	(926)	9.5	35.1	46.2	9.2	100.0	
	중하층	(604)	8.5	30.0	48.2	13.3	100.0	
	하층	(135)	8.8	23.9	46.9	20.4	100.0	

전체		전체	반드시 해야 한다	하는 편이 좋다	해도 좋고 하지 않아도 된다	하지 않는 게 낫다	계	$X^2(df)$
15세 무렵 소득 계층	중상층 이상	(385)	12.4	38.9	41.5	7.2	100.0	35.583 (9)***
	중간층	(923)	9.9	33.2	47.9	9.0	100.0	
	중하층	(577)	8.7	31.1	46.0	14.2	100.0	
	하층	(201)	8.1	26.2	48.3	17.4	100.0	
월평균 근로 소득	200만원 미만	(1109)	9.6	32.0	46.1	12.4	100.0	14.743 (12)
	200만원대	(396)	9.1	33.5	46.2	11.2	100.0	
	300만원대	(310)	9.0	32.8	50.5	7.6	100.0	
	400만원대	(86)	12.9	40.8	40.6	5.7	100.0	
	500만원 이상	(185)	13.0	34.8	42.4	9.9	100.0	

주: * $p<0.5$, ** $p<0.01$, *** $p<0.001$
자료: 「이행기 청년 실태와 인식 조사」 원자료

이를 좀 더 상세히 살펴보기 위해, 결혼에 대한 태도를 이분변수로 변환하여 다항로짓분석을 실시했다. 여기에서는 결혼하지 않는 게 낫다고 응답한 경우와 그렇지 않은 경우로 구분하여 어떤 특성이 결혼에 대한 부정적인 태도와 관련되는지를 통계적으로 검증하였다.

먼저 모형1에서는 성별, 나이, 교육수준을 투입하여 분석하였다. 여성이거나, 나이가 많거나, 교육수준이 4년제 대졸 이하인 것이 결혼에 대한 부정적인 태도와 관련된 것으로 나타났다. 모형2는 경제활동상태와 고용형태를 조합한 변수를 추가적으로 투입한 것이다. 고졸과 초대졸의 차이가 사라졌다. 대신에, 상용직과 비교하여 임시일용직이거나 구직중이거나 비경활상태에 있는 것이 결혼에 대한 부정적 태도를 갖는 데 영향을 미치는 것으로 나타났다. 모형 3은 주관적 계층변수를 추가한 것이다. 본인의 주관적 소득계층은 통계적 유의미성이 없었으나, 주관적인 부모계층이 낮을수록 결혼에 대한 부정적 태도를 갖는 것으로 나타났다. 마지막으로 본인의 근로소득 변수를 투입한 것이 모형4이다. 모형의 설명력은 약간 개선되었지만, 유의수준 5% 이내에서 본인의 소득이 갖는 유의미한 효과는 없는 것으로 확인되었다.

이상의 분석은 여성이거나 경제활동을 하지 않거나, 주관적 부모소득 계층이 낮을 때, 결혼에 대해 부정적 태도를 갖는다는 것을 보여준 것이다. 비록 다수의 청년들은 결혼이 필수적이라고 생각하지는 않더라도 하지 않는 것이 낫다고 생각하기보다는 선택적이라고 생각하고 있다. 결혼을 하지 않는 것이 낫다는 다소 강한 부정적인 태도는 다수의 견해는 아니다. 그럼에도 불구하고 최근 청년세대들은 결혼의 당위성을 거부하는 것에서 나아가서 결혼 자체에 부정적인 태도를 갖는 경향이 나타나고 있다. 여성이거나 사회경제적으로 불리한 위치에 있는 경우 결혼에 대한 부정적인 태도를 갖는다는 이상의 분석 결과는, 결혼에 대한 태도에 불평등과 불리함에 대한 사회적 경험과 기대, 인식이 포함되어 있다는 것을 보여준다.

〈표 5-19〉 결혼에 대한 부정적 태도에 영향을 미치는 요인: 다항로짓 분석

구분		m1	m2	m3	m4
성별(여성)			1.51***	1.50***	1.51***
나이			0.10***	0.08**	0.08**
교육수준 (고졸이하)	초대졸		-0.52	0.53	-0.56
	대졸		-0.51*	0.44	-0.45
	대학원졸		-0.18	0.13	-0.08
경제활동상태 (상용직)	임시일용직		0.57*	0.5	0.53
	자영업		-0.44	0.4	-0.44
	구직중		0.80**	0.64*	0.72*
	비경활		0.85**	0.83**	0.93**
주관적소득계층(4점)				0.18	0.18
주관적부모소득계층(4점)				0.28*	0.31*
월평균근로소득 (200만원미만)	200만원대				0.20
	300만원대				-0.22
	400만원대				0.04
	500만원이상				0.58
절편		-5.55***	-7.21***	7.84***	-8.00***
사례수		1,474	1,474	1,474	1,474
Pseudo-R2		0.0673	0.0841	0.0978	0.1022

주: 1) 전체 사례에서 기혼, 재학중, 부모 부재인 자를 제외함.
    2) * p〈0.05; ** p〈0.01; *** p〈0.001
자료: 「이행기 청년 실태와 인식 조사」 원자료

응답자들이 생각하는 사회적 수준에서의 결혼 당위성은 본인의 개인적 태도보다는 더 강한 것으로 나타났다. 우리 사회는 결혼하는 것이 좋다고 전제한다는 응답이 전체의 60.0%를 차지했다. 해도 좋고 하지 않아도 좋다는 응답은 27.7%에 불과했고, 하지 않는 게 낫다는 12.4%로 나타났다.

특히 여성들의 경우, 결혼을 반드시 해야 한다는 생각을 가진 경우가 전체의 2.9%에 불과할 정도로 미미했지만, 우리 사회는 결혼을 반드시 해야 한다는 관념이 강하다고 생각하는 여성은 25.7%로 높은 비율을 나타내었다. 반대로 남성은 여성에 비해 사회적 당위나 규범 수준에서 결혼의 필요성이 강하지 않다고 생각하고 있는 것으로 나타났다. 예를 들어 남성은 5.3%만이 결혼하지 않는 게 낫다는 부정적 태도를 갖고 있지만, 그보다 높은 11.7%의 남성이 사회가 결혼에 부정적이라고 인식하는 것으로 드러났다.

결혼에 대한 개인의 태도와 사회의 태도에 대한 응답을 교차한 것이 〈표 5-20〉이다. 이에 따르면, 대부분의 경우 본인의 개인적 태도와 사회의 태도에 대한 응답이 일치하지 않았다. 결혼을 반드시 해야 한다고 응답한 사람도 사회적으로도 그렇다고 생각하는 경우는 31.5%에 불과했고, 나머지는 본인의 생각과 달리 사회적 수준에서 결혼의 당위성이 강하지 않다고 생각하는 것으로 나타났다.

개인적 태도에서 가장 응답 비율이 높은 '해도 좋고 하지 않아도 좋다'의 경우(전체의 46.2%), 사회적으로도 그렇다는 응답은 22.7%에 불과했고, 65.1%는 사회적으로 결혼은 반드시 해야 하거나 하는 편이 좋은 것으로 간주된다고 인식하고 있었다.

<표 5-20> 결혼에 대한 본인의 태도와 사회적 요구에 대한 인식: 전체

(단위: %)

구분		사회적 요구				합계
		반드시 해야 한다	하는 편이 좋다	해도 좋고 하지 않아도 좋다	하지 않는 게 낫다	
본인의 생각	반드시 해야 한다	31.5	25.1	33.9	9.5	100.0
	하는 편이 좋다	19.6	34.8	36.4	9.2	100.0
	해도 좋고 하지 않아도 좋다	18.6	46.5	22.7	12.2	100.0
	하지 않는 게 낫다	26.6	31.3	16.7	25.4	100.0
	전체	21.1	38.9	27.7	12.4	100.0

자료: 「이행기 청년 실태와 인식 조사」 원자료

<표 5-21> 결혼에 대한 본인의 태도와 사회적 당위성에 대한 인식: 남성

(단위: %)

구분		사회적 당위성				합계
		반드시 해야 한다	하는 편이 좋다	해도 좋고 하지 않아도 좋다	하지 않는 게 낫다	
본인의 생각	반드시 해야 한다	30.6	26.1	36.4	6.9	100.0
	하는 편이 좋다	15.8	38.1	36.6	9.6	100.0
	해도 좋고 하지 않아도 좋다	11.8	46.5	28.9	12.7	100.0
	하지 않는 게 낫다	17.4	26.4	19.6	36.6	100.0
	전체	16.9	38.6	32.9	11.7	100.0

자료: 「이행기 청년 실태와 인식 조사」 원자료

<표 5-22> 결혼에 대한 본인의 태도와 사회적 당위성에 대한 인식: 여성

(단위: %)

구분		사회적 당위성				합계
		반드시 해야 한다	하는 편이 좋다	해도 좋고 하지 않아도 좋다	하지 않는 게 낫다	
본인의 생각	반드시 해야 한다	37.1	18.6	18.3	26.0	100.0
	하는 편이 좋다	27.3	28.2	36.2	8.4	100.0
	해도 좋고 하지 않아도 좋다	23.4	46.5	18.4	11.8	100.0
	하지 않는 게 낫다	29.8	32.9	15.7	21.6	100.0
	전체	25.7	39.2	22.0	13.1	100.0

자료: 「이행기 청년 실태와 인식 조사」 원자료

다음으로는 '결혼하는 데 가장 큰 걸림돌이 무엇이라고 생각하는가'에 대한 응답 결과를 살펴본다(〈표 5-23〉). 평균적으로는 주거마련자금부족이 청년의 46.4%가 꼽은 결혼의 가장 큰 걸림돌이었다. 그러나 응답자의 세부 특성에 따라 응답 결과의 차이가 두드러진다. 여기에서는, 결혼에 대한 태도에서와 마찬가지로 성별과 계층에 따라 가장 주된 결혼의 걸림돌에 대한 인식도 다른 지를 살펴보고자 한다.

이를 위해 결혼의 가장 큰 걸림돌로 제시한 여러 항목 중 어느 하나의 선택과 관련된 결정요인을 분석하였다. 항목을 선택한 경우를 1로 코딩하고 그렇지 않은 경우를 0으로 코딩하여 이분변수를 종속변수로 구성한 후, 성, 연령, 계층 등 독립변수를 투입하여 각 항목의 선택과 성과 계층 간의 관계를 다항로짓분석방법을 이용하여 분석하였다. 〈표 5-22〉에서 첫 번째 칸은 주거자금 부족을 결혼의 가장 큰 걸림돌이라고 선택한 경우(1)와 그렇지 않은 경우(0)를 종속변수로 한 로짓분석결과이다. 두 번째 칸은 앞의 〈표 5-23〉에서 2번과 3번 항목을 합하여, 일자리와 소득 문제를 결혼의 걸림돌로 선택한 것을 분석한 것이고, 세 번째 칸은 결혼과 출산 후 경력단절 문제, 네 번째 칸은 잘 맞는 배우자를 만나기 어려움, 마지막 다섯 번째 칸은 결혼 후 평등한 부부관계를 기대하기 어려움을 선택하는 데 영향을 미친 요인을 분석한 것이다.

분석결과, 무엇이 결혼의 가장 큰 걸림돌인가에 대한 인식은 젠더와 계층에 따라 차이가 있었다. 가장 큰 제약 요건으로 주거자금을 꼽을 가능성은 남성이 여성에 비해 약 1.7배 컸으며, 현재 일자리가 있고 상용직인 것과 밀접한 관련이 있었다. 결혼의 걸림돌로 일자리 문제와 소득불안정을 선택할 가능성 역시 남성이 여성보다 컸지만, 다른 모든 요인 중에서 성의 회귀계수 절대값(0.54)이 가장 작아서, 상대적으로 젠더 중립적인 요인에 가깝다고 할 수 있다. 현재 일자리가 없거나, 상용임금노동자가 아닌 임시일용직 또는 자영업자인 것 역시 일자리와 소득불안정을 결혼의 걸림돌로 간주하도록 만드는 것으로 나타났다. 또한 본인의 주관적 소득계층이 낮을수록 일자리와 소득불안정을 결혼의 걸림돌로 인식하도록 만드는 것으로 나타났다.

반대로 경력단절, 결혼 후 평등한 관계를 기대하기 어려움 등은 모두 젠더와 관련된 요인으로서, 여성들이 압도적으로 높은 비율로 결혼의 걸림돌로 인식하고 있었다. 결혼 후 평등한 관계에 대한 비관적 기대는 상용직과 비교하여 임시직일 때 더 큰 것으로 나타났다.

배우자 매칭의 어려움은 여성이 결혼의 걸림돌로 인식할 가능성이 큰 것으로 나타났다. 특히 본인의 주관적 소득계층이 높은 경우 좋은 배우자를 만나기 어려운 점을 중요한 요인으로 꼽았다.

이상의 분석은 사회적 위치에 따라, 개인이 인지하는 결혼 이행의 걸림돌도 다르다는 것을 보여준다. 남성은 개인의 경제적 자격과 성취를 중심으로 결혼이행의 걸림돌을 인지하고 있다면, 여성은 결혼에 수반된 원치 않는 변화나 통제불가능성에 대한 우려를 결혼의 걸림돌로 인식하고 있다. 이러한 결과는 가족에 대한 청년들의 전망과 기대가 매우 성별화되어 있음을 보여준다.

또한 남성 내부에서도 기본적인 일자리와 소득, 안정된 가족 배경을 갖추고 있느냐에 따라, 일자리와 소득을 결혼의 조건으로 강조할 수도 있고, 이미 그것을 갖추고 있을 가능성이 높은 경우에는 그 다음의 조건으로서 주거자금 마련을 결혼의 걸림돌, 즉 결혼의 조건으로 꼽는 등의 계층적 차이가 있었다. 여성도 마찬가지다. 남성만큼 뚜렷하지는 않지만, 결혼 후 평등한 관계에 대한 부정적인 기대는 임시일용직 일자리의 여성들이 더 많이 갖는 것으로 나타났으며, 결혼상대 매칭의 어려움은 상대적으로 계층수준이 높은 여성들이 꼽는 결혼의 걸림돌이었다.

〈표 5-23〉 결혼하는 데 가장 큰 걸림돌

(단위: %)

		주거 마련 자금 부족	나에게 맞는 일자리 구하지 못해서	일자리나 소득이 안정적이지 못해서	결혼 후 (출산) 일을 그만 두어야 해서	나와 잘 맞는 배우자를 만나지 못해서	공평한 가사 분담 평등한 관계를 기대하기 어려워서	결혼 후 친족에 대한 부담	기타	계	X²(df)
전체		46.4	5.3	12.4	3.3	20.6	7.8	3.3	1.0	100.0	
성별	남성	57.4	6.4	14.6	2.0	15.9	1.4	1.3	1.0	100.0	256.697 (7)***
	여성	34.4	4.1	10.0	4.6	25.7	14.8	5.4	0.9	100.0	
연령	19-24세	42.2	5.8	14.8	4.4	21.6	7.8	2.9	0.4	100.0	24.160 (14)*
	25-29세	47.6	5.8	11.0	1.8	21.2	7.5	3.9	1.2	100.0	
	30-34세	49.5	4.3	11.5	3.6	18.9	8.0	3.0	1.2	100.0	
지역	수도권	46.8	5.1	10.7	3.2	21.7	8.7	2.8	1.0	100.0	12.650 (7)
	비수도권	46.0	5.5	14.5	3.4	19.2	6.6	3.9	1.0	100.0	
학력	고졸이하	48.0	5.3	15.3	3.4	18.7	5.7	2.6	0.8	100.0	31.027 (21)
	2-3년제 대학 졸업	46.7	5.9	12.3	2.8	18.6	6.8	5.5	1.3	100.0	
	4년제 대학 졸업	45.1	5.3	10.1	3.3	22.6	9.5	3.1	1.0	100.0	
	대학원 졸업	46.9	1.5	15.6	3.0	20.4	9.8	2.9	0.0	100.0	
직업	상용직임금근로자	52.8	2.7	8.8	2.7	21.0	7.2	3.4	1.3	100.0	115.468 (35)***
	임시,일용직 임금근로자(특고포함)	44.2	5.0	17.0	3.2	17.5	10.8	1.9	0.3	100.0	
	고용주, 자영자	45.8	6.0	14.1	3.2	18.4	3.1	7.8	1.6	100.0	
	무급가족종사자	0.0	0.0	50.5	0.0	49.5	0.0	0.0	0.0	100.0	
	실업자	32.1	12.9	18.5	2.9	20.7	8.6	2.9	1.4	100.0	
	비경제활동인구	42.1	7.2	13.3	4.6	21.6	7.2	3.5	0.4	100.0	

		주거 마련 자금 부족	나에게 맞는 일자리 구하지 못해서	일자리나 소득이 안정적이지 못해서	결혼 (출산) 후 일을 그만 두어야 해서	나와 잘 맞는 배우자를 만나지 못해서	공평한 가사 분담 평등한 관계를 기대하기 어려워서	결혼 후 친족에 대한 부담	기타	계	X²(df)
전체		49.4	5.3	8.6	3.7	25.0	7.1	0.8	0.0	100.0	
본인 소득 계층	중상층 이상	49.6	4.5	9.7	2.7	23.7	6.5	2.6	0.6	100.0	54.042 (21)***
	중간층	45.0	4.7	13.7	3.3	18.1	9.5	4.2	1.5	100.0	
	중하층	40.8	8.7	17.7	4.2	16.9	7.1	3.6	1.0	100.0	
	하층										
부모 소득 계층	중상층 이상	47.9	5.3	11.8	3.9	23.4	5.7	1.3	0.7	100.0	26.717 (21)
	중간층	45.9	5.6	12.3	2.4	21.7	7.7	3.6	0.9	100.0	
	중하층	45.0	4.9	13.3	3.8	18.0	9.4	4.1	1.5	100.0	
	하층	53.7	5.2	11.3	3.9	15.8	6.9	3.1	0.0	100.0	
혼인 경험 여부	있음	60.5	3.6	11.0	6.0	8.7	6.5	3.7	0.0	100.0	50.117 (7)***
	없음	44.3	5.6	12.7	2.8	22.4	8.0	3.2	1.1	100.0	
월평균 근로소득	200만원 미만	41.7	7.4	14.4	3.5	20.5	8.5	2.9	1.1	100.0	63.653 (28)***
	200만원대	48.8	2.7	10.1	2.1	22.5	7.8	5.0	1.0	100.0	
	300만원대	54.8	2.6	9.1	4.5	17.5	7.4	3.6	0.5	100.0	
	400만원대	58.7	2.2	10.4	2.3	19.1	2.4	4.8	0.0	100.0	
	500만원 이상	50.2	4.3	11.8	2.8	22.7	6.5	0.6	1.1	100.0	

주: * $p<0.5$, ** $p<0.01$, *** $p<0.001$
자료: 「이행기 청년 실태와 인식 조사」 원자료

〈표 5-24〉 결혼의 가장 큰 걸림돌 인식의 결정요인

구분		주거자금	일자리소득	경력단절	배우자	평등
성별(여성)		-1.15***	-0.54**	1.10**	0.70***	2.89***
나이		-0.03	0.02	-0.01	0.01	0.03
교육수준 (고졸이하)	초대졸	-0.05	0.06	-0.33	0.07	-0.13
	대졸	-0.17	-0.10	0.51	0.18	0.24
	대학원졸	-0.43	0.32	-0.03	0.28	0.28
경제활동 상태 (상용직)	임시일용직	-0.52**	0.70**	0.86	-0.17	0.91**
	자영업	-0.74*	0.96**	0.42	-0.08	-1.07
	구직중	-0.96***	1.29***	0.28	-0.05	0.50
	비경활	-0.64**	0.69*	1.26	0.03	0.71
주관적소득계층(4점)		-0.04	0.24*	0.27	-0.25*	-0.13
주관적부모소득계층(4점)		0.07	-0.09	-0.01	-0.08	0.22
월평균 근로소득 (200만원 미만)	200만원대	0.07	-0.01	-0.18	-0.01	0.04
	300만원대	0.28	-0.44	0.93	-0.25	0.09
	400만원대	0.06	-0.47	0.50	0.16	-0.42
	500만원이상	-0.32	0.01	0.31	0.32	0.71
절편		2.49***	-2.08**	-6.78***	-1.81**	-8.86***
사례수		1,474	1,474	1,474	1,474	1,474
Pseudo-R2		0.0791	0.0670	0.0669	0.0336	0.1688

주: 1) 전체 사례에서 기혼, 재학중, 부모 부재인 사례를 제외함.
　　2) * p<0.05; ** p<0.01; *** p<0.001
자료: 「이행기 청년 실태와 인식 조사」 원자료

　다음의 조사결과는 결혼과 가족생활에 대한 청년들의 태도에 대한 보다 심화된 설명을 제공한다. 결혼이 삶에 미치는 영향에 대해, 다음과 같이 9가지 측면에서 다양한 측면에서 질문하고 5점 척도로 측정하였다. 중간 점수인 3점을 기준으로 3점보다 낮을수록 해당 영역의 가능성을 부정적으로 인식하고 3점보다 높을수록 해당 영역의 가능성을 긍정적으로 인식한다고 해석하면 된다. 청년들은 결혼이 개인의 생활방식, 일, 여가 등에서의 자유(재량과 자율성)에 부정적인 영향을 미칠 것이라고 인식하고 있으며, 특히 여성들이 이러한 제약을 더 강하게 인식하는 것으로 나타났다. 반대로 결혼은 타인의 평가, 삶의 즐거움, 노후, 불안정해소, 부모와

의 관계 등에 긍정적인 영향을 줄 것이라 기대되고 있는데, 여기에서도 여성은 남성에 비해 상대적으로 덜 긍정적이었다. 마지막으로 경제적 상황에 대한 영향은 3점에 거의 가깝게 측정되어 결혼은 경제적 상황에 긍정적이지도 부정적이지도 않을 것이라고 기대되고 있었다. 그러나 남성은 결혼의 경제적 영향을 상대적으로 더 부정적으로 인식하고 있었다.

표로 제시하지는 않지만, 9가지 항목의 합계는 9에서 45 사이의 값을 갖는데, 이를 종속변수로 하는 회귀분석을 실시하였다. 성별과 연령, 고용형태, 본인의 주관적 계층 등이 관련된 것으로 확인되었다. 여성일수록, 연령이 낮을수록, 상용직과 비교하여 임시일용직이, 그리고 본인의 주관적 계층이 낮을수록 결혼의 가치 점수가 체계적으로 낮게 나타났다.

[그림 5-5] 가치영역별 결혼이 미치는 긍정적/부정적 영향에 대한 인식

(단위: 점)

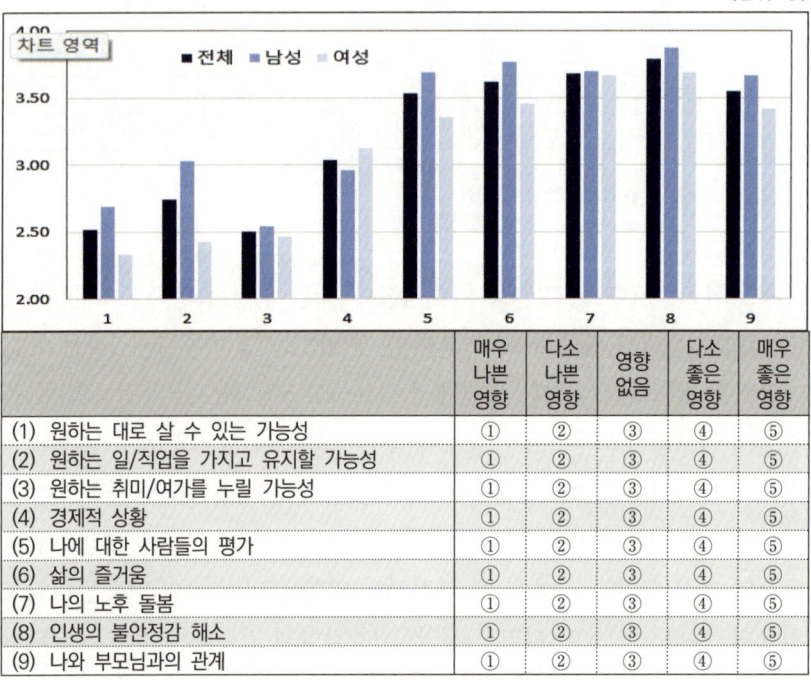

자료: 「이행기 청년 실태와 인식 조사」 원자료

이 조사에서는 추가적으로 모든 응답자에게 만약 결혼을 하지 않는다면(않았다면) 동거할 의향이 있는가를 질문하였다. 전체 응답자의 60.4%가 그렇다고 응답했으며, 39.6%는 의향이 없다고 응답했다. 남성은 여성보다 그렇다는 응답이 11.5%p 높았으며, 19-24세의 저연령층이 동거에 대해 더 우호적이었다.

〈표 5-25〉 결혼하지 않을 경우 동거할 의향

(단위: %)

전체		전혀 아니다	아마도 아니다	아마도 그렇다	매우 그렇다	계	평균	t/F
전체		12.7	26.9	46.2	14.2	100.0	2.62	
성별	남성	10.4	23.7	49.3	16.5	100.0	2.72	5.577 ***
	여성	15.3	30.5	42.7	11.6	100.0	2.51	
연령	19-24세	10.9	26.0	46.7	16.4	100.0	2.69	2.983
	25-29세	12.9	28.3	46.3	12.4	100.0	2.58	
	30-34세	14.3	26.4	45.5	13.8	100.0	2.59	
지역	수도권	13.0	27.5	44.8	14.6	100.0	2.61	-0.474
	비수도권	12.3	26.1	47.9	13.6	100.0	2.63	
학력	고졸이하	11.1	22.3	50.6	16.0	100.0	2.71	7.941 ***(a)
	2-3년제 대학 졸업	9.7	24.9	52.2	13.2	100.0	2.69	
	4년제 대학 졸업	14.9	31.2	41.1	12.8	100.0	2.52	
	대학원 졸업	13.0	24.7	44.4	17.9	100.0	2.67	

주: * p〈0.5, ** p〈0.01, *** p〈0.001
자료: 「이행기 청년 실태와 인식 조사」 원자료

다음은 자녀출산에 대한 개인의 태도를 조사한 결과이다. 응답자의 37.3%가 필요하다고 응답했으며, 42.9%는 해도 좋고 하지 않아도 좋다고 응답했고, 19.8%는 하지 않는 게 낫다고 응답했다. 앞의 결혼과 비교하여 자녀출산에 대한 긍정적인 태도(해야 한다, 하는 게 좋다) 비율은 더 낮았으며, 하지 않는 게 좋다는 부정적인 태도의 비율은 더 높았다. 결혼에 대한 태도에서도 여성의 부정적 태도가 두드러졌는데, 자녀출산에 대한 태도에서도 성별 격차가 크다. 여성 중 자녀를 출산하는 것이 의무이거나 더 낫다는 응답은 18.3%에 불과했고, 하지 않는 게 낫다는 응답은 30.5%로 나타났다.

다음으로 자녀출산에 대한 사회적 요구에 대한 개인의 인식을 조사한 결과를 보면, 개인의 태도로는 37.3%만이 출산에 긍정적이었는데, 사회적 요구 측면에서는 64.9%가 출산에 긍정적이라고 응답했다. 청년들은 개인적으로 출산을 반드시 해야 하거나 하는 게 낫다고 확신하고 있지 못하지만, 사회적으로는 출산의 당위와 필요성이 널리 공유되고 있다고 인식하고 있다. 흥미로운 점은 자녀출산에 대한 사회의 태도가 부정적이라고 인식하는 경우도 15.9%를 차지하고 있는 점이다. 전통적인 규범이 자녀출산을 의무로 간주했던 점을 고려하면, 우리 사회는 자녀출산에 부정적이라는 인식의 비율도 그리 낮지 않은 점은 주목할 만한 가치가 있다. 여성보다는 남성이, 결혼한 사람이나 자녀가 있는 사람이 출산에 대한 사회의 태도가 부정적이라고 인식할 가능성이 높은 것으로 보인다.

〈표 5-26〉 응답자의 자녀출산에 대한 태도

(단위: N, %)

전체		전체	반드시 해야 한다	하는 편이 좋다	해도 좋고 하지 않아도 된다	하지 않는 게 낫다	계	X²(df)
전체		(2,086)	9.6	27.7	42.9	19.8	100.0	
성별	남성	(1,093)	15.7	38.8	35.5	10.0	100.0	333.032 (3)***
	여성	(993)	2.9	15.4	51.2	30.5	100.0	
연령	19-24세	(687)	8.7	26.5	42.9	22.0	100.0	5.815 (6)
	25-29세	(705)	9.9	29.4	41.3	19.4	100.0	
	30-34세	(694)	10.2	27.1	44.7	18.0	100.0	
지역	수도권	(1,154)	9.6	27.1	41.8	21.4	100.0	4.359 (3)
	비수도권	(932)	9.5	28.3	44.3	17.8	100.0	

전체		전체	반드시 해야 한다	하는 편이 좋다	해도 좋고 하지 않아도 된다	하지 않는 게 낫다	계	$X^2(df)$
학력	고졸이하	(745)	12.0	29.1	39.7	19.2	100.0	16.301 (9)
	2-3년제 대학 졸업	(300)	7.8	22.5	47.5	22.3	100.0	
	4년제 대학 졸업	(970)	8.3	28.2	44.3	19.2	100.0	
	대학원 졸업	(71)	9.5	27.0	39.3	24.1	100.0	
학력	상용직 임금근로자	(982)	9.7	27.0	45.1	18.1	100.0	25.588 (15)*
	임시,일용직 임금근로자 (특고포함)	(325)	8.1	29.3	40.9	21.7	100.0	
	고용주, 자영자	(65)	20.4	33.9	33.3	12.4	100.0	
	무급가족종사자	(4)	0.0	49.9	0.0	50.1	100.0	
	실업자	(214)	8.9	23.8	42.2	25.1	100.0	
	비경제활동인구	(496)	9.3	28.5	41.9	20.2	100.0	
본인 소득계층	중상층 이상	(131)	20.0	31.7	35.4	12.9	100.0	51.876 (9)***
	중간층	(816)	8.9	32.0	43.1	16.0	100.0	
	중하층	(819)	8.5	24.7	45.3	21.5	100.0	
	하층	(319)	10.1	22.5	39.6	27.8	100.0	
부모 소득계층	중상층 이상	(414)	11.6	31.7	39.8	16.9	100.0	27.889 (9)**
	중간층	(926)	9.4	29.0	43.8	17.8	100.0	
	중하층	(604)	7.9	24.5	45.1	22.5	100.0	
	하층	(135)	12.5	21.0	37.0	29.4	100.0	
혼인 경험 여부	있음	(277)	11.9	30.0	47.0	11.1	100.0	15.567 (3)**
	없음	(1,809)	9.3	27.3	42.3	21.1	100.0	
자녀 유무	있음	(117)	18.1	28.0	46.1	7.8	100.0	18.522 (3)***
	없음	(1,969)	9.1	27.6	42.8	20.5	100.0	

주: * p<0.5, ** p<0.01, *** p<0.001
자료: 「이행기 청년 실태와 인식 조사」 원자료

〈표 5-27〉 자녀출산에 대한 사회의 태도에 대한 응답자의 인식

(단위: N, %)

전체		전체	반드시 해야 한다	하는 편이 좋다	해도 좋고 하지 않아도 된다	하지 않는 게 낫다	계	X²(df)
전체		(2086)	32.7	32.2	19.3	15.9	100.0	
성별	남성	(1093)	27.5	29.0	25.6	17.8	100.0	79.429 (3)***
	여성	(993)	38.3	35.7	12.3	13.7	100.0	
연령	19-24세	(687)	33.5	31.8	19.0	15.6	100.0	2.647 (6)
	25-29세	(705)	33.4	32.8	17.9	15.9	100.0	
	30-34세	(694)	31.1	31.9	20.9	16.1	100.0	
지역	수도권	(1154)	33.0	32.1	19.1	15.9	100.0	0.134 (3)
	비수도권	(932)	32.3	32.4	19.5	15.9	100.0	
학력	고졸이하	(745)	31.2	32.4	20.2	16.2	100.0	10.173 (9)
	2-3년제 대학 졸업	(300)	37.1	25.4	21.7	15.9	100.0	
	4년제 대학 졸업	(970)	32.3	33.9	18.0	15.8	100.0	
	대학원 졸업	(71)	34.3	35.2	16.3	14.2	100.0	
직업	상용직 임금근로자	(982)	31.5	31.8	20.1	16.6	100.0	11.938 (15)
	임시,일용직 임금근로자 (특고포함)	(325)	32.8	30.7	21.1	15.3	100.0	
	고용주, 자영자	(65)	36.7	26.2	20.3	16.9	100.0	
	무급가족종사자	(4)	75.3	24.7	0.0	0.0	100.0	
	실업자	(214)	33.9	34.9	13.9	17.3	100.0	
	비경제활동인구	(496)	33.4	33.7	18.7	14.3	100.0	
본인 소득계층	중상층 이상	(131)	28.0	33.8	23.1	15.1	100.0	20.245 (9)*
	중간층	(816)	31.6	33.1	21.2	14.2	100.0	
	중하층	(819)	32.8	33.5	18.1	15.5	100.0	
	하층	(319)	37.1	25.8	15.7	21.4	100.0	
부모 소득계층	중상층 이상	(414)	30.4	31.0	23.5	15.1	100.0	20.599 (9)*
	중간층	(926)	31.6	33.7	19.8	14.9	100.0	
	중하층	(604)	36.5	30.8	16.6	16.1	100.0	
	하층	(135)	30.0	31.6	14.3	24.1	100.0	
혼인 경험 여부	있음	(277)	29.4	30.4	23.2	17.0	100.0	4.015 (3)
	없음	(1809)	33.2	32.5	18.7	15.7	100.0	
자녀 유무	있음	(117)	29.8	29.8	21.1	19.3	100.0	1.850 (3)
	없음	(1969)	32.8	32.3	19.1	15.7	100.0	

주: * p<0.5, ** p<0.01, *** p<0.001
자료: 「이행기 청년 실태와 인식 조사」 원자료

응답자들이 생각하는 자녀출산의 걸림돌은 자녀의 양육 및 교육 비용 등 경제적 부담인 것으로 나타났다. 응답자의 59.4%가 이 항목을 가장 큰 걸림돌로 꼽았으며, 남성은 67.4%, 여성은 50.7%로 나타나 출산의 걸림돌에 대해서도 성별 차이가 큰 것으로 드러났다. 여성은 경제적 부담 이외에도 부부간의 돌봄부담 분담문제(19.6%), 본인 및 배우자의 돌봄휴가제도 이용문제(10.4%) 등도 출산의 걸림돌로 인식하고 있었다.

3. 성인이행 국면별 중요도와 실현가능성

지금까지 객관적인 성인이행의 지표 각각에 대한 청년들의 인식과 태도를 살펴보았다. 이러한 지표가 성인 이행에서 차지하는 중요성은 부인할 수 없지만, 성인이 된다는 것은 그보다 더 다차원적이고 더 많은 요소들을 포함한다.

이러한 관심에서, 이 조사에서는 11가지 항목을 제시하고 각각이 성인이행의 요건(자격)으로서 얼마나 중요하다고 생각하는지를 질문하고, 뒤이어 이 요건을 실행할 가능성에 대한 주관적 전망을 질문하였다. 그 결과를 평균값으로 나타낸 것으로 [그림 5-6]이다.

아래 그림에서 졸업(적정교육이수), 취직(노동시장 진입), 주거분리, 결혼, 출산 등은 성인이행의 객관적 표식이다. 19-34세 청년들은 성인이 되는 데서 각 항목이 얼마나 중요한가에 대해(4점 척도), 취직(3.3)을 제외한 모든 항목에 대해 비교적 낮은 점수를 부여했다. 적정수준의 교육을 마치는 것(2.8), 부모집을 떠나 독립된 주거공간을 마련하는 것(2.6)은 성인이 되는 데 있어 어느 정도의 중요성이 인정되지만 결정적이지는 않다. 특히 결혼(2.3)과 출산(2.2)은 청년들의 성인 개념에서 더 이상 큰 중요성을 갖지 못하는 것으로 나타났다.

현재의 청년들은 형식적인 조건을 갖추는 것보다 실질적인 자격과 능력을 갖출 때 성인이 될 수 있다고 생각하는 것으로 보인다. 청년들은 자기행동에 책임을 질 줄 아는 것(3.7)과 타인의 영향을 받지 않고 자신의 신념과 가치를 결정하는 주체적 역량(3.5)이 가장 중요하다고 응답했기 때문이다. 아울러 경제적으로 자립하는 것(3.2), 부모와 대등한 관계로 전환하는 것(3.2), 주택을 소유하는 것(2.7)에 부여한 비교적 높은 중요도 역시, 성인이 되는 것이 형식적인 지위의 변화가 아니라, 실질적인 자립 능력을 갖추는 문제라는 최근 세대의 생각을 보여준다.

[그림 5-6] 성인이행 항목별 중요도와 실현가능성

(단위: 점, %)

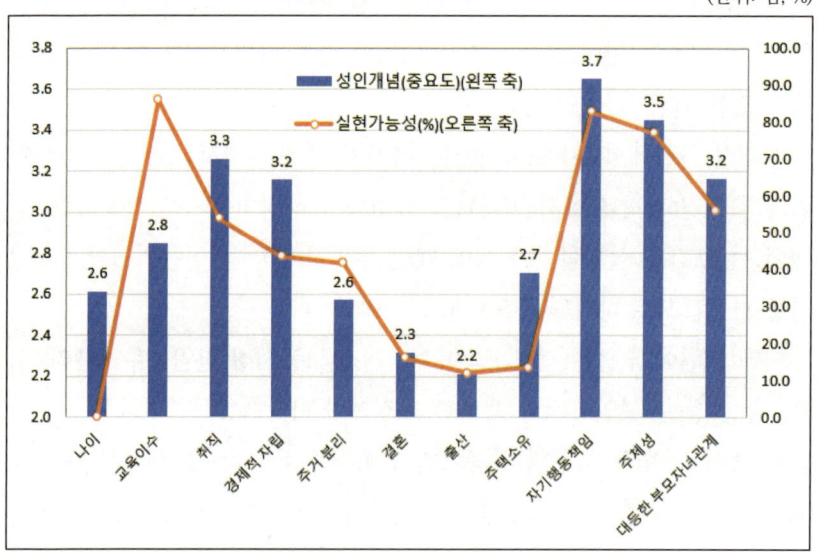

자료: 「이행기 청년 실태와 인식 조사」 원자료

앞의 그림은 성인의 자격요건들에 대한 중요도와 더불어, 각 요건들을 응답자 본인이 실현할 가능성에 대한 인식도 보여주고 있다. 흥미롭게도 자기행동책임, 주체성, 대등한 부모자녀관계 등 실질적인 역량과 관계적 특성을 지칭하는 항목들이 성인됨의 기준으로서 높은 점수를 받은 동시에, 개개인의 실현가능성도 높게 나타났다. 반대로 결혼과 출산 등은 성인됨의 자격요건으로서도 덜 중요하게 여겨지고 있지만, 개인적인 실현가능성도 낮게 나타났다.

청년들은 적성 수준의 교육과정을 이수하고 자기 행동의 책임을 질 줄 알며 타인의 의지에 휘둘리지 않고 자기 신념과 가치를 가지고 살아갈 수 있는 능력을 갖추었다는 의미에서의 '성인이행'에는 비교적 낙관적이었다. 그러나 직업을 통해 경제적 자립 능력을 갖추고 독립된 주거 공간을 마련하고 나아가 주택을 소유하는 일, 그리고 결혼과 출산을 통해 새로운 가족을 형성하는 일에는 쉽게 낙관하지 못하거나 그것이 성인이 되기 위한 자격, 즉 누구나 해야 할 일이라는 데에 동의하지 못하고 있는 것이다.

제5절 소결

여성의 교육 및 노동시장 참여 기회가 확대되면서 전통적인 성역할 규범이 변화하고 있으며, 이러한 변화가 오늘날 청년들의 가족 이행에 어떤 영향을 미치는지 살펴보았다. 분석 결과는 다음과 같이 요약할 수 있다. 첫째, 전통적인 성역할 규범에 변화가 일어났다. 19-34세 청년들 사이에서 전통적인 성역할 규범이 상당히 약화되었고, 평등주의 규범이 확산된 것을 확인할 수 있다. 응답자의 82.1%가 남성과 여성의 성역할 분리에 동의하지 않았으며, 남성이거나 고졸 이하인 경우 상대적으로 높은 수용률을 보였지만, 이들도 대부분 성역할 분리 규범에 동의하지 않았다. 둘째, 성역할에 대한 성별 인식에 비교적 큰 차이가 발견되었다. 남성 생계부양자 규범에 대해서는 68.1%가 지지하지 않았으며, 특히 성별 차이가 컸다. 여성의 경우 22.4%만이 이 규범에 동의했으나, 남성은 40.5%가 동의했다. 자녀가 있는 여성의 경제활동에 대해서는 77.1%가 지지했으며 여성의 85.9%가 지지했지만 남성은 69.2%만이 지지했다. 연령이 낮을 수록 동의율이 낮았다. 셋째, 가정에서 가족을 돌보는 활동이 소득 활동 보다 더 보람 있다는 데 동의하는 비율은 46.2%로 절반에 조금 미치지 못 했다. 여성보다 남성의 동의율이 높았고, 소득이 높은 집단의 동의율이 상대적으로 높았다. 이는 돌봄 활동을 자율적이고 가치 있는 것으로 경험 하거나 기대하는 경향이 있음을 보여준다. 넷째, 성차별 의식에는 성별, 지역별, 교육 수준별 차이가 존재했다. 남성은 여성보다 정치적 리더십이 뛰어나다는 관념에 반대하는 비율은 65.5%였으며, 남성은 49.5%만이 반대했으나 여성은 83.1%가 반대하여 큰 젠더 격차를 보였다. 비수도권 이거나 교육 수준이 낮을수록 젠더 본질주의를 수용하는 비율이 높았다. 다섯째, 젠더의식에 대한 잠재집단 분석 결과 두 집단 간의 비교적 큰 인 식 차이가 발견되었다. 잠재 집단 1은 대부분의 젠더 규범에 동의하지 않 으며, 성역할 분리 규범에 대한 동의율이 낮았고 가족 돌봄 가치에 대한 동의율이 높았다. 잠재 집단 2는 대부분의 젠더 규범에 동의하며, 남성과 여성의 능력 차이에 관한 젠더 본질주의에 대한 동의율이 높았다. 두 집 단은 상반된 젠더의식을 가지며, 성 역할과 역량의 차이에 대해 뚜렷하게 다른 태도를 보이는 한편, 경제활동과 돌봄활동에 대한 가치는 공유하는 특징을 보였다. 여섯째, 로짓분석 결과, 젠더의식의 차이를 초래하는 주 요 변수는 성별, 혼인상태, 주관적 계층인식, 불평등인식이었다. 여성은 남성에 비해 젠더 평등을 지지하는 집단에 속할 확률이 높았으며, 기혼보 다 미혼일수록, 중상층보다 하층일수록, 그리고 불평등인식이 클수록 젠 더 평등을 지지하는 집단에 속할 확률이 높았다.

이와 같이 청년세대 내에 존재하는 젠더의식에 관한 격차는 성인으로 의 이행과정(특히 가족이행)에 관해 다음과 같은 정책적 함의를 가진다. 먼저, 전통적 성역할 규범이 약화되고 평등주의 규범이 확산되고 있다는 점을 고려할 때 가족형성을 지원하는 정책은 성평등을 촉진하는 방향성을 견지할 필요가 있다. 더 말할 것도 없지만 여성의 노동시장 참여와 노동시장 내 성별 격차 완화, 그리고 일과 결혼, 출산을 양립할 수 있는 환경을 만드는 것이 중요한 과제가 된다. 또한 청년세대 내에서 가족 돌봄 활동의 중요성이 강조되고 있으므로 이를 사회적으로 인정하고 지원하는 방향의 정책설계가 필요하다. 이를 위해서는 가족 돌봄을 위한 재정적 지원과 시간적 지원(돌봄 휴가 등)을 병행할 필요가 있다. 최근 이슈가 되고 있는 가족돌봄청년에 대한 지원방안을 가족이행을 지원한다는 관점으로 확장할 필요가 있겠다. 마지막으로 미혼 청년들이 기혼 청년에 비해 높은 젠더 평등 의식을 가지고 있다는 점에서 이들이 경제적으로 자립할 수 있는 정책지원이 필요하다.

성인됨에 대한 인식을 분석한 결과는 다음과 같이 요약된다. 먼저, 성인 연령에 대한 인식을 보면, 청년들이 성인이 되는 나이라고 생각하는 연령은 평균 23.4세였다. 20세 미만이 24.9%, 20-24세가 34.0%, 25-29세가 23.6%, 30세 이상이 17.5%로 나타나 특정 연령에 집중되지 않고 고르게 분포되었다. 이는 성인 여부를 규정하는 데 있어 연령이 큰 역할을 하지 않는다는 사실을 시사한다. 또한, 성별, 지역, 교육 수준에 따라 성인 인식 연령에 차이가 있는 것을 확인할 수 있었다. 두 번째로 경제적 자립과 주거 독립에 대한 인식을 살펴본 결과, 성인됨의 조건으로 경제적 자립을 반드시 해야 한다고 생각하는 비율은 76.0%, 주거 독립에 대해서는 67.9%가 각각 필수적이라고 생각했다. 청년들은 경제적 자립을 평균 25.3세, 주거 분리를 26.3세에 이루는 것이 적절하다고 인식했다. 경제적 자립이 주거 분리에 우선되어야 한다는 인식을 보여준다. 세 번째로 결혼과 출산에 대한 인식을 살펴보면, 청년들이 결혼을 적절하다고 여기는 연령은 평균 30.7세였으며, 출산은 31.2세로 나타났다. 경제적 자립-주거 분리에 1세 정도의 간격이 있었던 것과 달리, 주거 분리 이후 결혼에 이르기까지는 4세 이상의 기간이 필요한 것으로 인식하고 있음을 알 수 있다. 또한 경제적 자립과 주거 독립에 비해 상대적으로 덜 필수적인 요소로 여기고 있는 것으로 확인된다. 한편, 결혼과 출산의 필요성에 대한 개인의 태도와 사회적 요구 사이에 간극이 존재했는데, 청년들은 사회적 요구보다 조금 더 늦게 결혼하고 출산하는 것이 바람직하다고 인식하는 경향이 발견되었다. 네 번째로 젠더와 계층에 따른 인식 차이를를 확인할 수 있었다. 성별에 따라 경제적 자립과 주거 독립, 결혼, 출산에 대한 인식에 차이가 나타났다. 여성은 남성보다 이행 연령을 다소 높게 인식했으며, 특히 결혼과 출산에 대한 필요성을 덜 느끼는 경향이 있었다. 또한, 교육 수준이 높을수록 성인 이행 연령을 더 높게 인식했다. 마지막으로 성인 이행의 지연과 새로운 성인의 출현을 확인할 수 있었다. 청년들이 전통적인 성인 이행의 과업을 모두 수행한 비율은 감소하고 있으며, 이는 성인 이행의 지연과 새로운 형태의 성인기를 보여준다. 청년들은 부모 세대보다 늦게 성인이 되며, 이러한 추세가 지속될 것으로 전망하고 있다. 이는 경제적 자립과 주거 독립, 결혼, 출산 등의 성인 이행 항목을 완전히 수행하지 않은 '새로운 성인'이 늘어나고 있음을 시사한다.

  이와 같은 성인됨에 대한 인식 분석 결과는 다음과 같은 정책적 함의를 가진다. 먼저, 인구정책적 측면에서 결혼과 출산에 따른 경제적 비용(기회비용 포함)을 저감시키는 정책 방향과 더불어 다양한 가족 형태에 대한 선택권을 보장해 줄 수 있는 방안에 대한 검토가 필요하다. 사회정책적으로는 경제적 자립 지원, 주거 안정성 보장, 성평등 인식 강화를 촉진할 수 있는 정책적 방안을 고려할 필요가 있다. 청년정책의 측면에서는, 다양한 배경과 경험을 가진 청년들에 대한 맞춤형 지원과 기존 사회보장제도의 청년인지적 관점을 강화할 필요가 있다.

제6장

결론

제1절 주요 결과
제2절 정책적 함의

제6장 결론

제1절 주요 결과

1. 해외사례 검토

제3장의 해외사례 검토는 주로 유럽 국가들을 중심으로 오늘날 청년들의 성인기 이행과정과 그 맥락적 요인으로써의 사회정책을 검토하는 것을 주요 내용을 한다. 주요 내용은 다음과 같이 간략히 요약될 수 있다.

먼저, 유럽 국가별로 청년의 이행경로에는 차이가 존재한다. 덴마크, 스웨덴, 노르웨이 등의 북유럽 국가는 강력한 사회안전망과 유연한 교육 및 직업 훈련 제도를 갖추고 있고, 이와 같은 구조적 배경에 따라 청년들은 비교적 이른 나이에 독립하며, 성평등 수준이 높고 여성의 노동시장 참여율이 높은 특징을 가진다. 둘째, 독일, 오스트리아, 네덜란드 등의 중부유럽 국가들은 교육과 직업훈련 시스템이 발달되어 있어 청년들이 노동시장에 안정적으로 진입할 수 있는 여건을 제공한다. 이와 더불어 가족의 경제적 지원도 북유럽 국가들에 비해 중요한 역할을 한다. 셋째, 이탈리아, 스페인, 포르투갈 등 남유럽 국가는 높은 청년실업률과 불안정한 노동시장을 특징으로 하며, 청년들은 부모와 함께 사는 기간이 길고 경제적 자립이 늦게 이루어진다. 넷째, 폴란드, 체코, 헝가리 등 동유럽 국가는 체제 전환 과정에서 많은 구조적 변화를 겪었고, 경제적 불확실성으로 인해 성인 이행이 지연되고 있다. 마지막으로, 프랑스, 독일, 네덜란드 등 서유럽 국가는 다양한 이행경로를 갖추고 있으며, 개인의 선택이 강조되는 특징을 보인다.

이와 같이 주요 국가유형별 사회경제적 성격과 사회정책 환경이 청년들의 성인으로의 이행경로와 시기에 영향을 미치면서, 청년들의 인식과 태도에도 상이한 영향을 미치는 것을 확인할 수 있었다. OECD가 2023년에 수행한 RTM 조사에서 남유럽 국가들의 청년들의 70% 이상이 적합한 주거 마련에 큰 근심을 가지고 있다는 결과는 강한 가족주의와 가족간 유대에도 불구하고 주거독립에 대한 욕구가 강하며, 그 실현 가능성이 낮은 것에 대해 큰 걱정을 하고 있다는 것을 짐작하게 한다.

2. 이행과정 특성 변화

분석 결과는 다음과 같이 요약된다. 첫째, 한국 사회에서 청년의 생애사의 양상은 짧은 기간에 큰 폭의 변화가 있는 것으로 나타났다. 시퀀스 분석 결과에서 확인한 바와 같이 출생 코호트에 따라 생애사 경험에서 큰 차이가 관찰되었기 때문이다. 최근 시점으로 올수록 결혼과 출산 경험이 미뤄지거나 청년기에 이행하는 케이스가 감소하면서 30대 이후의 삶에서 높은 이상성을 보이는 것으로 나타났다. 한편으로 그와 같은 변화는 빠르고 안정적인 노동시장 이행이나, 전업돌봄 유형과 같은 삶의 궤적은 감소함에 따라 궤적의 다양성은 오히려 감소하는 패턴이 나타났다. 요약하자면 다양성의 감소와 불안정성의 증가로 요약할 수 있으며, 결혼과 출산을 주요한 생애사 경험으로 본다면, 생애사적 경험의 폭이 줄어드는 상황으로 볼 수 있을 것이다.

둘째, 청년의 생애사 경험에서 있어 성별의 차이가 명확하게 나타났다. 시퀀스 분석 결과 전업돌봄의 궤적은 주로 여성에게 나타나는 것으로 확인되었다. 이와 같은 결과는 노동시장 참여와 삶의 질에 있어서 여성이 남성에 비해 복잡한 생애사적 메커니즘이 동작할 수 있음을 시사한다. 궤적 유형화에 대한 분석 결과, 남성의 경우 삶의 만족도가 노동시장 참여 수준

(고용 지위)과 대체로 일치하는 양상이 포착되었지만, 여성의 경우는 그와 같은 일률적인 패턴이 관찰되지 않았다. 노동시장 참여 수준이 높은 여성의 삶의 만족도가 상대적으로 높은 수준이 아니라는 점은 노동과 돌봄의 부담을 동시에 느끼는 여성의 생애사 특성을 반영한 결과로 해석할 수 있다.

3. 이행 실태 및 인식 조사 결과

이행 실태 및 인식 조사 분석 결과는 다음과 같이 요약할 수 있다. 첫째, 전통적인 성역할 규범에 변화가 일어났다. 19-34세 청년들 사이에서 전통적인 성역할 규범이 상당히 약화되었고, 평등주의 규범이 확산된 것을 확인할 수 있다. 응답자의 82.1%가 남성과 여성의 성역할 분리에 동의하지 않았으며, 남성이거나 고졸 이하인 경우 상대적으로 높은 수용률을 보였지만, 이들도 대부분 성역할 분리 규범에 동의하지 않았다. 둘째, 성역할에 대한 성별 인식에 비교적 큰 차이가 발견되었다. 남성 생계부양자 규범에 대해서는 68.1%가 지지하지 않았으며, 특히 성별 차이가 컸다. 여성의 경우 22.4%만이 이 규범에 동의했으나, 남성은 40.5%가 동의했다. 자녀가 있는 여성의 경제활동에 대해서는 77.1%가 지지했으며, 여성의 85.9%가 지지했지만 남성은 69.2%만이 지지했다. 연령이 낮을수록 동의율이 낮았다. 셋째, 가정에서 가족을 돌보는 활동이 소득 활동보다 더 보람 있다는 데 동의하는 비율은 46.2%로 절반에 조금 미치지 못했다. 여성보다 남성의 동의율이 높았고, 소득이 높은 집단의 동의율이 상대적으로 높았다. 이는 돌봄 활동을 자율적이고 가치 있는 것으로 경험하거나 기대하는 경향이 있음을 보여준다. 넷째, 성차별 의식에는 성별, 지역별, 교육 수준별 차이가 존재했다. 남성은 여성보다 정치적 리더십이 뛰어나다는 관념에 반대하는 비율은 65.5%였으며, 남성은 49.5%만이 반대했으나 여성은 83.1%가 반대하여 큰 젠더 격차를 보였다. 비수도권

이거나 교육 수준이 낮을수록 젠더 본질주의를 수용하는 비율이 높았다. 다섯째, 젠더의식에 대한 잠재집단 분석 결과 두 집단 간의 비교적 큰 인식 차이가 발견되었다. 잠재 집단 1은 대부분의 젠더 규범에 동의하지 않으며, 성역할 분리 규범에 대한 동의율이 낮았고 가족 돌봄 가치에 대한 동의율이 높았다. 잠재 집단 2는 대부분의 젠더 규범에 동의하며, 남성과 여성의 능력 차이에 관한 젠더 본질주의에 대한 동의율이 높았다. 여섯째, 로짓분석 결과, 젠더의식의 차이를 초래하는 중요한 변수는 성별, 혼인상태, 주관적 소득계층, 불평등인식이었다. 여성은 남성에 비해 젠더 평등을 지지하는 집단에 속할 확률이 높았으며, 기혼보다 미혼이, 중상층보다 하층일수록, 불평등인식이 강할수록 젠더 평등을 지지하는 집단에 속할 확률이 높았다.

　이와 같이 청년세대 내에 존재하는 젠더의식에 관한 격차는 성인으로의 이행과정(특히 가족이행)에 관해 다음과 같은 정책적 함의를 가진다. 먼저, 전통적 성역할 규범이 약화되고 평등주의 규범이 확산되고 있다는 점을 고려할 때 가족형성을 지원하는 정책은 성평등을 촉진하는 방향성을 견지할 필요가 있다. 더 말할 것도 없지만 여성의 노동시장 참여와 노동시장 내 성별 격차 완화, 그리고 일과 결혼, 출산을 양립할 수 있는 환경을 만드는 것이 중요한 과제가 된다. 또한 청년세대 내에서 가족 돌봄 활동의 중요성이 강조되고 있으므로 이를 사회적으로 인정하고 지원하는 방향의 정책설계가 필요하다. 이를 위해서는 가족 돌봄을 위한 재정적 지원과 시간적 지원(돌봄 휴가 등)을 병행할 필요가 있다. 최근 이슈가 되고 있는 가족돌봄청년에 대한 지원방안을 가족이행을 지원한다는 관점으로 확장할 필요가 있겠다. 마지막으로 미혼 청년들이 기혼 청년에 비해 높은 젠더 평등 의식을 가지고 있다는 점에서 이들이 경제적으로 자립할 수 있는 정책 지원이 필요하다.

성인됨에 대한 인식을 분석한 결과는 다음과 같이 요약된다. 먼저, 성인 연령에 대한 인식을 보면, 청년들이 성인이 되는 나이라고 생각하는 연령은 평균 23.4세였다. 20세 미만이 24.9%, 20-24세가 34.0%, 25-29세가 23.6%, 30세 이상이 17.5%로 나타나 특정 연령에 집중되지 않고 고르게 분포되었다. 이는 성인 여부를 규정하는 데 있어 연령이 큰 역할을 하지 않는다는 사실을 시사한다. 또한, 성별, 지역, 교육 수준에 따라 성인 인식 연령에 차이가 있는 것을 확인할 수 있었다. 두 번째로 경제적 자립과 주거 독립에 대한 인식을 살펴본 결과, 성인됨의 조건으로 경제적 자립을 반드시 해야 한다고 생각하는 비율은 76.0%, 주거 독립에 대해서는 67.9%가 각각 필수적이라고 생각했다. 청년들은 경제적 자립을 평균 25.3세, 주거 분리를 26.3세에 이루는 것이 적절하다고 인식했다. 경제적 자립이 주거 분리에 우선되어야 한다는 인식을 보여준다. 세 번째로 결혼과 출산에 대한 인식을 살펴보면, 청년들이 결혼을 적절하다고 여기는 연령은 평균 30.7세였으며, 출산은 31.2세로 나타났다. 경제적 자립-주거 분리에 1세 정도의 간격이 있었던 것과 달리, 주거 분리 이후 결혼에 이르기까지는 4세 이상의 기간이 필요한 것으로 인식하고 있음을 알 수 있다. 또한 경제적 자립과 주거 독립에 비해 상대적으로 덜 필수적인 요소로 여기고 있는 것으로 확인된다. 한편, 결혼과 출산의 필요성에 대한 개인의 태도와 사회적 요구 사이에 간극이 존재했는데, 청년들은 사회적 요구보다 조금 더 늦게 결혼하고 출산하는 것이 바람직하다고 인식하는 경향이 발견되었다. 네 번째로 젠더와 계층에 따른 인식 차이를 확인할 수 있었다. 성별에 따라 경제적 자립과 주거 독립, 결혼, 출산에 대한 인식에 차이가 나타났다. 여성은 남성보다 이행 연령을 다소 높게 인식했으며, 특히 결혼과 출산에 대한 필요성을 덜 느끼는 경향이 있었다. 또한, 교육 수준이 높을수록 성인 이행 연령을 더 높게 인식했다. 마지막으로 성인 이행의 지연과 새로운 성인의 출현을 확인할 수 있었다.

청년들이 전통적인 성인 이행의 과업을 모두 수행한 비율은 감소하고 있으며, 이는 성인 이행의 지연과 새로운 형태의 성인기를 보여준다. 청년들은 부모 세대보다 늦게 성인이 되며, 이러한 추세가 지속될 것으로 전망하고 있다. 이는 경제적 자립과 주거 독립, 결혼, 출산 등의 성인 이행 항목을 완전히 수행하지 않은 '새로운 성인'이 늘어나고 있음을 시사한다.

제2절 정책적 함의

이 연구는 모두에 밝힌 바와 같이 2년 연속 연구의 첫 번째 연구로 최근 세대의 이행기 변화의 양상을 확인하고 그 변화 요인을 탐색하며, 인구 하위집단별 차이를 규명하는 데 초점을 맞추었다. 2차 연구에서는 이행기 변화의 미시적(개인사적, 가족사적) 영향과 거시적(인구사회경제적) 영향을 탐색하고, 2개년에 걸친 연구 결과가 함의하는 바를 사회정책과 인구정책에 초점을 맞추어 도출할 예정이다. 즉, 이행기 변화의 양상과 원인, 그리고 그 파급효과에 대한 분석을 마친 후 종합적인 정책 함의는 이어지는 후속 연구에서 심도 있게 다룰 예정이다. 따라서 이 연구에서는 이행기 변화와 관련한 주요 발견이 함의하는 바를 정책 방향성 수준에서 제시하는 것으로 마무리하고자 한다.

1. 해외사례 검토의 함의

해외사례 검토로부터 정책적 함의를 찾아보면 다음과 같다. 먼저, 북유럽 국가들의 사례에서 볼 수 있듯이 이른 독립에는 강력한 사회안전망이 뒷받침되고 있다는 사실에 주목할 필요가 있다. 교육과 일자리 이행과정에서 소요되는 교육훈련 비용, 생활비, 주거비 등에 대한 포괄적 지원체계가 구성될 필요가 있고, 특히 부모의 도움을 받기 어려운 취약계층 청년들에 대해 이와 같은 지원이 집중될 필요가 있다. 한편으로 청년들이 다양한 경로를 통한 교육을 이수할 수 있도록 유연한 교육시스템에 대한 고민도 병행될 필요가 있다. 온/오프라인에 걸친 다양한 형태의 교육기회를 제공하는 것을 통해 급속한 기술발달과 노동시장 환경변화에 적응할 수 있도록 지원할 필요가 있다. 또한 안정적인 일자리를 확보할 수 있도록 고용기회 창출과 고용연계 서비스를 보다 강화할 필요가 있다. 궁극적으로는 노동시장 이중구조를 혁파하여 전반적인 노동시장 기회구조를 확대할 필요가 있다. 그러나 중단기적으로는 불안정한 일자리에 종사하는 청년들의 고용안정성과 임금수준 제고를 위한 정책적 노력도 병행될 필요가 있다. 성인으로의 이행에 가장 큰 걸림돌로 인식되고 있는 높은 주거비용(조달비용, 유지비용)에 대응할 수 있도록 청년친화적 주택공급 정책 기조를 확보할 필요가 있으며, 한편 주거비 부담을 줄일 수 있도록 저소득 청년 주거급여 확대(대상범위, 급여수준) 방안을 모색할 필요가 있다. 또한 최근 정책적 관심의 대상으로 부상하고 있는 가족돌봄청년, 자립준비청년, 고립은둔청년을 비롯하여 경계선지능청년, 금융취약청년 등에 이르기까지 다양한 취약성을 파악하고 발굴해서 지원할 수 있는 체계를 구축할 필요가 있다. 이와 더불어 현재 교육에서 일자리로의 이행에 초점을 맞추고 있는 청년정책의 방향성을 결혼과 출산의 가족이행으로까지 확장할 필요가 있다. 청년정책과 별도로 인구정책의 맥락에서 추진되고 있는 현재의 체제를 청년친화적인 관점을 강조하는 청년정책의 틀에서 새롭게 구상할 필요가 있다. 청년정책과 인구정책 간에 뚜렷한 구분이 없는 것은 사실이지만, 문제를 진단하는 데 있어서 큰 차이가 존재할 수 있기 때문에 이행기 지원이라는 청년정책의 틀에서 문제를 파악하고, 청년인지적 혹은 청년친화적 정책 방향을 모색할 필요가 있다.

2. 이행과정 특성 변화의 함의

분석 결과에서 확인된 이행과정 혹은 생애과정의 탈표준화 경향은 인구, 사회, 경제적 측면에서 파급효과를 가진다. Billari(2004)의 분석틀이 제기하듯이 미시적 차원과 거시적 차원으로 구분해서 살펴볼 수 있다. 미시적 차원에서는 성인으로의 이행과정과 그 이후 생애과정에 미치는 영향을, 거시적 차원에서는 노동시장 불안정, 경제성장 저하, 저출산 등의 영향을 각각 들 수 있다. 이외에도 이행과정의 불안정성과 불연속성에 따라 개인의 사회에 대한 태도와 신체적·정신적 건강에도 악영향을 미칠 수 있다.

이와 같은 부정적 파급효과에 대응하기 위한 사회보장제도는 정형적 혹은 표준적 생애과정에 기반하여 설계되었다. 즉, 과거에는 교육-취업-주거독립-가족형성으로 구성되는 생애과정이 보편적으로 실현되고, 그 시기도 어느 정도 통일되어 있어, 사회보장제도도 이와 같은 생애주기에 맞추어 설계되었다고 할 수 있다. 전통적 사회보장제도는 정상적 근로관계와 남성부양자모델을 핵심으로 하는 근로생애의 정상성을 전제로 설계되었고, 다시 근로생애의 정상성을 지탱하는 방식으로 작동해 왔다 (Geissler, 1998; 박경순, 2011, p.297에서 재인용). 그러나 최근 생애과정의 탈정형화 혹은 탈표준화 경향에 따라 이와 같은 근로생애의 정상성에 균열을 야기하고 있다. 즉, 노동시장 불안정성과 이중구조화 등으로 인해 정상적 근로관계가 지속되기 어려워지고 있고, 여성의 노동시장 참여가 확대되면서 남성부양자모델도 약화하고 있다. 이는 노동시장과 노동시장 주변의 국면들을 이행하는 빈도가 높아지고, 각 이행 국면이 야기하는 위험[16]에 노출되는 빈도와 기간을 늘리는 방식으로 생애과정의 안

---

16) Shmid의 이행노동시장 이론(TIM)에 따르면 여러 고용형태 간 이행에 따른 소득안정성 위험, 고용과 실업 간 이행에 따른 소득유지 위험, 교육훈련과 고용 간 이행 및 부양가족 보호에 따른 노동능력 감소에 따른 소득확보 능력 위험, 장애와 질환, 퇴직으로 인한 소득상실 위험 등에 직면하게 된다(Schmid, 2006, pp.4-5).

정성을 저하시키고 있다. 한편, 남성부양자모델 약화에 따라 가사노동 전담 기간과 총량이 감소하면서 가족이행도 갈수록 어려워지고 있다. 그러나 생애과정의 변화에도 불구하고 현재 사회보장제도는 기존의 생애과정 특성에 기반하고 있어, 생애과정 변화가 야기하는 다양한 사회적 위험에 구조적으로 대응할 수 있는 능력이 약화하고 있다. 이에 생애과정의 변화에 조응하는 방식으로 사회보장제도가 개편될 필요성이 제기된다.

이와 관련하여 노동시장 정책의 측면에서 간략한 방향성을 제시하면 다음과 같다. 이행노동시장 이론은 노동시장 내부(고용상태, 취업형태 간 이행)과 그 주변의 상황(고용-실업, 교육훈련-고용, 개인적 가사활동—고용, 고용-퇴직)에서 유발되는 소득 관련 위험들에 대응하는 데 있어서, 취업을 통한 소득확보라는 기존의 사회정책 혹은 노동시장 정책의 관점에서 벗어나 이행을 통한 소득확보 장치를 보완하자는 취지를 담고 있다(Schmid, 2006; 정병석, 2010, p.161에서 재인용). 최근 들어 적극적 노동시장 정책이 주목받게 되면서 기존의 소극적 노동시장 정책의 한계를 보완하는 방식으로 정책개선이 이루어졌다. 각 이행의 국면에서 발생하는 사회적 위험에 개별 정책으로 접근하기보다는 이행노동시장 이론이 제시하는 구조적인 관점에서 통합적 접근으로 패러다임을 전환할 필요가 있다. 특히, 노동시장의 위험이 청년과 여성에게 집중되는 이유가 이들이 노동시장에 새롭게 진입하는 집단일 뿐만 아니라 가계 조직과 사회정책의 연계에서 취약한 위치에 있기 때문이라는 점에 주목할 필요가 있다. 따라서 노동시장 진입을 앞두고 있는 청년들, 특히 여성 청년에 대한 정책적 관심이 특별히 요구된다.

3. 이행 실태 및 인식 조사 결과의 함의

성인됨에 대한 인식 분석 결과는 다음과 같은 정책적 함의를 가진다. 먼저, 인구정책적 측면에서 결혼과 출산에 따른 경제적 비용(기회비용 포함)을 저감시키는 정책방향과 더불어 다양한 가족 형태에 대한 선택권을 보장해 줄 수 있는 방안에 대한 검토가 필요하다. 또한 가족이행과 관련한 성역할에 대한 인식이 아직까지 북유럽과 같은 높은 수준에 미치지 못한다는 점에서 성역할에 대한 인식을 제고할 수 있도록 성평등 교육과 상대적으로 열악한 처지에 있는 여성들에 대한 지원을 강화할 필요가 있다.

한편으로 청년들의 성인 이행을 적극적으로 지원할 수 있도록 사회적 분위기를 조성하는 것도 당면한 과제라 할 수 있다. 2020년 청년기본법 제정과 청년정책기본계획 수립에 따라 청년정책에 대한 사회적 관심이 크게 환기된 바가 있고, 실제 취업지원 정책 수준에 머물러 있던 청년정책이 교육, 주거, 일자리, 복지문화, 참여권리의 영역으로 확장되면서 포괄적 정책의 면모를 갖추고 있다. 그럼에도 불구하고 아직까지 취약계층 지원에 우선순위를 두어야 한다는 관점이 강하게 남아있어 이행기 청년 지원 정책의 사회적 수용성이 그다지 크지 않은 실정이다. 후속 연구에서 자세히 제시되겠지만, 청년들의 성인으로의 이행이 지연되고 복잡다기해지면서 청년의 개인 차원의 생애사에 미치는 다차원적인 부정적 영향은 물론이고, 청년을 부양하고 있는 가족의 경제적, 정서적 부담은 이후 노후 빈곤으로 이어질 위험을 내포한다는 점에서 정책적, 사회적 관심 제고가 요구된다 하겠다. 뿐만 아니라 소득창출 기회와 기간의 제약에 따른 사회보장 분담구조에의 부담, 가족이행의 지연에 따른 저출산 현상의 고착화 혹은 심화, 높은 수준의 학력과 생물학적 연령에 기반한 높은 생산성과 혁신성이 고용기회 감소와 정신건강 악화(번아웃) 등으로 인해 잠식되는 문제는 우리 사회의 지속가능성에도 위협 요인이 될 수 있다는 점을 직시할 필요가 있다.

참고문헌

김문길, 김성아, 한겨레, 김병권, 전광희, 조준모. (2021). 청년층 삶의 환경 변화 진단과 사회보장제도 개편 방향 모색을 위한 연구. 한국보건사회연구원.

김영, 황정미. (2013). "요요 이행"과 "DIY 일대기" 이행기 청년들의 노동경험과 생애 서사에 대한 질적 분석. 한국사회, 14(1), 215-260.

남춘호, 남궁명희. (2012). 생애과정의 탈표준화 경향에 대한 경험적 연구 - 성인기이행의 구조변동을 중심으로-. 지역사회연구, 20(2), 91-128.

노법래. (2019). 한국복지패널로 들여다본 청년의 생애사: Multistate Model로 그린 한국 청년의 취업, 결혼, 출산의 경로와 소득 집단별 비교. 한국복지패널 학술대회 자료집. 한국보건사회연구원.

노혜진. (2021). 니트상태를 경험한 청년들의 생애사. 보건사회연구, 41(2), 44-63.

류만희, 노대명, 김송이. (2012). 국가별 근로연계복지제도 비교연구. 국회예산정책처.

문혜진. (2010). 생애과정 관점에 대한 고찰과 적용: 성인으로의 이행과정에 대한 탐색적 분석. 사회복지연구, 41(3), 349-378.

박경순. (2011). 생애과정 탈정형화의 사회정책적 함의. 사회보장연구, 27(1), 293-316.

심재휘, 이명희, 김경근. (2018). 누가 캥거루족이 되는가: 청년층의 경제적 자립 격차 분석. 한국교육학연구, 24(4), 29-53.

안선영, Cuervo, Wyn. (2010). 청년기에서 성인기로의 이행과정 연구 Ⅰ: 총괄보고서. 한국청소년정책연구원.

안선영, 김희진, 박현준, 김태령. (2011). 청년기에서 성인기로의 이행과정 연구 Ⅱ: 총괄보고서. 한국청소년정책연구원.

은기수, 박건, 권영인, 정수남. (2011). 취약위기계층 청년의 성인기 이행에 관한 연구. 한국청소년정책연구원.

김지혜, 이길제, 안종욱, 김형민, 이창준, 오도영, 이정윤. (2021). 해외 주택금융

정책 비교 분석 연구: 주택담보대출을 중심으로. 국토연구원

이병희, 장지연, 윤자영, 성재민, 안선영. (2010). 청년기에서 성인기로의 이행과정 연구Ⅰ: 우리나라의 청년기에서 성인기로의 이행 실태. 한국노동연구원.

이상직. (2020). 전환기 성인 이행 경로의 변화_1970-1984년 코호트의 교육노동가족이력. 서울대학교 대학원 사회학과. 박사학위논문.

이승렬. (2015). 청년의 노동시장 이행과 사회적 독립과정 연구. 한국노동연구원.

이태진, 김동진, 곽윤경, 이원진, 우선희, 김지원. (2022). 사회통합 실태 진단 및 대응 방안 연구(Ⅸ) - 포스트코로나 시대의 사회통합 제고를 위한 정책방향. 한국보건사회연구원

정병석. (2010). 한국 노동시장정책의 평가와 발전방안: 이행노동시장 이론의 활용. 노동정책연구, 10(2), 155-185.

정세정, 류진아, 강예은, 김성아, 함선유, 김동진, 임덕영, 신영규, 김문길, 이혜정, 김기태, 김태완, 이원진. (2022). 2022년 청년 삶 실태조사. 국무조정실·한국보건사회연구원.

조동희, 김종혁, 김흥종, 문성만, 윤여준, 임유진. (2018). 소득주도 성장 관련 유럽 및 미국의 정책사례 연구. 대외경제정책연구원.

조성혜. (2023). 독일의 실업급여와 실업부조 제도. 노동법논총, 59, 541-594.

채창균, 양정승, 김민경, 송선혜. (2018), 미국의 청년 니트(NEET) 실태와 정책, 청년 핵심정책 대상별 실태 및 지원방안 연구Ⅰ: 청년 니트(NEET)-해외사례 조사, 한국청소년정책연구원.

최철웅. (2019), '포용적 금융'의 역설: 빈곤 산업의 형성과 위험의 개인화, 사회과학연구, 27(2), 38-87.

한국노동연구원. (각년도). 한국노동패널.

한국보건사회연구원, 서울대 사회복지연구소. (각년도). 한국복지패널.

한국은행. (2023.8.22.). 2023년 2/4분기 가계신용(잠정). 보도자료.

ASE. (2023). *Unemployment benefit rules and regulations*. Retrieved from https://www.ase.dk/eng/unemployment-insurance-fund/unemployment-benefit-rules-and-regulations (2023.8.3.)

Aassve A., Mazzucco S., Mencarini L. (2005). Childbearing and Wellbeing: a comparative analysis of the European community. *Journal of European Social Policy*, 15(4), 283-300.

Aaasve, A., Iacovou, M., Mencarini. L. (2006). Youth poverty and transition to adulthood in Europe. *Demographic Research*, 15(2), 21-50.

Aassve, A., Davia, M.A., Iacovou, M., Mazzuco, S. (2007). Does Leaving Home Make You Poor? Evidence from 13 European Countries. *European Journal of Population*, 23, 315-338.

Akerman, B., Alstott, A. (2003). *The Stakeholder Society*. Yale University Press.

Annarelli, Kathleen M. (2022). Welfare generosity, credit access and household debt: clarifying relationships through a new welfare-debt typology. *New Political Economy*, 27(4), 680-696.

Amable B. (2003). *The Diversity of Modern Capitalism*, Oxford University Press.

Amable B., Barré R., Boyer R. (1997). *Les systèmes d'innovation à l'ère de la globalisation*. Economica.

Arnett, J.J. (2000). Emerging adulthood. A theory of development from the late teens through the twenties. *Am Psychol*, 55(5), 469-480.

Baniya, S. (2023. 4. 10.). Young Europeans at increased risk of falling into poverty trap. *Euro News*. Retrieved from https://www.euronews.com/2023/04/10/young-europeans-at-increased-risk-of-falling-into-poverty-trap(2023.7.20.).

Barro, Robert J. and Jong-Wha Lee. (2015). *Education Matters: Global Schooling Gains from the 19th to the 21st Century*. Oxford

University Press.

Berlin, G., Furstenberg Jr., F.F., Waters, M.C. (2010). Introducing the Issue. in *Transition to Adulthood*, 20(1), 3-18.

Billari, F.C. (2001). The analysis of early life courses: complex descriptions of the transition to adulthood. *Journal of Population Research*, 18(2), 119-142.

Billari, F.C. (2004). Becoming an Adult in Europe: A Macro(/Micro)-Demographic Perspective. *Demographic Research. Social Collection 3*, Article 2. Max-Plank Gesellshaft.

BIllari, F.C., Aassve, A. (2007). Strings of Adulthood: A Sequence Analysis of Young British Women's Work-Family Trajectories. *European Journal of Population*, 23(3), 369-388.

BIllari, F.C., Badolato, L., Hagestad, G.O., Liefbroer, A.C., Settersten, R.A., Speder, Z., Bavel J. Van. (2021). *The Timing of Life – Topline results from Round 9 of the European Social Survey*. European Social Survey ERIC.

Billari, F.C., Liefbroer, A.C. (2010). Towards a new pattern of transition to adulthood?. *Advances in Life Course Research*, 15(2-3), 59-75.

Boyer R. (2005). How and why capitalisms differ?. *Economy and Society*, 34(4), 509-557.

Breen, R., Buchmann, M. (2002). Institutional Variation and the Position of Young People: A Comparative Perspective. *The ANNALS of the American Academy of Political and Social Science*, 580, 288-305.

Central Statistics Office. (2023a). MIlestone in Life. Retrieved from https://www.cso.ie/en/releasesandpublications/ep/p-ppo/post-primaryoutcomes-academicyearsending20122013/milestonesinli fe/(2023.7.15.)

Central Statistics Office. (2023b). Social Protection Expenditure in Ireland 2022. Retrieved from https://www.cso.ie/en/releasesandpublications/ep/p-spei/socialprotectionexpenditureinireland2022/mainresults/(2023.7.15.)

Chetty, R, N. Hendren, P. Kline, E. Saez. (2014). Where is the land of Opportunity? The Geography of Intergenerational Mobility in the United States. *The Quarterly Journal of Economics*, 129(4), 1553-1623.

Chevalier T. (2018). La jeunesse dans tous ses États, Paris. Presses universitaires de France.

Chevalier T. (2022). Revenu minimum ou politique d'insertion? La trajectoire de réformes du soutien au revenu des jeunes en France. *Revue française des affaires sociales*, 3, 47-63.

Citizens Information. (2023). Jobseeker's Allowance. Retrieved from https://www.citizensinformation.ie/en/social-welfare/unemployed-people/jobseekers-allowance/ (2023.8.2.)

Cournéde B., Plouin, M. (2022). No Home for The Young? Stylised Facts and Policy Challenges. OECD. https://oecdecoscope.blog/2022/06/29/no-home-for-the-young/(2023.9.13. 인출)

Dobbs, R., Madgavkar, A, Manyika, J., Woetzel, L., Bughin, J., Labaye, E., Kashyap, P. (2016). *Poorer than their Parents? Flat or Falling Incomes in Advanced Economics*. McKinset&Company. McKinsey Global Institute.

Dor, F. (2019.10.31.). Aujourd'hui, on devient adulte à 30 ans. Les Echos. Retrieved from https://start.lesechos.fr/au-quotidien/developpement-personne

l/aujourdhui-on-devient-adulte-a-30-ans-1175027(2023.7.21.)

du Bois-Reymond, M. (1998). I don't want to commit myself yet: Young People's Life Concepts. *Journal of Youth Studies,* 1(1), 63-79.

Elder, G, Hl, Jr. (1974). *Children of the Great Depression: Social change in life experience.* Chicago: University of Chicago Press.

Esping-Andersen G. (1990). *The Three Worlds of Welfare Capitalism.* Polity Press.

ESPN. (2021). *Access to Social Protection for Young People.* European Social Policy Network.

Euraxess. (2023). *Unemployment procedures and benefits in Spain.* Retrieved from https://www.euraxess.es/spain/information-assistance/unemployment-procedures-and-benefits-spain (2023.8.3.)

Eurofound. (2023). *Croatia: Redundant employees entitlement to public support.* Retrieved from https://apps.eurofound.europa.eu/legislationdb/redundant-employees-entitlement-to-public-support/croatia (2023.8.3.)

European Commission. (2022). *Your social security rights in Croatia, Directorate-General for Employment.* Social Affairs and Inclusion.

European Commission. (2023a). *Croatia-Social welfare benefits.* Retrieved from https://ec.europa.eu/social/main.jsp?catId=1104&langId=en&intPageId=4464 (2023.8.1.)

European Commission. (2023b). *Your social security rights in Romania.* Luxembourg: Publications Office of the European Union.

European Commission. (2023c). *Germany. Integration of young people in the labour market*. Retrieved from https://national-policies.eacea.ec.europa.eu/youthwiki/chapters/germany/36-integration-of-young-people-in-the-labour-market (2023.8.3.)

European Youth Forum. (2016). *Resolution on Youth Autonomy and Inclusion*. Brussels, Belgium, 15-16 APRIL.

Eurostat. (2023a). *Estimated average age of young people leaving their parental household*. Retrieved from https://ec.europa.eu/eurostat/databrowser/view/YTH_DEMO_030__custom_7245840/bookmark/table?lang=en&bookmarkId=8187eeda-6c5b-48fc-ba39-4e8cf6eee71b(2023.7.13.)

Eurostat. (2023b). *Unemployment by sex and age – annual data*. Retrieved from https://ec.europa.eu/eurostat/databrowser/view/UNE_RT_A__custom_12592564/default/table?lang=en(2023.10.31.)

Eurostat. (2023c). *At-risk-of-poverty rate by poverty threshold, age and sex*. Retrieved from https://ec.europa.eu/eurostat/databrowser/view/ilc_li02/default/table?lang=en(2023.7.25.)

Finland. (2021.4.21.). Finland has more basic social assistance recipients than Sweden. *Helsinki Time*. Retrieved from https://www.helsinkitimes.fi/finland/finland-news/domestic/19079-thl-finland-has-more-basic-social-assistance-recipients-than-sweden.html

Frnace Travail. (2023). *Allocation de solidarité spécifique (ASS)*. Retrieved from https://www.francetravail.fr/candidat/mes-droits-aux-aides-etallocati/aides-financieres-et-autres-allo/autres-allocations/lall ocation-de-solidarite-specif.html (2023. 8. 3.)

Geissler, B. (1998). Normalarbeitsverhältnis und Sozialversicherungen – eine überholte Verbindung?. *Mitteilungen aus der Arbeitsmarkt- und Berufsforschung*, 31(3), 550-557.

Gabadinho, A., Ritschard, G., Müller, N. S., Studer, M. (2011). Analyzing and Visualizing State Sequences in R with TraMineR. *Journal of Statistical Software*, 40(4), 1-37.

Gauthier, J-A, Widmer, E. D., Bucher, P., Notredame, C. (2010). Multichannel Sequence Analysis Applied to Social Science Data. *Sociology Methodology*, 40(1), 1-38.

Genolini, C., Alacoque, X., Sentenac, M., Arnaud, C. (2015). kml and kml3d: R Packages to Cluster Longitudinal Data. *Journal of Statistical Software*, 65(4), 1-34.

Hall P. A. & D. Soskice. (2001), *Varieties of Capitalism: The Institutional Foundations of Comparative Advantage*. Oxford University Press.

Hassel A. & B. Palier. (2018). Growth Regimes and Welfare State Reforms. *25th International Conference of Europeanists*. Council for European Studies (CES).

Hassel A. & B. Palier. (2021). *Growth and Welfare in Advanced Capitalist Economies: How Have Growth Regimes Evolved?*. Oxford University Press.

Hivert, A-F. (2022. 8. 31.). In Denmark, a universal grant helps all students. *Le Monde*. Retrieved from https://www.lemonde.fr/en/education/article/2022/08/31/a-un iversal-grant-for-students-in-denmark_5995320_104.html(2023. 7.20.)

Hogan, Dennis P. (1981). *Transitions and Social Change: The Early Lives of American Men*. Academic Press.

Iacovou, M. (2002). Regional Differences in the Transition to Adulthood. *The ANNALS of the American Academy of Political and Social Science,* 580(1), 40-69.

INPS. (2023). Unemployment benefits - NASpI and DIS-COLL. Retrieved from
https://www.inps.it/it/en/inps-comunica/diritti-e-obblighi-in-materia-di-sicurezza-sociale-nell-unione-e/per-i-cittadini/prestazioni-per-la-disoccupazione—naspi-e-dis-coll.html(2023.8.3.)

IWGYP. (2013). *Pathways for Youth: Draft Strategic Plan for Federal Collaboration*. Interagency Working Group on Youth Programs.

Lima. L. (2004). L'âge de l'État social: une comparaison France-Québec des systèmes d'assistance-jeunesse, communication au colloque MATISSE L'accès inégal à l'emploi et à la protection sociale. *Paris*, 16 et 17 septembre.

Lima, L. (2012). Politiques d'insertion et citoyenneté sociale des jeunes, in Becquet V. et al. (dir.). *Politiques de jeunesse : le grand malentendu,* Nîmes, Champ social éditions, 126-137.

Ministry of Social Affairs and Health. (2023). Social assistance. Retrieved from
https://stm.fi/en/income-security/social-assistance(2023.8.1.)

Modell, John. (1989). *Into One's Own: From Youth to Adulthood in the United States 1920-1975*. University of California Press.

Modell, J, Furstenberg, Jr. F.F., and Hershberg, T. (1976). Social Change and Transitions to Adulthood in Historical Perspective. *Journal of Family History,* 1(1), 7-31.

Moneypenny. (2021.4.9.). The most popular first jobs in the UK.

Retrived from https://www.moneypenny.com/uk/resources/blog/the-most-popular-first-jobs-in-the-uk/

Neugarten, B. L., Moore, J. W., & Lowe, J. C. (1965). Age norms, age constraints, and adult socialization. *American Journal of Sociology*, 70, 710–717.

Nordic Co-operation. (2023). Retrieved from https://www.norden.org/en/info-norden/housing-allowance-norway

OECD, Affordable housing database (https://www.oecd.org/en/data/datasets/oecd-affordable-housing-database.html)

OECD. OECD Data for Explorer. Adequacy of minimum income benefits. Retrieved from https://data-explorer.oecd.org/vis?df[ds]=DisseminateFinalDMZ&df[id]=DSD_TAXBEN%40DF_IA&df[ag]=OECD.ELS.JAI&df[vs]=1.0&dq=.....S_C0.......NO........A&lom=LASTNPERIODS&lo=5&to[TIME_PERIOD]=false&ly[cl]=TIME_PERIOD&ly[rw]=REF_AREA%2CCOMBINED_UNIT_MEASURE&vw=tb(2023.7.13.)

OECD. OECD Data Archive. Youth not in employment, educatuion or traaining(NEET). Retrieved from https://www.oecd.org/en/data/indicators/youth-not-in-employment-education-or-training-neet.html?oecdcontrol-dec63071aa-var6=15_29(2023.7.13.)

OECD. (2023a). Unemployment rate by age group (indicator). doi: 10.1787/997c8750-en

OECD. (2023b). Youth not in employment, education or training (NEET) (indicator). doi: 10.1787/72d1033a-en

OECD. (2023c). *Main Findings from the 2022 OECD Risks that Matter Survey. OECD Publishing*, Paris.
https://doi.org/10.1787/70aea928-en.

OECD. (2023d). Boosting Social Inclusion in Spain.

OECD. (2024). Society at a Glance 2014.

Office for National Statistics. (2019. 2. 18.). Milestones: journey into adulthood. Retrieved from
https://www.ons.gov.uk/peoplepopulationandcommunity/populationandmigration/populationestimates/articles/milestonesjourneyingintoadulthood/2019-02-18(2023.7.21.)

Opeka. (2023). Retrieved from
https://opeka.gr/elachisto-engyimeno-eisodima/

O'Rand, A., Krecker, M. (1990). Concepts of the life cycle: Their history, meanings, and uses in the social sciences. *Annual Review of Sociology*, 16, 241-262.

Pinto, E., José, S. (2022.8.31.). Housing for Everyone, the Danish Way. SPUR. Retrieved from
https://www.spur.org/news/2022-08-31/housing-for-everyone-the-danish-way

Plug, W., Zeijl, E., du Bois-Reymond, M. (2003). 'Young People's Perceptions on Youth and Adulthood: A Longitudinal Study from The Netherlands'. *Journal of Youth Studies,* 6(2), 127-44.

Schmid, G. (2006). Transitional Labour Markets: Experiences from Europe and Germany. *Australian Bulletin of Labour,* 32(2), 114-138.

Service Australia. (2023). Jobseeker Payment. Retrieved from
https://www.servicesaustralia.gov.au/jobseeker-payment. (2023.8.3.)

Settersten. R.A., Ray, B. (2010). *Not Quite Adults: Why 20-Somethings Are Choosing a Slower Path to Adulthood, and Why It's Good for Everyone*. Delacorte Press.

Settersten, R.A., Ottusch T.M., & Schneider, B. (2015). Becoming Adult: Meanings of Markers to Adulthood. in Ed. Scott. R., Kosslyn, S. (2015). *Emerging Trends in the Social Behavioral Sciences*. John Wiley & Sons.

Soskice D. (2007). Macroeconomics and Varieties of Capitalism, 89-121. In B. Hancke, M. Rhodes, et M. Thatcher (eds.), *Beyond Varieties of Capitalism: Conflict, Contradiction. and Complementarities in the European Economy*. Oxford University Press.

Spéder, Z. & L. Murinkó & R. A. Settersten. (2014). Are Conceptions of Adulthood Universal and Unisex? Ages and Social Markers in 25 European Countries. *Social Forces*, 92(3), 873-898.

The Newbie Guide to Sweden. (2023). Retrieved from https://www.thenewbieguide.se/just-arrived/register-for-welfare/housing-allowance/

Trottmann, É., Gaudron, F., Perard P., Gervais, C. (2021). La protection sociale des jeunes dans les pays nordiques, Eden des générations Z. *Regards*, 59(1), 163-173.

Try, L. (2023). How people living in poor quality housing have fared during the cost of living crisis. Trying Times. The Health Foundation.

Viard, J. (2019). *un nouvel âge jeune ? Devenir adulte en société mobile*. L'Aube.

von Wachter, T. (2020). The Persistent Effects of Initial Labor Market Conditions for Young Adults and Their Sources. *Journal of Economic Perspectives*, 34(4), 168-194.

Walther, A., Stauber, B., Biggart, A., du Bois-Reymond, M., Furlong, A., López Blasco, A., Mørch, S., Pais, J.M. (2002). (eds) Misleading Trajectories – Integration Policies for Young Adults in Europe? Opladen: Leske+Budrich.

Walther, A. (2006). Regimes of Youth Transitions Choice Flexibility and Security in Young People's Experiences across Different European contexts. *Young. Nordic Journal of Youth Research*, 14(2), 119-139.

Walther, A. (2016). Support across life course regimes. A comparative model of social work as constructions of social problems, needs, and rights. *Journal of Social Work*, 17(3), 277-301.

Walther. A. and W. McNeish. (2003). Empowerment or 'cooling out'? Dilemmas and contradictions of Integrated Transition Policies. 183-203. in Blasco, A., W. McNeish and A. Walther (eds.). *Young People and Contradictions of Inclusion: Toward Integrated Transition Policies in Europe*. Bristol: The Policy Press.

Westberg, A. (2004). Forever Young? Young People's Conception of Adulthood: The Swedish Case. *Journal of Youth Studies*, 7(1), 35-53.

Wiedemann A. (2023). A Social Policy Theory of Everyday Borrowing: On the Role of Welfare States and Credit Regimes, *American Journal of Political Science*, 67(2), 324-341

Writer, S. (2023.7.28.). Spanish government wants to help first-time homeowners. CityMonitor. Retrieved from https://www.citymonitor.ai/analysis/buy-house-spain-first-time-homeowners/

World Bank. (2023). World Bank Education Statistics. World Bank.

영국 정부 홈페이지(Universal Credit).

https://www.gov.uk/universal-credit/eligibility(2023.7.22.)

영국 정부 홈페이지(Jobseeker's Allowance).

https://www.gov.uk/jobseekers-allowance(2023.7.22.)

statista 홈페이지.

https://www.statista.com/statistics/1198625/full-time-employment-rate-by-age-group-uk/(2023.7.22.)

프랑스 사회연대와 보건부 홈페이지(2023a).

https://solidarites.gouv.fr/le-revenu-de-solidarite-active-rsa

프랑스 사회연대와 보건부 홈페이지(2023b).

https://travail-emploi.gouv.fr/emploi-et-insertion/mesures-jeunes/contrat-engagement-jeune/

프랑스 Urssaf 홈페이지.

https://www.urssaf.fr/portail/home/employeur/calculer-les-cotisations/les-taux-de-cotisations/la-contribution-au-fonds-nationa.html#:~:text=Le%20taux%20est%20fix%C3%A9%20%C3%A0,occupant%2050%20salari%C3%A9s%20et%20plus

호주정부 홈페이지.

https://www.servicesaustralia.gov.au/what-happens-when-your-child-turns-16?context=60007#ftbandstudy

European Commission 홈페이지(스웨덴).

https://ec.europa.eu/social/main.jsp?catId=1130&intPageId=4806&langId=en

European Commission 홈페이지(루마니아).

https://ec.europa.eu/social/main.jsp?catId=1126&langId=en&intPageId=4756

European Commission 홈페이지(Youth Employment Initiative)

https://ec.europa.eu/social/main.jsp?catId=1176

부록

KOREA INSTITUTE FOR HEALTH AND SOCIAL AFFAIRS

'이행기 청년 실태와 인식 조사' 설문지

이행기 청년 실태와 인식 조사

한국보건사회연구원은 국무총리실 소속 국가 정책 연구기관으로, 보건복지정책의 현안을 분석하고, 이에 근거한 정책 방안을 마련하고 있습니다. 2023년 수행 중인 「이행기 청년 삶의 궤적에 관한 연구」는 이행기 청년의 성인기 인식과 이행의 애로사항 등을 살펴봄으로써 청년의 성인기 이행 지원을 위한 방안을 마련하는 데 목적이 있습니다.

「이행기 청년 실태와 인식 조사」 설문 동의서

안녕하십니까?
한국보건사회연구원에서는 「2023년 이행기 청년 삶의 궤적에 관한 연구」의 일환으로 「이행기 청년 실태와 인식 조사」를 수행하고 있습니다. 이 조사는 전국 만 19세 이상~만 34세 이하 청년을 조사대상으로 청년의 이행 인식, 가구 일반사항, 일반적 사회인식을 파악하고자 합니다. 조사 시간은 약 20분 내외로 소요될 예정입니다. 조사를 완료해 주신 분께는 소정의 사례비(4,500원)가 지급됩니다.

본 조사는 한국보건사회연구원 연구윤리심의위원회의 승인[생명윤리위원회(IRB) 제2023-115호]을 받아 진행됩니다. 본 조사에 응해 주신 귀하의 개인정보와 응답 내용은 「통계법」 제33조(비밀의 보호 등)에 의거하여 비밀이 보장되고 연구 목적 외에는 사용하지 않을 것을 약속드립니다.

귀하는 조사에 참여하지 않을 권리가 있으며, 응답하기 불편한 내용은 답변하지 않으셔도 됩니다. 또한 언제라도 동의를 철회하고 참여를 중단할 수 있으며, 이에 따른 어떠한 불이익도 없을 것입니다.

귀하의 응답은 연구의 귀중한 기초자료로 활용되오니, 적극적인 참여와 정확하고 솔직한 응답을 부탁드립니다. 감사합니다.

◇ 연 구 기 관: 한국보건사회연구원
◇ 연구 책임자: 김문길 연구위원
◇ 조 사 기 관: ㈜비에프리서치
◇ 조사 문의처: 비에프리서치 김현수 02-6203-8165 / 한국보건사회연구원 우선희 044-287-8317

본인은 조사의 목적과 내용을 충분히 숙지하였으며, 조사를 거부하거나 중단할 권리가 있다는 사실을 인지하였으며, 위의 사항에 따라 조사 참여에 스스로 동의하였음을 확인합니다.

☐ 동의함   ☐ 동의하지 않음

KIHASA
한국보건사회연구원

A. 응답자 일반사항

A1. 귀하께서는 현재 어디에 거주하고 계십니까?
   1. 서울   2. 부산   3. 대구   4. 인천
   5. 광주   6. 대전   7. 울산   8. 경기
   9. 강원   10. 충북   11. 충남   12. 전북
  13. 전남   14. 경북   15. 경남   16. 제주
  17. 세종

A2. 귀하는 몇 년 몇 월 생입니까?
       _____ 년생   _____ 월

  A2_1. 연령 (자동코딩)
     1. 만19-24세   2. 만25-29세   3. 만30-34세

A3. 귀하의 성별은 어떻게 되십니까?
   1. 남자   2. 여자

A4. 귀하는 학교를 어디까지 다니셨습니까?

A4-1. 최종 학교	A4-2. 이수 여부
1. 무학 → A7 2. 초등학교 3. 중학교 4. 고등학교 5. 2~3년제 대학교(전문대학 포함) 6. 4년제 대학교 7. 대학원	1. 재학 2. 휴학 3. 중퇴 4. 수료 5. 졸업

  A4-3. (A4=4만) 귀하께서 다니신 고등학교는 어디에 해당합니까?
     1. 일반고(종합고, 자율형 공립고 포함)
     2. 특목고(과학·외국어·국제고), 자사고
     3. 예술·체육고
     4. 특성화고(상고, 농고, 공고, 수고, 마이스터고 등)
     5. 기타(대안학교, 검정고시 등)

  A4-4. (A4-2=3,4,5) 귀하는 위 학교를 몇 년도에 졸업(중퇴, 수료)하셨습니까? _____ 년 ____ 월

A5. 귀하는 [제시 : A4-1] 재학 중에 소득을 위한 근로활동을 하신 적이 있으십니까?
　　1. 있다
　　2. 없다 → A6

A5-1. [제시 : A4-1] 재학 중에 근로활동을 하신 주된 이유는 무엇이었습니까?
　　1. 가정 형편이 어려워서
　　2. 가정 형편과 무관하게 용돈에 보탬이 되려고
　　3. 일 경험을 해보고 싶어서
　　4. 기타 (　　　　　　　　)

A5-2. [제시 : A4-1] 재학 중 근로활동을 하신 기간은 한달 평균 몇일입니까? 평균 (　　　)일

A6. [제시 : A4-1]에 다니시면서 휴학한 경험이 있으십니까?
　　1. 있음 (A4-2=2 자동입력)
　　2. 없음 → A4-2=3 중퇴는 A6-2, A4-2=1,2,4,5는 A7

A6-1. 휴학의 주된 사유가 무엇입니까?
　　(※ 휴학을 두 차례 이상 했다면, 각각의 이유를 모두 선택)
　　1. 본인의 건강 문제
　　2. 가족돌봄 등의 가족 문제
　　3. 경제적 문제(아르바이트 등)
　　4. 취업에 유리한 스펙을 갖추기 위해(어학연수, 자격증·고시·공시 준비 등)
　　5. 졸업 후 취업까지의 공백을 줄이기 위해
　　6. 군입대를 위해
　　7. 다른 교육 기관 입학 준비(유학, 편입, 재수)
　　8. 기타(　　　　　　　　)
　　→ A4-2=3 중퇴는 A6-2, A4-2=1,2,4,5는 A7

A6-2. (A4-2=3만) [제시 : A4-1] 중퇴의 주된 사유가 무엇입니까?
　　1. 본인의 건강 문제
　　2. 가족돌봄 등의 가족 문제
　　3. 경제적 문제(아르바이트 등)
　　4. 해당 교육이 취업에 도움이 되지 않아서
　　5. 해당 교육이 적성에 맞지 않아서
　　6. 학교생활에 문제가 있어서(학교폭력 피해, 퇴학 등)
　　7. 기타(　　　　　　　　)

A7. 귀하는 현재 어떤 일을 하고 계시나요?
　　(※ 현재 회사 사정으로 일시휴직 중이신 경우, 복귀가 확실하면 취업자에 해당합니다)
　　1. 상용직 임금근로자
　　2. 임시직 임금근로자
　　3. 일용직 임금근로자 (자활근로, 공공근로, 노인일자리 포함)
　　4. 특수고용 (택배기사, 배달원 보험설계사, 학습지교사 등)
　　5. 고용주
　　6. 자영업자
　　7. 무급가족종사자
　　8. 실업자 (※ 2023. 6. 31. 기준 지난 4주 동안 일하지 않고 구직활동 중인 경우임) →A8
　　9. 비경제활동인구 (주부, 학생, 군복무 등)　　　　→A8

구분	내용
① 상용직 임금근로자	• 근로계약기간이 1년 이상인 근로자이거나 정해진 계약 기간 없이 본인이 원하면 계속 일할 수 있는 자(회사 내규에 의해 채용되어 인사관리 규정의 적용을 받고 상여금, 수당 및 퇴직금 등의 수혜를 받는 사람)
② 임시직 임금근로자	• 근로계약기간이 1개월 이상~1년 미만인 근로자이거나 근로계약기간이 없더라도 1년 이내에 이 일이 끝날 것이라고 생각되는 경우, 또는 일정한 사업완료(프로젝트 등)의 필요성에 의해서 고용된 자(단, 한 직장에서 오래 일하였거나 앞으로도 계속 일할 것으로 예상된다 하더라도 근로계약기간이 1년 미만이면 임시직)
③ 일용직 임금근로자	• 근로계약기간이 1개월 미만인 근로자이거나, 매일매일 고용되어 일당제 급여를 받고 일하거나, 일정한 장소 없이 돌아다니면서 일한 대가를 받는 자
④ 특수고용	• 임금근로자와 자영업자 중간 형태 (예 : 보험설계사, 학습지교사, 배달기사, 골프장 보조원, 대리운전기사, 택배기사, 신용카드 모집인 등)
⑤ 고용주	• 고용주는 한 사람 이상 피고용인을 두고 기업 또는 농장을 경영하는 자
⑥ 자영업자	• 자영자는 자기 혼자 또는 무급가족 종사자와 함께 자기 책임하에 독립적인 형태로 전문적인 업을 수행하거나 사업체를 운영하는 자
⑦ 무급가족 종사자	• 동일가구 내 가족이 경영하는 사업체, 농장에서 무보수로 일하는 사람을 말하며, 주당 18시간 이상 일한 자(단, 월급을 받고 일하는 경우는 무급가족종사자가 아님)
⑧ 실업자	• 지난 4주 동안 일할 의사와 능력을 가지고 있으면서도 일을 하지 못한 자 • 구직활동을 한 경우, 30일 이내에 새로운 직장에 들어갈 것이 확실한 취업대기자는 구직활동여부와 관계없이 실업자로 분류
⑨ 비경제 활동인구	• 취업도 실업도 아닌 상태에 있는 자 • 집에서 통근하는 군 복무자(공익근무요원 등)도 비경제활동인구로 분류

A7-1. (A7=1) 귀하의 현 일자리의 고용형태는 어떻게 됩니까?
  1. 정규직   2. 무기계약직   3. 비정규직

A7-2. 귀하는 현 일자리에 몇 년도에 입사하였습니까?   ____ 년 ____ 월

A7-3. 귀하의 현 일자리 직위가 다음 중 어느 정도에 해당한다고 생각하십니까?

	매우 높다	높은 편이다	보통 수준이다	낮은 편이다	매우 낮다
(1) 경제적보상(임금 또는 수입 수준)	①	②	③	④	⑤
(2) 전문성(국가공인자격증 여부, 업무처리를 위한 숙련수준 등)	①	②	③	④	⑤
(3) 사회적 위상·위세(직업군을 바라보는 사회의 시선)	①	②	③	④	⑤
(4) 일의 자율성(본인 업무를 스스로 통제할 수 있는 권한, 독립적 오피스 등)	①	②	③	④	⑤
(5) 조직통제권한(관련 업무의 지시권한, 조직의 관리 권한 등)	①	②	③	④	⑤

A7-4. 현재의 일자리(직장)는 귀하가 성인이 된 후 처음 시작한 일자리(직장)입니까?
  1. 예   → **A9**
  2. 아니오 → **A7-5**

A7-5. 직전 일자리를 그만둔 가장 큰 이유는 무엇입니까?
  1. 개인/가족적 이유(건강, 육아, 결혼 등)
  2. 근로 여건 불만족(보수, 근로 시간 등)
  3. 전망이 없어서
  4. 전공, 지식, 기술, 적성 등이 맞지 않음
  5. 임시적, 계절적인 일의 완료, 계약 기간 끝남
  6. 직장 휴업, 폐업, 파산 등
  7. 그 외(창업 또는 가족 사업 참여, 일거리가 없거나 회사 사정 어려움, 권고사직 등)

A8. 귀하는 (졸업 또는 중퇴 후) 처음 일을 언제 시작하셨습니까?
  1. 처음 일을 시작한 연도 : _____ 년 _____ 월
  2. 일자리(직장)을 한 번도 가져본 적이 없다   → A10

※ 귀하의 첫 일자리에 대한 질문입니다.
- 현직장이 첫 직장이신 분은 처음 입사 당시를 기준으로 말씀해주세요.

A9. 귀하의 (졸업 또는 중퇴 후) 첫 일자리 형태는 무엇입니까?
  1. 상용직 임금근로자
  2. 임시직 임금근로자
  3. 일용직 임금근로자 (자활근로, 공공근로, 노인일자리 포함)
  4. 특수고용 (택배기사, 배달원 보험설계사, 학습지교사 등)
  5. 고용주
  6. 자영업자
  7. 무급가족종사자

※ 현직장이 첫 직장이신 분은 처음 입사 당시를 기준으로 말씀해주세요.

A9-1. (A9=1) 귀하의 첫 일자리의 고용형태는 어떻게 됩니까?
  1. 정규직   2. 무기계약직   3. 비정규직

A9-2. 귀하의 첫 일자리 직위가 다음 중 어느 정도에 해당했다고 생각하십니까?

	매우 높다	높은 편이다	보통 수준이다	낮은 편이다	매우 낮다
(1) 경제적보상(임금 또는 수입 수준)	①	②	③	④	⑤
(2) 전문성(국가공인자격증 여부, 업무처리를 위한 숙련수준 등)	①	②	③	④	⑤
(3) 사회적 위상위세(직업군을 바라보는 사회의 시선)	①	②	③	④	⑤
(4) 일의 자율성(본인 업무를 스스로 통제할 수 있는 권한, 독립적 오피스 등)	①	②	③	④	⑤
(5) 조직통제권한(관련 업무의 지시권한, 조직의 관리 권한 등)	①	②	③	④	⑤

A10. 우리 사회의 소득계층을 다섯 집단으로 구분할 때, 현재 귀하와 부모님은 다음 중 어느 계층에 속한다고 생각하십니까?

	하층	중하층	중간층	중상층	상층
부모님	①	②	③	④	⑤
본인	①	②	③	④	⑤

B. 응답자 청소년기 가구 일반사항

B1. 귀하가 15세 무렵, 귀하는 아버님과 함께 살았습니까? (※ 친부가 아닌 경우도 포함됩니다)
1. 같이 살았다
2. 따로 살았다
3. 사망 또는 생사불명 → B5

B2. 귀하가 15세 무렵(중학교 3학년 기준) 아버님의 교육 수준은 다음 중 어디에 해당하였습니까?
1. 무학 2. 초등학교 졸업 3. 중학교 졸업
4. 고등학교 졸업 5. 전문대학 졸업 6. 대학교 졸업
7. 대학원 졸업

※ 학교를 다 마치지 않은 경우에는 직전 학교 졸업으로 응답하여 주십시오
   예) 대학교 자퇴의 경우 고등학교 졸업으로 응답

B3. 귀하가 15세 무렵(중학교 3학년 기준) 아버님은 어떤 일을 하셨나요?
1. 임금 받고 일하는 근로자(상용직, 임시직, 일용직 임금근로자)
2. 자영업자, 고용주
3. 무급가족종사자 (※ 무급으로 가족이 운영하는 가게나 농장에서 일주일에 18시간 일을 돕는 경우)
4. 일하지 않음(실업, 비경제활동) → B5
99. 잘 모른다 → B5

※ 당시 아버님의 일자리가 자주 변동된 경우는 가장 길고 주된 일자리, 또는 이후 자신의 삶에 더 큰 영향을 미쳤을 것으로 생각되는 아버지의 일자리를 기준으로 응답해주십시오.

B4. 당시 아버님의 직업과 직장에서의 직위가 다음 중 어느 정도에 해당했다고 생각하십니까?
※ 당시 회상이 어려우실 줄 알지만 사회이동을 파악하기 위한 중요한 문항입니다. 꼭 응답을 부탁드립니다.

	매우 높다	높은 편이다	보통 수준이다	낮은 편이다	매우 낮다
(1) 경제적보상(임금 또는 수입 수준)	①	②	③	④	⑤
(2) 전문성(국가공인자격증 여부, 업무처리를 위한 숙련수준 등)	①	②	③	④	⑤
(3) 사회적 위상/위세(직업군을 바라보는 사회의 시선)	①	②	③	④	⑤
(4) 일의 자율성(본인 업무를 스스로 통제할 수 있는 권한, 독립적 오퍼스 등)	①	②	③	④	⑤
(5) 조직통제권한(관련 업무의 지시권한, 조직의 관리 권한 등)	①	②	③	④	⑤

B5. 귀하가 15세 무렵, 귀하는 어머님과 함께 살았습니까? (※ 친모가 아닌 경우도 포함됩니다)
1. 같이 살았다
2. 따로 살았다
3. 사망 또는 생사불명 → B9

B6. 귀하가 15세 무렵(중학교 3학년 기준) 어머님의 교육 수준은 다음 중 어디에 해당하였습니까?
1. 무학 2. 초등학교 졸업 3. 중학교 졸업
4. 고등학교 졸업 5. 전문대학 졸업 6. 대학교 졸업
7. 대학원 졸업

※ 학교를 다 마치지 않은 경우에는 직전 학교 졸업으로 응답하여 주십시오
   예) 대학교 자퇴의 경우 고등학교 졸업으로 응답

B7. 귀하가 15세 무렵(중학교 3학년 기준) 어머님은 어떤 일을 하셨나요?

※ 당시 아버님의 일자리가 자주 변동된 경우는 가장 길고 주된 일자리, 또는 이후 자신의 삶에 더 큰 영향을 미쳤을 것으로 생각되는 아버지의 일자리를 기준으로 응답해주십시오.

1. 임금 받고 일하는 근로자(상용직, 임시직, 일용직 임금근로자)
2. 자영업자, 고용주
3. 무급가족종사자 (※ 무급으로 가족이 운영하는 가게나 농장에서 일주일에 18시간 일을 돕는 경우)
4. 일하지 않음(실업, 비경제활동) → B9
99. 잘 모른다 → B9

B8. 당시 어머님의 직업과 직장에서의 직위가 다음 중 어느 정도에 해당했다고 생각하십니까?

※ 당시 회상이 어려우실 줄 알지만, 사회이동을 파악하기 위한 중요한 문항입니다. 꼭 응답을 부탁드립니다.

	매우 높다	높은 편이다	보통 수준이다	낮은 편이다	매우 낮다
(1) 경제적보상(임금 또는 수입 수준)	①	②	③	④	⑤
(2) 전문성(국가공인자격증 여부, 업무처리를 위한 숙련수준 등)	①	②	③	④	⑤
(3) 사회적 위상(세(직업군을 바라보는 사회의 시선)	①	②	③	④	⑤
(4) 일의 자율성(본인 업무를 스스로 통제할 수 있는 권한, 독립적 오피스 등)	①	②	③	④	⑤
(5) 조직통제권한(관련 업무의 지시권한, 조직의 관리 권한 등)	①	②	③	④	⑤

B9. 귀하가 15세일 무렵(중학교 3학년)에 귀댁의 가정 분위기는 어떠했습니까?

※ 부모님이 안 계셨더라도 부모의 역할을 대신했던 어른을 기준으로 응답합니다.

	매우 그렇다	그렇다	별로 그렇지 않다	전혀 그렇지 않다	모르겠다
(1) 부모님께서는 자녀들의 학교 준비물, 숙제 등을 꼼꼼히 챙겨주셨다	①	②	③	④	⑨
(2) 부모님께서는 자녀들의 학교생활이나 친구에 대해 잘 알고 계셨다	①	②	③	④	⑨
(3) 부모님께서는 교과서나 참고서 외에 자녀가 원하는 책을 자주 사 주셨다	①	②	③	④	⑨
(4) 부모님께서는 자녀들과 함께 많은 시간을 보내셨다	①	②	③	④	⑨

B10. 우리 사회의 소득계층을 다섯 집단으로 구분할 때, 귀하가 15세일 무렵(중학교 3학년)에 귀하의 가족은 어디에 속했다고 생각하십니까?

하층	중하층	중간층	중상층	상층
①	②	③	④	⑤

C. 현재 가구 일반사항

C1. 귀하의 혼인상태는 어떻게 됩니까?
  1. 기혼(사실혼 포함)
  2. 이혼, 사별
  3. 미혼

C1-1. (C1=1,2) 귀하는 몇 년도에 처음 결혼하였습니까? _____ 년 ____ 월

C2-2. (C1=2,3) 귀하는 현재 기혼 상태가 아니지만, 파트너와 함께 동거하고 계십니까?
  1. 예
  2. 아니오

C2. 귀하는 현재 부모님과 함께 살고 계십니까?
  1. 어린시절부터 지금까지 부모와 함께 거주 →C3
  2. 따로 살다가 현재 부모와 함께 거주
  3. 따로 살지만 부모로부터 정기적으로 경제적 지원 받음
  4. 따로 살고 경제적으로도 독립함(부모님이 돌아가신 경우 포함)

C2-1. (C2=2,3,4) 귀하는 몇 년도에 처음 부모와 따로 살기 시작하였습니까?
_____ 년 ____ 월

C3. 귀댁의 가구형태는 다음 중 어디에 해당되십니까? (※ 응답자 기준)
  1. 단독가구(1인 가구)
  2. 부부가구
  3. 부부+자녀가구 (응답자의 자녀가 만17세 이하, 학생인 경우 만21세 이하인 경우)
  4. 한부모+자녀가구 (응답자의 자녀가 만17세 이하, 학생인 경우 만21세 이하인 경우)
  5. 조손가구 (응답자와 손자녀, 응답자와 조부모가 함께 사는 경우)
  6. 부모 동거 가구 (응답자의 부모와 함께 사는 경우)
  7. 그 외 가구 (형제자매 및 친인척과 함께 사는 경우)

C4. 귀하를 포함해 귀 댁의 가구원 수는 총 몇 명입니까? _____명 //C3=1이면 1명 자동입력//

> ※ 가구원 수 응답하는 방법
> • 생계를 함께하는 가족을 의미합니다.
> • 주말 부부, 학업이나 군복무 등으로 함께 살지 않더라도 소득을 공유하는 가족이라면 가구원에 해당합니다.
> • 셰어하우스, 기숙사 등에서 함께 사는 타인은 가구에 해당하지 않습니다.

C5. 귀하는 귀 댁의 가구주입니까?
  1. 예 //C3=1이면 1명 자동입력//
  2. 아니오

C6. 귀댁이 현재 거주하는 집의 점유형태는 무엇입니까? (※ 귀하가 속한 '가구' 기준으로 말씀해주세요)

※ 부모님 명의의 자가에 거주하는 경우, 또는 부모님과 동일 가구라면 '자가'에 해당합니다.
 - 단 부모님과 별도 가구라면 가구원이 아닌 가족 명의의 집에 무상 거주에 해당합니다.

1. 자가
2. 전세
3. 보증금 있는 월세(반전세 포함)
4. 보증금 없는 월세(연세, 사글세 포함)
5. 가구원이 아닌 가족 명의의 집에 무상 거주(예: 시부모 명의 주택에 무상 거주)
6. 기타(예: 사택 등에 무상 거주)

C7. (조사일 기준) 귀댁이 보유한 재산에 대한 질문입니다. (※모든 가구원 명의 기준)

구분		해당항목	금액
3-1	부동산 재산	주택, 주택 외 부동산, 전세보증금, 권리금 받은 것 등 ※ 부채를 포함한 현시가 기준 ※ 거주주택 및 거주주택 외 주택, 상가, 토지, 콘도, 오피스텔 등 모두 포함	( )만원 [0 to 50억(500000)], 한글표기] □ 전혀 모름
3-2	금융 재산	정기예금, 적금, 저축성 보험, 청약예금, 주식, 빌려준 돈 등	( )만원 [0 to 50억(500000)], 한글표기] □ 전혀 모름
3-3	기타 재산	자동차, 농기계, 회원권(골프, 콘도 등), 귀중품, 골동품, 지적재산권 등	( )만원 [0 to 50억(500000)], 한글표기] □ 전혀 모름

//모든 금액 입력란 아래 제시//
※ 재산이 전혀 없으면 '0'만원으로 입력
※ 정확한 금액을 모르면 대략적으로라도 응답해주시고, 대략적인 수준도 전혀 모르시면 '전혀 모름' 응답

C8. (조사일 기준) 귀댁의 부채에 대한 질문입니다.
 (※ 모든 가구원 명의 기준 부채의 합산. 사업 용도의 부채는 제외)

구분	해당항목	
가계부채 총액	- 금융기관대출(회사대출, 마이너스통장 미상환금 포함), 일반사채, 카드빚 - 전세(임대)보증금(받은 돈) - 외상 미리탄 곗돈(※ 미리 탄 곗돈의 경우 향후 부어야 하는 금액만 기재) - 기타부채	( )만원 [0 to 10억(100000), 한글표기] □ 전혀 모름

//모든 금액 입력란 아래 제시//
※ 가계부채(대출)가 전혀 없으면 '0'만원으로 입력
※ 정확한 금액을 모르면 대략적으로라도 응답해주시고, 대략적인 수준도 전혀 모르시면 '전혀 모름' 응답

C9. 귀하는 지난 1년 동안 부모나 형제·자매로부터 생활비 명목으로 정기적인 경제적 지원(금전적 지원)을 드린 적이 있습니까? (※ 현물과 일시적인 상속 및 증여 등은 제외)

1. 예
2. 아니오 → C10

※ 현재 혼인상태이신 경우 본인의 부모님과 더불어 배우자의 부모(처가, 시댁) 양가로부터의 경제적 지원 모두 포함됩니다.

C9-1. 연간 얼마 정도 드렸습니까?

지난 1년 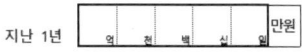 만원

C10. 귀하는 <u>지난 1년 동안</u> 부모나 형제·자매로부터 생활비 명목으로 정기적인 경제적 지원(금전적 지원)을 받은 적이 있습니까? (※ 현물과 일시적인 상속 및 증여 등은 제외)

    1. 예
    2. 아니오   → **C11**

※ 현재 기혼이신 경우 본인의 부모님과 더불어 배우자의 부모(처가, 시댁, 양가)로부터의 경제적 지원 모두 포함됩니다.

C10-1. <u>연간</u> 얼마 정도 받았습니까?

지난 1년 [억|천|백|십|일] 만원

C11. 귀하의 <u>최근 6개월(1~6월), 월평균</u> 근로소득(세금공제 전)은 어느 정도입니까?
※ 소득이 일정하지 않으신 분은 최근 <u>6개월(1월~6월)</u> 동안의 평균값을 적어주세요.
※ 1~6월 일하지 않은 경우, 0원으로 적어주세요.

※ 근로소득은 임금 및 사업소득(순수입)을 의미합니다.

월 평균 [억|천|백|십|일] 만원

C12. 귀댁의 <u>6월 말 기준, 월평균</u> 가구소득(세금공제 전)은 어느 정도입니까?
※ 가구소득이 일정하지 않으신 댁은 최근 <u>6개월(1월~6월)</u> 동안의 평균값을 적어주세요.
//C10=1 응답자 : "따로 사는 가족으로부터 받은 용돈이나 생활비도 포함해서 응답바랍니다" 제시//

※ 가구소득 응답하는 방법
    근로소득 + 임대/이자 소득 + 공적/민간연금 + 따로 사는 가족에게 받는 용돈 + 정부 지원금(생계급여, 양육아동수당 등)

월 평균 [억|천|백|십|일] 만원

C13. 귀하는 부모나 조부모로부터 상속 또는 증여를 받은 경험이 있습니까?
    1. 예   2. 아니오   → **D1**

※ 본인 및 본인의 배우자가 상속 및 증여받은 것만 기재합니다.
※ 상속 및 증여에는 전세 및 주택구입 자금, 결혼 자금 등 일시적으로 받은 목돈을 포함합니다.

C13-1. 귀하는 지금까지 부모 혹은 조부모로부터 받은 상속 또는 증여의 총 금액이 대략 얼마나 됩니까?

[억|천|백|십|일] 만원

D. 일반적인 사회인식

D1. 귀하는 요즘 귀하의 삶에 전반적으로 만족하십니까?

전혀 만족하지 않는다					보통					매우 만족한다
⓪	①	②	③	④	⑤	⑥	⑦	⑧	⑨	⑩

D2. 귀하는 현재 우리사회의 소득불평등 상태가 어느 정도라고 생각하십니까?

전혀 심하지 않다 (완전 평등)					보통					매우 심하다 (완전 불평등)
⓪	①	②	③	④	⑤	⑥	⑦	⑧	⑨	⑩

D3. 귀하는 우리사회에서 일반적으로 자녀세대의 사회경제적 지위가 부모세대의 사회경제적 지위에 어느 정도 영향을 받는다고 생각하십니까?

전혀 영향 받지 않음					보통					완전히 영향 받음
⓪	①	②	③	④	⑤	⑥	⑦	⑧	⑨	⑩

D4. 귀하는 우리 사회에서 일생동안 노력을 한다면 개인의 사회경제적 지위가 높아질 가능성이 얼마나 된다고 생각하십니까?

매우 높다	약간 높다	약간 낮다	매우 낮다
①	②	③	④

D5. 귀하는 한국 사회에서 다음의 사항들이 어느 정도 평등 또는 불평등하다고 생각하십니까?

	매우 평등하다	대체로 평등하다	보통이다	대체로 불평등하다	매우 불평등하다
(1) 교육 기회	①	②	③	④	⑤
(2) 취업 기회	①	②	③	④	⑤
(3) 승진승급기회	①	②	③	④	⑤
(4) 법의 집행	①	②	③	④	⑤
(5) 여성의 대우	①	②	③	④	⑤
(6) 소득과 재산	①	②	③	④	⑤
(7) 지역	①	②	③	④	⑤

D6. 귀하는 독립적인 성인이 되기 위해 다음의 요인들이 얼마나 중요하다고 생각하십니까?

	전혀 중요하지 않다	거의 중요하지 않다	보통이다	약간 중요하다	매우 중요하다
(1) 나의 능력과 노력	①	②	③	④	⑤
(2) 부모의 사회경제적 지위	①	②	③	④	⑤
(3) 좋은 사람들을 아는 것	①	②	③	④	⑤
(4) 정부의 정책 지원	①	②	③	④	⑤
(5) 거주 지역	①	②	③	④	⑤

D7. 다음은 가족과 사회에서 남성과 여성의 역할에 대한 생각입니다. 귀하는 다음 생각에 얼마나 동의하십니까?

	전혀 동의안함	별로 동의안함	약간 동의함	매우 동의함
(1) 남편이 할 일은 돈을 버는 일이고 아내가 할 일은 가정과 가족을 돌보는 일이다	①	②	③	④
(2) 남성이라면 혼자 힘으로 가족의 생계를 책임질 수 있어야 한다	①	②	③	④
(3) 어린 자녀가 있더라도 직장생활을 유지하는 것이 여성의 삶에 더 좋다	①	②	③	④
(4) 가정에서 가족을 돌보는 일은 밖에서 돈을 버는 일보다 보람있는 일이다	①	②	③	④
(5) 전반적으로 남성은 여성보다 정치적 리더십이 뛰어나다	①	②	③	④

D8. 귀하는 부부가 직장생활과 가사, 양육활동을 어떻게 분담하는 것이 가장 좋다고 생각하십니까?
  1. 두 사람이 동일한 정도로 직장생활을 하고 가사와 양육에도 공평하게 참여
  2. 두 사람이 모두 일하지만, 어느 한 사람이 근무시간을 줄여 가사양육에 더 집중
  3. 한 사람은 직장생활을 하고 다른 한 사람이 가사와 양육을 전담

E. 성인기 이행에 대한 인식

E1-1. 귀하는 <u>현재</u> 몇 살이 되면 성인으로 여겨진다고 생각하십니까?
E1-2. 귀하의 <u>부모세대에서는</u> 몇 살이 되면 성인으로 여겨졌다고 생각하십니까?

1. 현재 귀하가 생각하기에	만 ( )세에 성인으로 여겨진다
2. 귀하의 부모세대에서는	만 ( )세에 성인으로 여겨졌다

E1-3. 그렇다면 귀하의 자녀세대가 성인으로 여겨지는 나이는 현재와 비교해서 어떨 것 같습니까?
※ 현재 성인으로 여겨지는 나이 만[제시 : E1-1값]세 보다
    1. 더 어려질 것이다
    2. 비슷할 것이다
    3. 더 늦어질 것이다

E2. <u>귀하는</u> 부모로부터의 경제적 독립 및 주거 분리에 대해서 어떻게 생각하십니까?

귀하의 생각	반드시 해야 한다	하는 편이 좋다	해도 좋고 하지 않아도 된다	하지 않는 게 낫다
	1	2	3	4
1. 경제적 독립				
2. 주거 분리				

E3. 그렇다면 <u>우리사회는</u> 부모로부터의 경제적 독립 및 주거 분리에 대해서 어떻게 생각하는 것 같습니까?

우리사회의 인식	반드시 해야 한다	하는 편이 좋다	해도 좋고 하지 않아도 된다	하지 않는 게 낫다
	1	2	3	4
1. 경제적 독립				
2. 주거 분리				

E4. (E2=1,2,3) 귀하는 몇 살에 부모로부터 경제적 독립 및 주거 분리를 하는 것이 좋다고 생각하십니까?

귀하의 생각	
(E2-1=1,2,3) 1. 경제적 독립	만 ( )세
(E2-2=1,2,3) 2. 주거 분리	만 ( )세

E5. (E3=1,2,3) 그렇다면, 우리사회는 몇 살에 부모로부터 경제적 독립 및 주거 분리를 하는 것이 좋다고 생각하는 것 같습니까?

우리사회의 인식	
(E3-1=1,2,3) 1. 경제적 독립	만 ( )세
(E3-2=1,2,3) 2. 주거 분리	만 ( )세

E6. 귀하는 부모로부터 경제적으로 독립하는데 가장 큰 걸림돌이 무엇이라고 생각하십니까?
    1. 취업이나 창업 등 소득활동 기회를 잡기 어려워서
    2. 소득활동을 하더라도 독립하기에 적정한 소득을 얻기 어려워서
    3. 적정한 소득이 있어도 지출을 감당하기 어려워서
    4. 적정한 소득이 있어도 미래에 대한 투자를 더 많이 해야 해서
    5. 기타(　　　　　　)

E7. 귀하는 부모로부터 주거를 분리하는데 가장 큰 걸림돌이 무엇이라고 생각하십니까?
    1. 주거마련 비용(경제적 요인)
    2. 생활비(경제적 요인)
    3. 외로움, 정서적 의존(심리정서적 요인)
    4. 부모님이 허락하지 않으셔서(외부적 요인)
    5. 기타(　　　　　　)

E8-1. 귀하는 결혼에 대해서 어떻게 생각하십니까?
E8-2. 우리사회는 결혼에 대해서 어떻게 생각하는 것 같습니까?

결혼에 대해	반드시 해야 한다	하는 편이 좋다	해도 좋고 하지 않아도 된다	하지 않는 게 낫다
	1	2	3	4
1. 귀하는				
2. 우리사회는				

E9-1. (E8-1=1,2,3) 귀하는 몇 살에 결혼하는 것이 좋다고 생각하십니까?
E9-2. (E8-2=1,2,3) 그렇다면, 우리사회는 몇 살에 결혼하는 것이 좋다고 생각하는 것 같습니까?

	결혼 적령기
1. 귀하는	만 (　　)세
2. 우리사회는	만 (　　)세

E10. 귀하는 결혼하는데 가장 큰 걸림돌이 무엇이라고 생각하십니까?
    1. 주거마련 자금 부족
    2. 나에게 맞는 일자리(직장, 직업)를 아직 구하지 못해서
    3. 일자리나 소득이 안정적이지 못해서
    4. 결혼(출산) 후 일을 그만두어야 해서
    5. 나와 잘 맞는 배우자를 만나지 못해서
    6. 공평한 가사분담 등 평등한 관계를 기대하기 어려워서
    7. 시댁(처가) 사람들과의 관계(역할)가 부담스러워서
    8. 기타(　　　　　　)

E11. 귀하는 결혼하지 않는다면, 결혼하지 않고 동거할 의향이 있습니까?

전혀 아니다	아마도 아니다	아마도 그렇다	매우 그렇다
①	②	③	④

E12. '결혼'은 삶의 다양한 측면에 영향을 줄 수 있습니다. 귀하의 삶에서 '결혼'이 어떤 영향을 준다고 생각하십니까?

	매우 나쁜 영향	다소 나쁜 영향	영향 없음	다소 좋은 영향	매우 좋은 영향
(1) 원하는 대로 살 수 있는 가능성	①	②	③	④	⑤
(2) 원하는 일/직업을 가지고 유지할 가능성	①	②	③	④	⑤
(3) 원하는 취미/여가를 누릴 가능성	①	②	③	④	⑤
(4) 경제적 상황	①	②	③	④	⑤
(5) 나에 대한 사람들의 평가	①	②	③	④	⑤
(6) 삶의 즐거움	①	②	③	④	⑤
(7) 나의 노후 돌봄	①	②	③	④	⑤
(8) 인생의 불안정감 해소	①	②	③	④	⑤
(9) 나와 부모님과의 관계	①	②	③	④	⑤

E13-1. 귀하는 자녀 출산에 대해서 어떻게 생각하십니까?
E13-2. 그렇다면 우리 사회는 자녀 출산에 대해서 어떻게 생각하는 것 같습니까?

자녀 출산에 대해	반드시 해야 한다	하는 편이 좋다	해도 좋고 하지 않아도 된다	하지 않는 게 낫다
	1	2	3	4
1. 귀하는				
2. 우리사회는				

E14-1. (E13-1=1,2,3) 귀하는 몇 살에 첫 자녀를 출산하는 것이 좋다고 생각하십니까?
E14-2. (E13-2=1,2,3) 그렇다면, 우리사회는 몇 살에 첫 자녀를 출산하는 것이 좋다고 생각하는 것 같습니까?

	첫 자녀 출산 적정 시기
1. 귀하는	만 ( )세
2. 우리사회는	만 ( )세

E15. 귀하는 첫 자녀 출산에 가장 큰 걸림돌이 무엇이라고 생각하십니까?
    1. 출산에 관한 부부간 의견 불일치
    2. 가사 및 양육에 관한 부부간 분담 불평등
    3. 양육 및 교육비 등의 경제적 부담
    4. 출산과 양육에 적합한 주거환경 문제
    5. 본인 및 배우자의 육아휴직, 출산휴가 이용 문제
    6. 보육 및 양육 지원 서비스(어린이집 등) 이용 문제
    7. 기타(   )

E16. 귀하는 우리나라에서 성인이 되기 위해서 다음의 조건들을 충족하는 것이 얼마나 중요하다고 생각하십니까?

		전혀 중요하지 않다	중요하지 않다	중요하다	매우 중요하다
1.	일정한 나이에 도달하는 것	①	②	③	④
2.	학교 교육을 마치는 것	①	②	③	④
3.	직업을 갖는 것	①	②	③	④

E16-2-1. 성인이 되기 위한 최종 학력
    1. 고졸   2. 대졸 이상

E16-3-1. 성인이 되기 위한 직업의 조건
    1. 첫 일자리를 갖는 것   2. 장기적으로 하게 될 일을 시작하는 것

E16. 귀하는 우리나라에서 성인이 되기 위해서 다음의 조건들을 충족하는 것이 얼마나 중요하다고 생각하십니까?

		전혀 중요하지 않다	중요하지 않다	중요하다	매우 중요하다
1.	부모나 타인으로부터 경제적으로 독립하는 것	①	②	③	④
2.	부모(보호자)와 함께 살지 않는 것	①	②	③	④
3.	결혼하는 것	①	②	③	④
4.	자녀를 갖는 것	①	②	③	④
5.	주택을 구입하는 것	①	②	③	④
6.	자신의 행동에 책임을 지는 것	①	②	③	④
7.	부모나 타인의 영향을 받지 않고 자신의 신념과 가치를 결정하는 것	①	②	③	④
8.	성인으로서 부모와 동등한 관계를 갖는 것	①	②	③	④

E17. 귀하는 [E1-1. 응답 나이 제시]에 다음의 조건들을 갖추고 있었거나, 갖출 수 있다고 생각하십니까?

		갖추고 있지 않았다 (갖출 수 없을 것이다)	갖추고 있었다 (갖출 수 있을 것이다)
1.	학교 교육을 마치는 것	①	②
2.	직업을 갖는 것	①	②
3.	부모나 타인으로부터 경제적으로 독립하는 것	①	②
4.	부모(보호자)와 함께 살지 않는 것	①	②
5.	결혼하는 것	①	②
6.	자녀를 갖는 것	①	②
7.	주택을 구입하는 것	①	②
8.	자신의 행동에 책임을 지는 것	①	②
9.	부모나 타인의 영향을 받지 않고 자신의 신념과 가치를 결정하는 것	①	②
10.	성인으로서 부모와 동등한 관계를 갖는 것	①	②

E18. 귀하는 상기 성인이 되기 위한 조건들을 생각할 때 자신이 성인이라고 생각하십니까?

전혀 그렇지 않다	그렇지 않다	대체로 그렇다	전적으로 그렇다
①	②	③	④

♣ 설문에 응해 주셔서 진심으로 감사드립니다.
본 조사의 내용은 통계법에 의해 엄격하게 보호되며 통계적 목적만을 위해 사용될 것입니다.